KB128850

감성의 메시지와 상담심리

-유진 젠들린의 체험 과정과 의미 창조-

감성의 메시지와 상담심리

-유진 젠들린의 체험 과정과 의미 창조-

정인석 지음

학지사

If I Keep from meddling with people, they take care of themselves,

If I Keep from commanding people, they behave themselves,

If I Keep from preaching at people, they improve themselves,

If I Keep from imposing on people, they become themselves.

사람은 간섭을 하지 않는다면 그들은 스스로 자신을 돌본다.

사람은 명령을 하지 않는다면 그들은 알아서 행동한다.

사람은 설교를 하지 않는다면 그들은 알아서 개선한다.

사람은 강제로 시키지만 않는다면 그들은 자기 자신이 된다.

C. R. Rogers
My philosophy of interpersonal relationships and how it grew.
Journal of Humanistic Psychology, 1973a, 3-16, p. 13.

이 책의 제목을 '감성의 메시지와 상담심리'라고 한 데는 다음과 같은 관점에서다.

우리가 인생을 살아가는 데는 개념적 · 논리적 사고를 통한 '오성적 인식' 못지않게 감각기관이나 미적 직관을 통한 수동적인 '감성적 인식'도 필요하다. 만약 지적으로 생각하는 지성만 발달되어 있고 감성적 인식에 장애가 있다면 어찌 인식을 제대로 할 수 있을 것이며, 또 사람이 감동할 줄을 모른다면 그 인생이 얼마나 불행하겠는가?

혹자는 아직도 인식을 '오성悟性'이나 '지성知性'에 의한 수준 높은 상급 인식과 감성感性에 의한 하급 인식으로 나누어 생각하기도 하지만, 이런 관점은 인간의 인식 능력을 '이성–오성–감성'이라는 지난날의 종적인 서열계층에서 생각한 관점이다. 그러나 인간의 지적 인식 능력의 하나인 '오성'도 이성과 감성의 두 인식 능력의 중간적 위치에서 '감성'의 도움을 받아서만 보편타당한 인식을 완성할 수가 있다. 이 점에서 오성도 감성에 밀착하여 개념·판단·원칙을 만들게 된다. 이렇듯 감성과 오성은 상하의 관계는 아닌 것이다.

우리는 자신의 감성 속에 담긴 의미를 받아들이고 자기만의 실감(느꼈던 의미 감각)을 이해함으로써 자신을 알 수가 있고, 불안했던 마음을 치유할 수 있으며, 상담의 경우라면 내담자가 느꼈던 실감을 상담자와 공감적으로 이해함으로써 성공적인 상담을 할 수 있다고 생각한다.

특히 감성적인 느낌에서, 신체적 감각을 통해 '느낀 것'은 단순히 신체적인 건강 상태만을 가르쳐 주는 데서 그치지 않고 그 이상의 지혜를 가르쳐 준다고 본다.

시카고 대학교의 워드 할스테드Ward Halsted 교수가 '몸' 안에 있는 다양한 특성과 기능을 변별하는 능력을 '생물학적 지능biological intelligence'이라는 개념으로 설명한 점, 같은 대학의 유진 젠들린 Eugene T. Gendlin 교수가 사람마다 '느낀 의미 감각felt sense'에 '생물학적 컴퓨터biological computer'라는 개념을 적용한 점은 우리에게 시사하는 바가 크다.

우리는 결코 이성이나 합리성이나 지성만으로 살아갈 수는 없는 존재다. 아무리 과학이 발달해도 감성이나 비합리성도 이에 못지않게 중요하다. 오히려 우리는 실제 생활에서 상황에 따라서는 이성이나 합리성에 의한 것보다도 감성이나 비합리성에 의해 만족을 얻을 때가 많다. 사실은 '감성적 인식sensuous cognition'이라는 개념이 시사하고 있는 바와 같이 깊이 생각해 보면 감각적인 경험은 한 개념의 출발점이며, 모든 심적 활동은 감성의 변환 현상이라고도 볼 수 있다. 현대과학에서 중요시하는 경험적 관찰도 감각기관을 통해서 관찰할 수 있는 것을 의미한다.

지성은 과거를 기억하며, 필요할 때 생각해 내고, 남이 말한 것을 반복하며, 미래의 가능성에 대해서 조망할 수도 있고, 이를 긍정적으로나 비판적으로 생각할 수가 있어서 매우 편리하다. 그러나 지성이 자랑할 수 있는 '과거'나 '미래'는 변화가 일어날 수 있는 곳은 아니다. 변화가 일어나는 것은 오직 '지금-여기'에 있어서만 가능하다. 요컨대, 몸에서 주어지는 지혜의 가치는 언제나 바로 지금 '이 자리'에 있다는 점을 유의할 필요가 있다.

만약 우리가 자신의 인생을 바꿀 힘을 가지고 있는 곳에 이르고자 한다면, 몸은 비록 자신의 몸이지만 '또 한 사람의 자기the other self'라 생각하고 자신의 몸과 신뢰 관계를 맺고 오직 마음의 초점을 자신의 몸으로 돌려 공감하는 마음으로 의미 있는 감성의 소리에 귀 기울여야 할 것이다.

이 책에서 일관되게 강조하고 있는 문맥의 초점도 여기에 있다. 1960년대 초 유진 젠들린이 '왜 심리치료에서 효과가 있는 사람과 효과가 없는 사람이 있는가Why is psychotherapy helpful for some people, but not others?'라는 문제를 풀기 위한 공동 실증적인 연구의 목적도 사람마다 다른 내면적인 감정의 흐름에 '초점 만들기focusing'를 통해서 암묵적이었던 의미를 이미지나 언어로 치환하는 의미 감각을 체험함으로써 '감정적 자기 원조emotional self-help'의 방법을 발견하는 데 있었다(제4장과 제6장을 참고하기 바란다.).

다행히도 초점 만들기 능력의 가능성은 누구나 생득적으로 지니고 태어났다는 것은 조물주에게 감사해야 할 일이다. 때문에 초점 만들기, 즉 포커싱은 젠들린에 의해서 새롭게 '발명'된 것이 아니라 '발견'된 것이라고 보아야 할 것이다.

독자 여러분은 이 책을 통해서 포커싱만을 배울 뿐만 아니라 부차적으로는 칼 로저스Carl Ransom Rogers가 너무나도 강조했던 상담자의 세 가지 태도 조건이었던 '무조건의 긍정적 배려' '공감적 이해' '자기 일치'의 의미를 포커싱 체험을 통해 더없이 절실하게 이해하게 될 것이다.

예컨대, 자신의 애매모호했던 느낌이나 비판적인 느낌과 친절하게 대화하는 체험을 거듭함으로써 공감적으로 응답한다는 것은 무슨 뜻이고, 애매한 느낌을 그것이 어떤 것이었든 순수한 마음으로 선입견 없이 받아들인다는 것은 무슨 뜻인가를 체험적으로 이해하게 되며, 자기개념과 유기체적 경험과의 관계를 소중하게 생각하면서 상담을 할 경우 '자기 일치'가 어떠한 것이었는지를 쉽게 이해하게 될 것이다.

앞에서도 말한 바와 같이 '초점 만들기' 능력의 가능성은 생득적인 것이기 때문에 독자 여러분은 이 책을 통해서 시간 있을 때마다 자신의 감성 세계를 노크해 보고, 대화하며, 느껴서 그것이 내게 주는 메시지의 의미가 무엇인가를 알게 될 것으로 빈다. 그러나 처음부터 이런 결과를 얻을 수는 없다. 성급하게 생각하는 것은 금물이다.

중요한 것은 장기간의 인내와 끈기 있는 자기 학습을 통해서 자신이 느낀 바 의미 감각(실감)과 대화하며 마음의 메시지를 듣고 이해함으로써 심신이 하나로 통합된 '전인ganzer Mensch'으로서의 감성을 긍정적으로 변환시키는 능력을 얻는 데 있다. 이 능력이 몸에 배어 있는 것만큼 자기실현과 행복도 찾아오게 될 것이다.

이는 독자에 대한 저자의 바람이기도 하다. 그것은 체험 과정의 상징화와 표현의 과정은 자기를 이해함에 있어서 필수적이며, 또한 이 체험이 내게 있어서 어떤 의미를 갖는가를 인지하는 과정이 자기를 변화·발전시켜 주기 때문이다.

2016. 11.
내게 있어서 미수米壽의 참 뜻을 생각하며
자自이怡열悅재齋에서
정鄭인寅석錫 적음

Seeing truth is a function not of the separate intellect,

but of the whole man: one experiences truth in moving ahead

as a thinking-feeling-acting unity.

진리를 이해하는 것은

유기체에서 분리된 지적인 작용이 아니라

전인간적인 작용이다.

사람은 생각하고 느끼고 행동하는 통일체로서

앞으로 나아갈 때 비로소 진리를 '체험'하게 된다.

Rollo May
Man's search for himself. New York: W. W. Norton & Company, Inc., 1953, p.191.

01
감성은 소중하다

감성적 인식을 중심으로

우리의 통념 가운데는 인간의 속성이라면 으레 '지성'이나 '이성'을 생각하게 되고 감정과 감성은 지성이나 이성보다 그 하위에 있는 것처럼 생각하는 타성이 있다.

이와 같은 인식은 심리학의 역사에서도 찾아볼 수 있다. 심리학도 처음에는 아리스토텔레스Aristotle(380~322 BC.)의 『정신론De Anima』과 더불어 철학에 예속되어 철학의 모태 내에서 '정신철학' 또는 '철학적 심리학'으로 출발하였다.

그러던 것이 14세기 경부터 일어나기 시작한 중세기 신 중심의 암흑시대의 속박에서 벗어나 개인과 개성의 해방과 존중을 수안으로 한 르네상스Renaissance의 인분수의humanism 운동을 시작으로, 이후 근세 과학적 정신의 발흥과 각 분야의 과학적 발달의 영향을 받아, 1879년 빌헬름 분트Wilhelm Wundt(1832~1920)는 라이프치히 대학교에 심리학 실험을 할 수 있는 '심리학 연구실 Psycho-logisches Institut'을, 1875년 윌리엄 제임스William James(1842~1910)는 하버드 대학교에 심리학 강의를 위한 '소실험실'을 창설하였다. 또한 제임스는 1878년부터 집필하여 12년의 각고 끝에 심리학의 독립선언서라고 평가할 만한 『심리학 원리Principles of Psychology, 2 vols』(1890)를 내놓음으로써 심리학은 과학적 심리학으로서 독립할 수 있는 첫걸음을 내딛게 되었다. 이렇듯 심리학을 과학적 심리학으로서 독립시키려는 노력들은 초기 심리학이 '심지학心知學, psychosophy'이나 정신철학Geistesphilosophié의 성격을 띠고 있음을 반증해 주고 있다.

철학적 심리학의 관점에서는 인간의 본질을 '이성' 가운데서 찾고자 하였으며 감성이나 사고보다는 지성이나 이성만을 인간의 고귀한 능력으로 보았다. 즉, 심리학은 철학의 시녀와 같은 자리에 있었다.

아직도 우리의 의식 가운데는 서구사상의 영향을 받아 도리와 이성과 논리에 따라 설득력 있는 이유와 근거에 대하여 사고하고 행동하는 '합리주의'의 영향을 받아서 인식 능력에 있어서도 이성Vernunft-오성Verstand-감성Sinnlichkeit이라는 개념 상호간의 지배적 서열계층의식 같은 것이 잔재하고 있다. 이런 잔재 때문에 감성적 '인식'보다도 순수사고와 이성을 중시하는 합리주의적 인식 능력의 서열 의식 같은 것이 잔존하고 있다.

합리주의자들은 감성이란 지성의 지적인 직관 · 사고 · 판단 ·

발견의 능동성과는 달리, 수동성과 유한성을 갖는다고 생각하여 지성이나 이성보다 낮은 단계에 있다고 생각한다. 그러나 감성 (감각)은 인간과 현실이 만나는 첫 번째 접점으로서 인간의 현실 감이나 인식과 인지에 없어서는 안 될 매우 중요한 역할을 한다는 것을 알게 되었다.

또한 근세에 와서는 감성(감각)의 지위가 지성적인 계기를 만드는 상대적인 위치 관계가 상승하여 감성(감각)이 다양한 형태로 중요한 역할을 하게 된다는 것도 알게 되었다. 즉, 현대과학의 연구기법에서 필수적인 실험·관찰도 감각기관을 통해서만 가능하다는 것이다.

그 결과 '현실'과의 관계에서 종래 인간의 감성과 지성이 차지하는 상하위의 관계에 대한 근본적인 전환과 재편성의 역동을 존중하지 않으면 안 되게 되었다. 이렇듯 감성에 대한 새로운 인식(감성적 인식)은 역사적으로도 많은 논의의 대상이 되어 왔다.

일찍이 고대 그리스의 에피쿠로스학파Epicurian의 창시자 에피쿠로스Epikouros는 유물론적인 자연학과 감각주의적·경험주의적인 '인식론'에서 신들과 사후세계에 대한 인간들의 말할 수 없는 공포와 외경으로부터 인간을 해방시키는 것이 '최고선summum bonum'이라고 보았으며, 그 최고선이란 지phronēsis의 공헌과 '쾌락hēdonē'에 있다고 보았다. 요컨대, 궁극적인 목적을 '마음의 평안' '무번뇌ataraxia'에 둔 것이다. 이 역시 일종의 '감각론=감성론'에 기반을 두었다.

하지만 일반적으로 '감성'은 이성이나 형이상학적 인식에 비해서 그렇게 중시되지 못했기에 '감성론'도 그렇게 중요한 학문의 대상은 아니었다. 이와 같은 인식은 신학이 만능이었던 중세에 와서도 마찬가지였다. 르네상스에 와서도 인간의 감성 발현은 다양한 '미美'의 표현 속에서만 인정하려는 '미적 감성적 신학'으로만 발현되었을 뿐이었다.

그러나 17세기에 이르러 리얼리즘의 영향을 받아 감성론은 인식론의 형식으로서 철학의 중심 주제의 하나가 되었다.

영국의 고전경험론의 창시자인 존 로크John Locke(1632~1704)는 『인간 오성론An Essay Concerning Human Understanding』(1960)에서 사람의 마음이란 처음은 '닦인 석판tabula rasa' '백지white paper'와 같다고 보고 생득적인 관념이나 원리는 존재하지 않으며, 모든 지식은 후천적으로 '감각'과 '경험'을 통해서 얻게 된다고 보았다. 그는 "사전에 감각 속에 존재하지 않았던 것은 그 어떤 것도 지성 안에 존재하지 않는다."라는 유명한 말을 남겼으며, 감성론의 기초를 제시하였다. 특히 그는 외적 감각뿐만 아니라 내적 감각(반성)에 대해서도 언급하였거니와 『인간 오성론』에서 생득적 관념을 비판하고 관념의 경험적 발생과 오성을 통해서 복잡하고 수준 높은 관념이나 지식을 얻게 된다고 보았다.

여기에 더하여 프랑스의 감성론과 유물론도 이 입장에 가세하였다. 프랑스의 감각론 철학자인 콩디야크Etienne Bonnot de Condillac(1714~1780)와 엘베티우스Claude-Adrien Helvetius(1715~1771)가 그러하였다. 이들은 내적 감각도 분명한 '감성'이며 '모든 심적

작용은 감각의 변용 현상이다'라고 주장하고 철저한 '감성론'을 주장하였다.

독일에서 한때 '미학의 아버지'로 불렸던 철학자 바움가르텐 Alexander Gottlieb Baumgarten(1714~1762)은 지성적 인식에 대한 '감성적 인식의 독자성을 논증함으로써' 감성은 이성의 하위에 머물러 있어야 할 것이 아니라 당연히 이성과 동등한 것이어야 한다고 말하였다.

이렇듯 감성(각)을 지성화하려는 관심이 높아진 칸트 Immanuel Kant(1724~1804)에 와서는 17세기 후반부터 18세기에 걸쳐서 영국에서 볼 수 있었던 '도덕 감정 moral sentiments'-인간이 본래 가지고 있었던 도덕적 능력, 즉 도덕적 선악, 정사正邪, 덕·악덕을 변별할 때 따르는 시인·부정의 감정을 경험하는 능력-의 철학에 한층 지성적 경향을 더해 주었으며 그만큼 감정의 지위를 끌어올렸다.

그중에서도 계몽사상을 대표했던 철학자 볼프 Christian Wolff (1679~1754)의 철학체계를 중심으로 만들어진 볼프학파에서는 '하급 인식 능력'으로 보았던 감성을 미적 감정의 발상으로 한층 더 감성을 지성화시켜 높은 자리로까지 끌어올렸으며, 감성에 수반하는 그릇된 생각을 배격하였다.

칸트가 『순수이성비판 Kritik der reinen Vernunft』(1781)에서 '직관과 사유' 감성(수동적으로 느끼는 능력)과 오성 (자발적으로 느끼는 능력)'을 인식의 2대 요소로 정립하고, 양자의 통합을 강조하여 인식의 '코페르니쿠스적 전환'을 가져온 점은 감성이 인식에서 갖는 의미의 중요성을 말해 주고 있을 뿐만 아니라 적극적 감성 파악의 분위기를 조성해 놓았다.

오스트리아의 물리학자이자 철학자인 에른스트 마흐Ernst Mach
(1838~1916)도 그의 철학적 주저인 『감각의 분석Die Analyse der
Empfindungen』(1886), 『인식과 오류Erkenntnis und Irrtum』(1905)에서
물심이원론이나 주객이원론의 근대 철학의 패러다임을 비판하
고 물체나 정신은 감각(성)이 '변형metamorphose'된 것으로서, 물
질도, 정신도 감각적 요소의 복합체로 보아 감각(성)만이 실재적
實在的이라고 보았다.

다행히 1950년대 후반에 미국을 중심으로 일어난 인지과학
cognitive science의 이론이 발전하여 1980년대 후반부터는 '몸의
감각'이나 '행동'이 마음의 인지 기능에 영향을 미친다고 주장하
는 '신체화된 인지embodied cognition' 이론이 등장하였다.

이 이론 연구의 제2세대의 대표적 이론가인 미국의 언어철학
자 마크 존슨Mark Johnson(1949~)은 『마음속의 몸The Body in the
Mind』(1987)[1]에서 그동안 서양철학에서 철저하게 경시되었던 몸
을 마음으로 복귀시켜야 한다고 보아 '몸은 마음속에 있고 마음
은 몸속에 있으며 몸과 마음은 세계의 일부라는 것'을 주장했다.
이렇듯 인지과학의 이론에서 몸의 역할이 강조되어 감에 따라
마음의 인지 기능이 몸의 감각에 매이게 된다는 이론이 제기되
었으며, 이는 인간의 정신적 활동에서 감성의 소중함을 한층 더

---

1) M. Johnson, *The Body in the Mind: The Bodily Basis of Imagination,
Reason, and Meaning*, Chicago : University of Chicago Press, 1987.

높여 주었다.

이 밖에도 몸의 인지과학이론에 기여한 사람들이 많지만 그중에서도 칠레의 생물학자이자 철학자인 프란시스코 바렐라Francisco Varela(1946~2001), 미국의 철학자 에반 톰슨Evan Thompson(1962~), 미국의 인지심리학자 엘리노어 로쉬Eleanor Rosch(1938~)는 학문의 경계를 뛰어넘는 학제적 연구를 통해 『신체화된 마음The embodied Mind』(1991)[2]에서 마음은 본유적으로 신체화되어 있기 때문에 신체적인 경험, 특히 감각운동 경험에 의해 좌우된다는 것을 말해 주었다.

그 후 '감성'에 관한 연구는 인지심리학과 신경심리학이 융합된 '인지신경심리학'의 연구를 통해서 다른 인접 영역으로부터의 기대와 요청을 받아 더욱 활성화될 것으로 보인다. 그렇게 될 때 감성에 대한 소중함은 그 의식이 더 고조될 것으로 보인다.

이 책의 서문에서도 몇 가지 기조 개념으로 사용되고 있는 개념이 있다. 그 가운데 하나가 포커싱focusing(초점 만들기)[3]이라는 개념이다. 이 개념도 자기 몸(내면)에서 '느낀 의미 있는 감각felt sense'

---

2) Varele, F. J., E. Thompson, and E. Rosch, *The Embodied Min: Cognitive Science and Human Experience*, Massachusetts: The MIT Press, 1991.

3) 여기서 말하는 포커싱의 의미는 알렌 아이비Allen Ivey(1933~)와 그의 공동연구자에 의해 1960년대 후반에 개발된 상담의 실천과 훈련을 위해 만든 '체계적 방식'에서, 종래의 상담과 인간관계로부터 고안해 낸 마이크로카운슬링microcounseling 12종의 기법 세층 가운데서 8번째의 기법 포커싱focusing의 '초점 맞추기'와는 의미가 다르다. 자세한 것은 아이비의 "International Interviewing and Counseling"-facilitating client development(1988) 참조.

의 체험과 '변환shift'을 상징화하고 개념을 언어화하여 불편한
마음을 치유하는 일종의 '자기 원조self-help'의 기법을 말한다.
이 기법을 창안해 낸 젠들린Eugene T. Gendlin(1926~)은 감각의 변
용과 심적 작용과의 긴밀한 관계를 심리치료와 상담기법에 적용
하여 획기적인 기여를 하였다는 점에서 이 책에서는 그 서술의
중심이 될 것이다.

몸이 가지고 있는 지혜

우리의 몸은 상황에 대해서 우리가 의식하고 있는 것보다 훨
씬 많은 것을 알고 있다. 그것은 우리 몸 안에는 의식의 초점(주
의)을 만드는 '감각'이 있기 때문이다. 그리고 우리의 마음속에는
몸으로 느끼기도 하지만 말로 표현하기 어려운 매우 다양한 '감
정'이 있다. 또한 시각 이미지나 언어로 표현할 수 있는 감정은
그 일부분에 지나지 않지만 매우 다양하고 구체적인 체험이 내
장되어 있다.

이와 같이 내장되어 있는 감정의 체험을 적당한 거리를 두고 주
의의 초점을 만들어 가다 보면 체험 속에 담겨 있던 암묵적인
'지혜(의미)'를 이해하게 된다. 이와 같은 일련의 감정의 흐름과
상징과의 상호작용의 과정을 '초점 만들기focusing'라고 한다.

안타깝게도 현대인은 자동화된 기계문명에 길들여져서 자신의
몸이 갖는 감각 자원으로부터 둔화되어 있거나 격리되어 살고 있

다. 그러나 우리가 몸으로 느끼는 지식과 여기서 파생되는 변화와 소통하게 되면 최적 조건의 심리학적인 자기 원조를 할 수도 있다. 예컨대, 내가 무엇을 먹는 것이 바람직한가, 어느 정도의 운동이 필요한가를 몸과 상담하게 되면 건강에 관한 최적 조건을 가르쳐 준다는 것은 매우 상식적인 수준에 지나지 않는다. 이렇듯 몸에는 상식 수준 이상의 보다 다양한 지혜가 잠재하고 있다.

인생을 어떻게 살아가면 좋은가, 자기 자신이 보다 자기다움을 발현하려면 무엇이 필요한가, 무엇에 가치를 두고, 무엇을 믿으면 좋은가, 무엇이 마음을 상하게 하며, 어떻게 하면 치유할 수 있는가 등, 여러 가지 물음에 대해 몸의 지혜는 가르쳐 준다. 우리 주변에 있는 사람에 대해서도 누가 나의 가장 좋은 면을 돋보이게 하고, 누가 기를 죽이거나 상처 낼 것인지를 몸은 알고 있다. 또한 몸은 내 인생을 더욱 알차게 만들어 이에 보답하기 위해서는 무엇을 해야 할지에 대해서도 알고 있다.

이렇듯 우리 몸이 가지고 있는 보석 같은 숨은 지혜와 자신을 변화시키는 가능성으로 이끌어 주는 과정을 '초점 만들기'라고 한다면 초점 만들기는 몸과 신뢰 관계를 맺고 몸으로부터 '느낀 의미 감각felt sense'을 통해서 자기 자신의 몸으로부터 전해 오는 '지혜'에 귀 기울여 그 메시지의 소리를 듣는 데 있다. 요컨대, 초점 만들기는 '내면의 올바른 감각inner sense of rightness'에 걸맞게 인생을 변화시켜 가는 열쇠인 것이다.

이와 같은 설명은 우리의 몸에 무관심했던 평소와는 다른 시각에서 이해하고 있는 경우다. 우리의 몸은 기계와 같은 존재는 아니다. 오히려 우리 몸은 주변에 있는 것들과 매우 복잡한 유기적인 교류를 하고 있다. 때문에 '교류하는 존재'만큼 우리 몸은 감각을 통해 체험하며 많은 것을 알게 된다. 이런 관점은 인간의 인식이 '개념 장치conception apparatus'를 통해서 들어오는 것만을 받아들이고 그 이외의 것, 즉 '감각을 통해서 느껴지는 것(의미)'을 배제한다면 인간의 인식은 한계에 이르게 된다는 철학적인 반성에 근거하고 있다.

다시 말해서, 이는 우리의 현실 상황과 자신에 대해서 '느낀 의미 감각'으로부터 얻은 언어를 사용해서 사고하고 대화하는, 이른바 '감각 경험의 가장자리에서 사고한다Thinking At the Edge(TAE)'는 관점을 상담 영역에 응용하는 새로운 관점의 표현이다.

TAE는 현대의 과학, 사회적 신념 및 인간관계가 개인의 체험의 복잡성을 배제하려는 현실을 비판하고, 실존철학을 배경으로 한 젠들린 자신의 철학을 창조적인 사고의 영역으로 응용하려는 새로운 시도였다. 즉, 상담자는 내담자가 현실적인 체험의 가장자리에서 서서히 느끼며 생각하고 말한 것을 공감하면서 경험하고 이해하며 도움을 줄 때 상담은 그만큼 성공적인 것이 될 것으로 본 것이다.

TAE는 우리의 세계나 우리 자신에 대한 의미 감각으로부터 만들어진 언어를 사용하여 생각하고 말하는 방법이다. 이 점은 어디까지나 인간 중심, 더구나 내용으로서의 인간이 아니라 살아가는 과정으로서의 인간을 철저하게 존중하는 관점이기도 하다.

특히 몸이 가지고 있는 특질을 뇌과학자인 안토니오 다마지오 Antonio Damasio(2003)[4]는 심신이원론을 부정하고 심적인 활동은 신체성을 떠나서 생각할 수 없다고 생각하여 '신체적 표지somatic marker'의 가설을 발표함으로써 신체성과 지성 그리고 감각은 일체화되어 있다는 '신체화된 인지'를 이해하는 데 도움을 주었다.

그는 인간의 의사 결정이나 가치 판단, 기억과 동기조차도 항상 신체적 내장계의 반응이 수반한다고 생각하여 인간의 뇌 전전두엽prefrontal area이 신체 변화에 의한 정동emotion이나 주관적으로 체험하는 감정feeling을 제어하는 데 큰 역할을 한다고 보아, 사람이 어떤 의사 결정을 할 때 여러 가지 가능성 가운데서 하나를 합리적으로 검토해서 최선의 것을 선택한다고 생각하기 쉽지만 그렇지 않다는 것이다.

사람이 어떤 선택지를 생각할 때는 비록 미미하더라도 몸이 반응하며, 그 결과 불쾌한 감정이 따를 때는 그 선택을 중지하고, 다음 선택지를 생각해 보게 된다. 이런 식으로 해 가다가 최종적인 선택지에 신체적 내장계의 반응이 만족한 감정을 보이게 되면 합리적 사고가 따르게 된다.

다마지오에 의하면, 사람들의 이해·적응에 밀접하게 관여하는 감정경험은 뇌 기능의 표상representation만이 아니라 경험할 그때의 신체상태의 심상image=신체적 표지somatic marker와 함께

---

4) A. Damasio, *Looking for Spinoz : Joy, Sorrow, and the Feeling Brain*, Mariner Books, 2003.

기억 속에 흔적을 남기게 된다는 것이다. 그리하여 과거에 마크시켰던 일과 유사한 사건이나 자극에 접하게 되면 그때의 기억이 '직감gut feeling'으로서 경험되며, 그것이 순간적으로 정보처리 선택과 판단에 영향을 주게 된다고 한다. 예컨대, 풀이 무성한 들길을 거닐고 있을 때 무언가 길고 가느다란 것이 꿈틀거리는 것을 보았을 때 감각기관은 이 정보를 신속하게 뇌(편도체 등의 변연계)로 보내는 순간 달아날 신체운동을 하게 하고 심박동과 혈압 등을 변화시킨다. 이어서 그것이 뱀이라는 것을 알게 됨과 동시 무섭다는 감정이 생기고 신체적 내장계의 반응과 더불어 '신체적 표지'로서 기억된다. 그 후 풀숲의 환경에 이르거나 뱀을 생각하게 되면 신체적 표지는 공포의 신체상태나 감정을 재현하도록 하며 위험을 회피하는 의사결정이 일어나게 된다.

답은 자신이 느끼는 감성 안에 있다

사람들의 심적 활동은 감성의 영향을 벗어날 수가 없다. 우리는 지성이나 이성만으로 인생을 살아갈 수는 없다. 크고 작은 문제 해결도 감성과 대화하며 감성의 소리에 귀 기울일 때 마음의 메시지를 듣게 됨으로써 문제 해결의 단서를 발견할 수가 있다. 다음 글은 젠들린의 제자 앤 와이저 코넬Ann Weiser Cornell(1949~)과 그녀의 영향과 지도를 받은 캐나다 출신의 여성으로 영국에서 활동 중인 바버라 맥거빈Barbara McGavin이 공동집필하여 젠들린이 발간하는 뉴스레터 「Focusing Connection」(2000년 9월)에 실린 '개에 관한 이야기 *The Dog Story*'를 소개한 것이다.[5]

한 여자 어린이가 있었다. 그 어린이는 자기와 같이 놀아 줄 친구를 몹시 찾고 있었다. 같이 달리고, 뛰놀며, 풀숲에서 뒹굴 수도 있는 그런 친구를. 추운 겨울밤에는 부둥켜안으며, 마음속에 있는 비밀도 말할 수 있는 그런 친구를 말이다. 다행히도 어느 날 행운의 날이 찾아왔다. 그 어린이는 빛나는 털과 초롱초롱한 눈동자와 하얀 이빨을 드러내며 웃는 예쁜 강아지를 선물받았다.

어린이와 강아지는 서로를 좋아해서 같이 있는 것이 정말 행복하였다. 그런데 어느 날 그 강아지는 양탄자에 오줌을 싸고 말았다. 엄마 아빠는 몹시 화를 내며, 강아지에게 야단을 치고, 앞으로 좀 더 정신 차려 강아지를 감독해야 하며, 그렇지 않으면 어떤 일이 일어나도 할 수 없다고 어린이에게 말하였다.

어린이는 최선을 다해 강아지가 깨끗한 방에 들어가지 못하도록 신경을 썼다. 그런데 어느 날 어린이는 깜박 잊고 거실 문을 열어 놓고 말았다. 그 결과 어린이는 거실에 들어왔을 때 어머니가 소중히 생각하는 의자의 다리를 강아지가 여기저기 갉아 놓은 것을 발견하게 되었다. 그때 어린이가 얼마나 무섭고 걱정되었을 것인지 상상해 보라.

강아지는 현관으로 쫓겨났다. 만약에 다시 집 안으로 들어온다 해도 나

---

5) A. W. Cornell, *The Radical Acceptance of Everything: Living A Focusing Life*, Calluna Press, 2005(With Barbara McGavin), pp. 87–89.

|01 감성은 소중하다| **31**

가지 않으면 안 되었던 것이다.

엄마 아빠가 집에 들어오려고 하는 강아지를 보고 그대로 두라고 말할 때까지 어린이는 밖에서 몇 시간이고 강아지의 부드럽고 따뜻한 털을 안고 추위 속에 앉아 있었다.

어느 날 식당 문이 열린 틈에 강아지가 식당에 들어와 중요한 물건을 입에 물고 있는 것이 발견되었다. 인내심의 한계를 넘은 아빠는 강아지를 보자마자 붙잡으러 갔다. 그러자 어린이는 날카로운 소리로 외쳤다. 그리고 강아지가 있는 쪽으로 달려가 집 뒤에 있는 숲 속으로 쫓아 버렸다.

처음에는 정원에 숨기려고 했으나 엄마 아빠가 너무 심하게 야단을 치는 바람에 눈을 크게 뜨고 지켜보고 있다가 부모가 발견하기 전에 강아지를 쫓아 버렸다. 이후 강아지는 돌아올 수 없었다.

어린이는 처음에는 놀아 줄 친구가 없어서 아주 허전했다. 몇 주, 몇 개월이 지나자 지난날 같이 놀았을 때 느꼈던 놀랄 만한 기억은 희미해져 갔다. 여기에다 어린이는 그 강아지가 얼마나 나빴는가를 말하는 엄마 아빠의 말도 믿기 시작했다. 다시 봄이 오자 친구들이 집으로 찾아와 밖에 나가서 놀자고 했다. 어린이는 떠나간 강아지에 관한 것을 점점 잊기 시작했다.

몇 년 후 그들은 시내 다른 곳으로 이사를 갔다. 어느 날 그 어린이는 (지금은 상당히 성장했지만) 큰 숲 변두리를 거닐고 있었다. 그런데 갑자기 길 끝의 어두운 숲 속 나무 그늘에 돋아 있는 잡초 속에서 어떤 이상한 움직임이 그녀의 시선을 끌었다. 그 움직임은 너무도 미미했기 때문에 무엇을 보았는지 알 수 없을 정도였다. 소녀는 바빴지만 호기심에 끌려서 몇 분 시간을 내어 멈추어 서서 그곳을 볼 수는 있다고 생각했다. 그래서 소녀는 숨을 죽이고 이상한 움직임이 있었다고 생각되는 곳을 주시했다. 그렇다. 무언가가 있었는데 소녀는 그것이 무엇인지를 알 수가 없었던 것이다. 그 무언가는 바로 그곳에 있고, 나무 밑에 있는 키가 큰 풀들의 그늘에 숨어 있는 것이었다.

한편 소녀는 두려운 생각이 들기 시작했다. 만약 그것이 곰이나 늑대라면, 혹은 용이라면 어떡할까? (아직도 소녀는 생각하는 것이 부분적으로는 어린이인 것이다.) 그래서 잠깐 시간을 내서 자신의 내면에서 느끼는 두려운 감정을 받아들였더니 마음은 한결 평온해졌다. 이윽고 소녀는 관심의 초점을 자신의 호기심을 유발했던 곳으로 돌렸다.

소녀는 바로 이때 소녀를 열심히 응시하고 있는, 빛나는 두 개의 눈동자를 분별할 수가 있었다. 소녀는 매우 조용히 그 두 눈동자의 생물에게 인사를 속삭였다. '안녕, 네가 그곳에 있는 것이 보인단다. 나는 너를 해치지 않을 거야. 그러니 그냥 이곳에 있기만 해다오.' 소녀는 그 생물이 놀라지 않도록 아주 천천히 땅에 앉았다.

그림자도 길어졌는데 아직도 소녀는 조각처럼 움직이지 않고, 오직 두 개의 눈동자가 빛나고 있는 곳을 주시하면서 앉아 있었다. 소녀의 인내가 드디어 보람이 있었다. 그렇게도 궁금했던 그 모습은 털이 덥수룩해서 보기에도 섬뜩한 얼굴로 천천히 나타났다. 외모는 너무도 더러워서 어떤 종류의 동물인지도 알 수가 없을 정도였다. 소녀는 그것이 무서워하고 있다는 것을 알았다. 그러면서도 그 덥수룩한 동물은 소녀가 앉아 있는 곳으로 가까이 오고 있었다.

소녀는 속으로 정답게 말했다. '너는 나를 무서워하면서도 가까이 오고 싶어한다는 것을 느낄 수가 있단다.' 소녀는 그 동물이 다음에는 어떤 행동을 하는가를 보기 위해서 기다리고 있었다. 그 동물은 배를 땅에 붙이고 기면서 머리가 소녀의 손이 닿을 정도로 가깝게 조금씩 앞으로 다가왔다. 동물은 냄새나고 더러웠다. 털은 온몸이 흙투성이로 톱니 모양으로 들쭉날쭉했다.

한편 소녀는 옷이나 손이 더러워지는 것을 걱정해서 물러서고 싶었다. 그래도 소녀는 그 동물의 눈을 볼 때 그 동물이 얼마나 외롭고 쓸쓸함을 느끼고 있는지, 얼마나 소녀에게 있는 그대로를 받아들여 주기를 바라고 있는지를 느낄 수가 있었다. 소녀는 또 그 동물이 자기에게 바라는 것이 무엇인지 느끼려고 했다. 그 동물은 마치 소녀에게 쓰다듬어 주기를 바라는 것처럼 보였다. 소녀는 그 짐승이 냄새 맡을 수 있도록 시험 삼아 손을 내밀어 보았다.

그랬더니 다정하게 소녀의 손을 약간 핥더니 소녀의 무릎 쪽으로 머리를 숙여 내밀었다. 소녀는 다정하게 귀를 쓰다듬어 주었다. 그러자 그 짐승이 덤불 속에서 나왔고 소녀는 그것이 강아지라는 것을 알았다. 그것은 깡마르고, 더럽고, 겁에 질려 있고 외로워하는 강아지였다.

소녀는 강아지와 같이 앉아 있을 때 이 강아지가 무언가 낯이 익다고 느끼기 시작했다. 강아지가 소녀의 눈을 들여다본다든지 무릎에 머리를 얹는 것에서 무언가 친숙함을 느꼈다. 소녀가 강아지에 가깝게 다가가 붙어 있을수록, 거의 잊고 있었던 꿈에서 보았던 그 무엇처럼 친숙감은 점점 커졌다. 이 느낌은 소녀를 생각하게 만들었다……. 그것은 무엇이었을까……. 아하! 그것은 소녀에게 아름다운 강아지를 떠올리게 했다.

아주 오래전에 창피를 주어 내쫓았던 그 강아지였다. 과거에는 얼마나 친했었던가, 친구들과 같이 놀았을 때 얼마나 큰 기쁨을 체험했었는가를 생각하면서 소녀는 눈물을 쏟아 냈다. 갑자기 소녀는 이 강아지를 안고 싶어졌다. 그동안 강아지는 자라서 어엿한 개가 되었다. 그러나 소녀가 개를 안으려고 가까이 가자 그 개는 뛰어 내려가면서 짖었다. 그리고 행방을 바꿔 어둠 속으로 사라졌다. 소녀는 깜짝 놀랐으나, 개가 자신을 무서워했기 때문에 그렇게 된 것이라고 생각했다.

해가 저물기 시작했다. 태양은 지평선 밑으로 숨기 시작했다. 그래서 소녀는 일어서서—그러나 자리를 떠나기 전에 어두움을 향해 말했다. "와 주어서 고맙다. 나는 돌아올 것이다.—그러니까 네가 이곳에 와서 나를 다시 만나고 싶다면 나는 언제나 여기에 있을 수가 있다."

그 후 수개월 동안 소녀는 몇 번이고 변두리의 숲에 돌아왔다. 때로는 전에 보았던 강아지의 두 눈동자가 소녀를 기다리고 있는 것 같았다. 때로는 소녀가 그곳에 잠깐 나타난 후에 개가 나타나기도 했다. 때로는 다른 동물이 나타나기도 했다. 훈훈하며 굳은 마음의 끈이 그들 사이에 맺어질 때까지 그 개는 점점 자신을 갖고 숲에서 나와 모습을 보여 주었다. 소녀는 개에게 줄 먹이와 털을 손질할 솔을 가져왔다. 이제는 소녀의 눈앞에는 소녀만이 사랑하는 친구가 나타났다. 이제는 달리고, 뛰어놀며 개처럼 웃는 얼굴이 다시 돌아오기 시작했다. 그래서 어느 날 개는 소녀의 뒤를 따라 집으로 다시 돌아왔다.

의미 감각은 해방의 조짐

우리의 몸 안에 있는 마음속에는 몸으로 느끼고는 있지만 너무 막연해서 이를 말이나 이미지로 표현하기가 어려운 다양한 감정의 흐름이라는 것이 있다. 이런 감정이란 마치 강물의 흐름과도 같아서 어떤 때는 세차게, 어떤 때는 잔잔하게 끊임없이 그 흐름이 이어진다.

이와 같은 내면적인 감정의 흐름은 어느 한 사람도 같을 수가 없으며 때와 상황에 따라 천태만상이다. 그러나 이보다 더한 문제는 감정의 흐름이라는 '전 개념적인 체험 과정preconceptual experiencing'을 '개념화'하고 '상상화'하고 '언어화'하는 과정이다. 이것은 사람의 능력에 따라 다를 수밖에 없다. 정도의 차이가 있을 뿐 누구라도 쉽게 내면의 체험을 만족할 만큼 개념화 · 상상화 · 언어화할 수는 없을 것이다.

그렇지만 자신의 내면적인 감정의 흐름에 '주의(관심)의 초점'을 만들어 가면서 느껴진 '의미 감각'을 발견하게 되면 암묵적이었던 의미를 상징화symbolizations시킴으로써 비로소 그 의미는 명료해진다. 이 경우에 내면에서 느낀 '의미 감각(실감)'은 매우 중요한 의미를 갖는다.

여기서 한 가지 사례를 들어 포커싱 세션을 설명하고자 한다. 다음 글에서 상담자(포커싱에서는 경청자listener나 가이드guide)의 말은 괄호 안에 넣었다.

목에 위화감을 호소한 한 젊은 여성의 경우

무언가 목에 이물질이 끼어 있다고 할까요, 막힌 느낌입니다.

(막힌 것 같다고요. 그 부분을 조금 더 느껴 봐도 괜찮겠습니까?)

……괜찮습니다. 그렇게 하지요.

(그러면 천천히 느껴 보기 바랍니다. 무언가 붙잡히는 것이 있을 때는 이를 헤아려 주기 바랍니다.)

…… 긴 침묵 ……

막혀 있다기보다는 목에 무엇이 달라붙어 있는 것 같아서 불안한 느낌입니다.

(불안한 느낌이라고요.)

그 느낌은 변하지 않고, 그대로인 것 같습니다.

(알겠습니다. 그러면 이제 그 불안한 상태를 인정하고 그 감정과 대화를 나누어 볼까요. 만약 무언가 어떤 분위기나 질감 같은 것이 있을 때는 말해 주기 바랍니다. 있다면 좋은 일입니다만.)

…… 침묵 ……

어둡고 좀 끈적끈적한 질감입니다.

(어둡고 좀 끈적끈적하다는 표현이 느낌에 딱 들어맞는다고 생각하십니까?)

그런 감정이 꾸물거린다고나 할까 물결처럼 울렁거린다고 할까요, 무언가…….

(그 상태로 느끼고 있을 수 있겠습니까?)

알았습니다. 그렇게 하지요. 무언가 재미도 있습니다…….

······ 긴 침묵 ······

아, 참 무언가 큰 것이 목에 걸려 있는 것으로 생각했는데 알맹이들이 많이 있어서 그것들이 무언가를 말하고 싶어 하는 것 같습니다.

(무엇을 말하고 싶어 하는지 들어주기를 바랍니다.)

······ 침묵 ······

그렇지만 무언가 이것은 받아들이고 싶지 않은 느낌······.

(그래요, 말하고픈 알맹이들이 많이 있는 것은 알지만 그것은 받아들이고 싶지 않다는 것이지요. 그러면 인정하고 싶지 않은 자기 자신의 그런 부분도 헤아릴 줄도 알아야 합니다. 알맹이들이 무언가를 말하고 싶어 하며, 이를 인정하고 싶지 않은 자기도 있다는 두 가지를 알고 있어야 합니다.)

······ 긴 침묵 ······ (눈물) ······

어머니에 관한 것, 누나에 관한 것, 여러 가지 일이 떠올라서······.

(그래요.)

알맹이들이 좀 흰빛을 띠면서 하나로 뭉쳐졌습니다.

(그래요. 좀 더 그 느낌을 음미해 봅시다.)

목구멍의 느낌이 아직 남아 있지만, 있어도 전보다는 느낌이 좋습니다.

(좋은 일입니다.)

이때 순간적으로 지금까지는 내가 무언가에 사로잡혀 있는 기분이어서 '무언가를 하지 않으면 안 된다'는 생각과 감정에 매여 있었던 나 자신을 발견한 것 같습니다. 내게 자유가 없었던 것도 아니었고, 남의 탓도, 상황의 탓도 아니며 내가 살아가는 자세에 문제의 핵심이 있다는 것을 알게 되었습니다.

(자기 발견을 한 셈입니다. 이제 처음 목에 걸려 있는 위화감으로 돌아

가 볼까요?)

이젠 연한 핑크색으로 정리된 부드러운 것이 목구멍의 일부가 되어 있는 기분입니다.

(알겠습니다. 그렇다면 현재의 그 느낌을 소중하게 생각하기 바라며, 이제 서서히 끝내는 것이 어떠할지 생각하기 바랍니다.)

…… 잠시 침묵 ……

예, 이제는 괜찮습니다.

이와 같은 사례처럼 내담자(포커서focuser)와 치료자(가이드·리스너)가 심적인 여유와 시간을 가지고 신뢰와 공감으로 진지한 대화를 나눔으로써 문제가 해결되는 경우도 있는가 하면 불과 수 분 동안의 독자적인 '자기 원조self-help'의 기법을 통해서 문제 해결의 단서를 발견할 때도 있다.

또는 합숙이나 워크숍에서는 집단이라는 '장field'의 분위기(역동성)에 의해서 기대 이상의 큰 변화와 신비적인 체험이 수반될 때도 있다. 그러나 이와 같은 극적인 변화보다는 평상시의 마음에 걸리는 일이나 일상생활에서 간단하게 응용할 수 있다는 점이 포커싱의 좋은 점이다. 변화의 크기나 깊이를 문제 삼을 것이 아니라 사소한 일이라 할지라도 착실한 한 걸음을 소중하게 생각하는 마음가짐이 중요하다.

요컨대, 치료자의 도움을 받아 자신과 문제를 깨닫고 신체적인 해방감을 얻어 편안해지는 것보다는 내담자 자신이 자기 힘으로 자각과 해방을 지향하는 과정을 추구해 가야 한다. 이렇듯 포커싱이라는 기법을 사용하여 누구든지 위화감이나 부정적으로 생각하고 있던 것 가운데서 마음의 보석 같은 전진적인 에너지를 생각해 낸다고 하는 치료의 참뜻을 비교적 단시간에 체험할 수 있다.

나의 감성은 나만의 것

아무리 힘들고 어려운 일에 직면해 있다 할지라도 이에 수반한 감정에 매이지 않고, 이 '감정'은 남의 탓도 아니고 '상황'의 탓도 아니며 내가 살아가는 방식에 문제의 핵심이 있다고 생각하게 되면 내가 무언가 하지 않으면 안 되고, 달라지지 않으면 안 된다는 자기를 발견하게 된다.

요컨대, 우리가 감정이 내게 주는 긍정적인 의미를 발견할 때, 어둡고 흐린 마음도 명랑해져서 마음도 편안해질 것이다. '자기 발견'이란 고정관념이나 '아집'에서 벗어나기만 하면 힘든 것은 아니다. 자기 발견의 순간에 자율신경계의 기능을 측정해 보면 심신의 이완 현상이 나타난다는 것은 이미 '알파 뇌파'의 의식 상태를 통해서 잘 알고 있는 사실이다.

상담에서 내담자의 '자기 발견'은 매우 중요하다. 그렇지만 상담자의 경우 포커서의 흔하게 있을 수 있는 문제나 고민이라고 하여 극히 일반적인 조언이나 상식적인 말을 해 주는 것은 대부분의 경우 큰 도움이 되지 않는다. 그 이유는 너무도 간단하다.

사람은 누구나 이 세상에서 '자기'라는 존재는 오직 하나밖에 없는 유일특유한 존재이기 때문이다. 예컨대, 같은 문제도 A라는 사람에게 적용되었던 해결법이 B라는 사람에게는 통용되지 않는 경우가 많다. 아무리 같은 범주에 속하는 문제라 할지라도 그것은 보편적 개념상의 의미일 뿐 구체적으로 자기 처지를 받아들이는 인식의 세계는 제각기 유일무이한 것이다.

때문에 개인이 처한 상황이란 독특한 것이다. 예컨대, '직장에서 상사와의 관계가 원만치 않다'고 하는 많은 사람의 문제도 그 배경은 똑같을 수가 없으며 저마다 다르다. 상담에서는 사람마다 달리 체험되는 '현상학적 세계Phenomenological world'의 의미를 이해하는 것이 중요하다. 이런 점에서 일반론적인 조언이란 참고는 될 수 있을지는 모르지만 진정한 의미의 개별적인 문제 해결에는 도움이 되기가 어렵다.

요컨대, '일반론'보다는 자기가 분명하게 느낀 바 의미를 알고 있는 '마음의 실감'이나 '의미 감각'에서 문제 해결의 지혜를 얻어야 한다.

상담자는 가능한 한 추상적인 일반론이나 통념적인 조언을 피하고 구체적으로 내담자의 마음의 실감과 채널을 맺고 내담자가 의미 감각으로부터 일탈하려고 할 경우에는 여기서 벗어나지 않도록 살펴 주며 마음의 실감에 초점을 두도록 도와주지 않으면 안 된다. 예컨대, 내담자의 '상사와의 불화 관계'에 대해 상담할 경우 상사의 나이나 성격, 성별, 출신 학교 등을 묻는 것은 불필요하다. 이와 같은 고루하고 무성의한 질문을 하게 되면 내담자는 오히려 실감으로부터 멀어질 우려도 있다.

상담자가 내담자의 실감에 공감적 관심을 기울이며 더불어 옆에 같이 있을 때, 그 분위기는 내담자의 자기 발견, 자기 변혁을 돕는 에너지를 주는 데 도움이 된다. 그렇다면 우리가 일상생활에서 어렵고 힘들 때 내 마음의 실감을 정확히 알고 옆에 있어 줄 사람이 과연 몇이나 있을 것인가 생각해 보자. 이런 사람이 많이 있는 사람은 행복한 사람이다.

이보다 중요한 것은 자기가 자신의 내면에 있는 감정의 흐름이라는 또 한 사람의 자기를 공감적으로 직시하고 이해하는 일이다. 사람에 따라서는 오히려 자신의 의미 감각을 말살하고자 하거나 이를 왜곡시켜 정당화하려고 한다든가 또는 남 탓이나 상황 탓으로 돌리는 경우도 많다. 진정 우리는 자신의 감성의 메시지에 귀 기울이며 느낀 대로의 의미 감각으로 솔직하게 살고 있는 것일까 자문해 보기 바란다. 왜냐하면 나의 감성은 소중하며 나만의 것이기 때문이다.

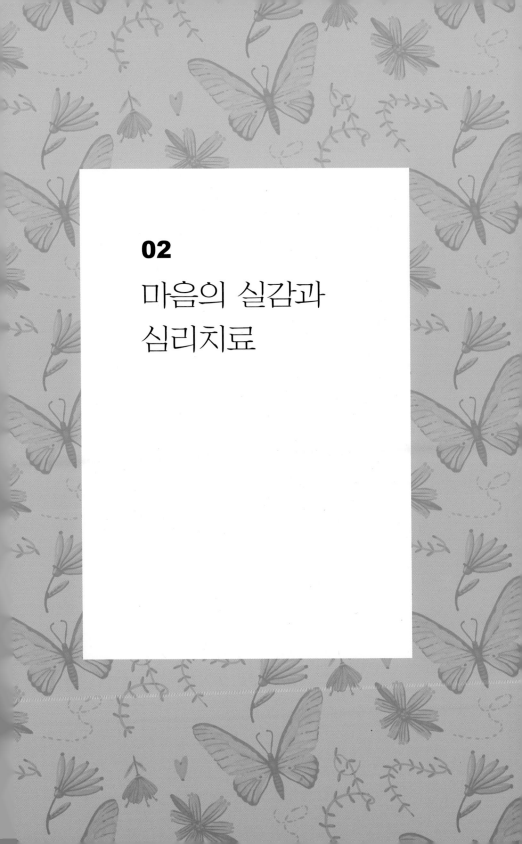

02

마음의 실감과
심리치료

실감과 정신분석

  우리 마음 가운데에는 몸으로 느낄 수는 있지만 너무 막연해
서 이를 '말로 표현'할 수 없다거나 '표상화'할 수 없는 느낌이라
는 것이 있다. 그러나 이 느낌에 생각의 초점을 만들어 이것과
대화를 나누다 보면 문득 의미 있는 감각 체험을 하게 된다. '실
감'이란 이렇듯 체험을 통해 자기 내면에서 일어난 어떤 느낌에
담겨 있는 암묵적인 의미를 알아차릴 수 있는 느낌을 말한다. 이
실감을 우리가 중요시하는 까닭은 실감을 체험한다는 것이 자기
실현과 성장에 중요한 계기가 되기 때문이다.
  심리치료의 개척자 중 한 사람이면서 정신분석 창시자였던 프
로이트Sigmund Freud(1856~1939)는 최면정화법Hypnocatharsis을 발
견한 조셉 브로이어Joseph Breuer(1842~1925)와 1893년에 공동으로

'히스테리'에 관한 논문을 발표하고, 다시 1895년에는 『히스테리에 관한 연구Studien über Hysterie』를 발표하였다. 그는 '히스테리 치료'[1]의 경험, 특히 '자유연상법free association'을 통해서 다음과 같은 말을 하였다.

　환자가 치료 과정에서 머리로만 생각한 것을 말하거나 감정을 억제하고 말하는 것은 환자의 무의식적인 '방어 기제defense mechanism' 때문이며, 이는 치료를 어렵게 만드는 요인의 하나다.

요컨대, 환자가 자기 감각이 어떠한 것인지를 알고 있는 '실감(의미 감각)'을 멀리하게 되면 심리치료를 더 어렵게 만들게 된다고 본 것이다.

이렇듯 프로이트는 인간의 의식(자각)이야말로 최고 존엄의 근거로 보아 의식 과정에서 '숨기는 것'보다는 '펼쳐 보이는 것'을, '무시'보다는 '확인'을, '간과'보다는 '명료화clarification'를 더 소중하게 생각하였다. 이런 점에서 프로이트의 인간상은 인간의 이성과 의지의 승리를 만든 과학적 세계관에 기반을 둔 합리주의적인 가치관을 가지고 있었다.

정신분석에서 말하는 '전이transference'나 '역전이counter trans-ference'도 의미 있는 감정의 지각인 '실감'을 중시한 데서 나온 말이다. 예컨대, 환자와 분석가의 치료 관계에서 환자가 치료자에

---

[1] Joseph Breuer & Sigmund Freud, *Studien über Hysterie*, 1895.

대해 어떤 '실감'을 가지고 있느냐에 따라 그것이 과거 부모 관계 감정의 재현일 때는 '전이'로 해석하게 되고, 역으로 치료자가 환자를 어떻게 받아들이고 있느냐의 치료자 자신의 과거 부모 관계의 재현일 때는 이를 '역전이'로 해석하게 된다.

이와 같은 해석은 다소 이론의 차이는 있어도 프로이트만이 아니라 정신분석학파의 후계자들 사이에는 하나의 공통된 치료 원리로 생각되고 있다.

정신분석의 흐름 가운데서도 비운의 생을 살다 간 오스트리아 태생의 천재적인 정신분석자 빌헬름 라이히Wilhelm Reich(1897~1957)[2]는 그의 『성격분석Character Analysis』(1933)[3]에서 환자의 유아기의 억압된 욕구와 '의미 감각'은 신체에 전이됨으로써 신체의 근육적인 긴장을 만들어 몸이 방화벽 같은 '갑옷armor'처럼

---

2) 라이히는 오스트리아 태생으로 나치에 쫓겨 미국에 망명(1939)한 정신분석자이면서 마르크스주의 색채가 강한, 정신위생운동에 참여할 정도의 개혁자적인 사상가이기도 하였다. 때문에 그는 프로이트Freud와 마르크스Marx 두 사람의 이론을 접목시키려고 하였다. 이 점은 그의 「변증법적 유물론과 정신분석」이라는 논문에서 잘 나타나고 있다. 그러나 그의 급진적 사상은 공산주의와 사회주의의 비인간적인 면을 비판하는 데 이르렀고, 이로 인해 독일 공산당으로부터 제명되고(1933) 국제정신분석학회로부터는 정신분석가로서의 활동 범위를 넘어섰다 하여 제명되었다(1934). 미국에 와서는 오르곤 박스orgone box(초자연적 치료법을 위한 박스이며, 우주의 생명에너지가 인간의 체내에도 있다고 보는 심신의 건강을 돕는 생명에너지를 응축한 박스), 즉 '오르곤 에너지 집적기orgone energy accumulator'를 사용함으로써 질병을 치료할 수 있다는 주장이 '식품의약국FDA'의 조사대상이 됨과 동시에 오르곤 에너지 집적기의 판매와 사용 금지 처분을 받았다(1954). 그러나 라이히는 이 금지 명령을 무시하고 연구를 계속하는 한편 재판소는 과학적 사실을 판단할 능력은 없다고 주장하였으나 재판소 모욕죄로 징역 2년형을 선고받았다. FDA는 오르곤 에너지 집적기의 제조·판매에 관련되는 라이히의 저서나 그 밖의 간행물을 소각하였으며, 1957년 라이히는 메인Maine 주의 연방형무소에서 심장병 발병으로 생을 마감했다.

3) W. Reich, *Character analysis*, New York: Touchstone, 1953.

굳어져 버린다는 것을 말하고 있다.

또한 그는 어린이는 자신의 성적 감정에 대한 불안과 이에 수반하는 처벌에 대한 두려움과 방어수단으로써 성격 구조가 형성된다고 보았다. 최초의 방어는 억압(일시적인 성충동의 억제)이지만 점차 자아의 방어가 만성화되고 반사적으로 진행되어 감에 따라서 자아방어는 성격 특성으로 고착되어 '성격의 갑옷character armor'을 형성하게 된다는 것이다.

라이히의 이론을 발전시킨 미국의 정신분석가 알렉산더 로웬 Alexander Lowen(1900~1975)은 '생체에너지 치료법bioenergetic therapy' 이라는 신체적인 일련의 보디 체크를 통해서 신체와 성격에 만들어진 방호벽 같은 갑옷을 없애는 방법을 고안해 냈다. 즉, 긴장되고 막혀 있는 신체의 각 부분에 에너지를 주기 위해 각종 '긴장 자세stress postures'를 사용하여 만성적으로 긴장된 신체 부위의 긴장을 더욱 높여서 결국에는 갑옷을 벗지 않을 수 없게 된다는 것이 로웬의 생각이었다. 요컨대, '역설적 치료paradoxical therapy'의 의미를 갖고 있다.

여기서 중요한 것은 로웬이 스승 라이히의 '오르곤 에너지orgone energy(인간의 체내에 있는 우주 에너지)' 치료법 대신 '바이오 에너지' 치료법을 사용하여 단순히 몸의 운동만을 하지 않고 이 운동을 통해 '에너지' 안에 있는 '사고'와 '감각'의 의미를 지각하는 '실감'을 통합하려 한다는 점이다.

요컨대, 두뇌의 사고만을 편중시키는 것과는 달리 로웬은 보디 워크를 통해서 감정의 흐름 속에 있는 의미를 감지하는 '마음의 실감'을 회복시켜 생체에너지 속에 이를 통합시키는 데 역점을 두었다. 이런 점에서 로웬의 '생체에너지 치료법'을 일명 '신라이히안 치료법neo-Reichian therapy'이라고도 한다.

이렇듯 정신분석에는 다양한 이론과 방법이 있지만 이를 실천함에 있어서는 공통적으로 '의미 있는 감정의 지각(실감)'이라는 것이 중요시되고 있다. 만약 이 '마음의 실감'이 부족하게 되면 그것은 환자의 '방어defense'나 '저항resistance' 때문이라고 이해하게 된다.

그러나 젠들린④이 지적하고 있는 것처럼 정신분석에는 환자가 충분히 자기감정을 감지할 수도 없어서 치료가 원만하게 진행되고 있지 않은 상황을 표현할 수 있는 전문용어는 있어도 만족할 만큼 '마음의 실감'을 다루는 문제에 대한 기술이나 용어는 적은 편이다.

요컨대, 이런 지적은 정신분석에서 '마음의 실감'이 중요한 것은 알고 있다 할지라도 실제로는 이를 어떤 타이밍에, 어떻게 다루며, 어떻게 촉진시킬 것인가, '실감을 느끼는 과정'이란 과연 어떤 과정인가에 대한 구체적인 수순을 명료하게 만들어 놓을 필요가 있다.

정신분석에서만이 아니라 대부분의 심리치료법은 환자가 느낀 '실감'을 이용한다. 실감을 이용한다고 하는 것은 심리치료법의 핵심 과정의 하나라고 말해도 결코 지나친 말은 아닐 것이다. 그러나 '실감'을 다루는 방법이나 그 자체를 표현하는 용어는 각각

---

④ Eugene T. Gendlin, *Foousing*, New York: Bantam Books, 2007; *Focusing-Oriented psychotherapy: A Manual of the Experiential Method*, New York: Guilford, 1996.

의 이론적인 틀 속에서 다양한 명칭으로 사용되고 있다.

예컨대, '기분' '체험' '이미지' '정동' 등 다양한 표현이 있으며, 이를 이용하는 방법에도 '정화catharsis' '감정해방abreaction' '철저조작5)working through' '표출exposure' '재체험reexperience' 등 다양한 방법이나 용어가 있다.

그러나 사람이 자기 이해를 심화시키고, 자기실현을 꾀하며 마음의 안정을 이루기 위해서는 자기가 느낀 '실감'을 대하는 태도가 중요하다. 이 점에 대한 이론이나 용어는 심리치료법 안에 많이 있다. 그렇지만 '마음의 실감'이란 과연 어떤 현상인가, 그리고 어떻게 다루어야 하며, 어떻게 그것이 인간의 성장에 연결되어 있는가에 대해서 생각해 보고자 하는 것이 이 책의 중심적인 흐름히 될 것이다.

마음의 실감과 심신증

최근에 와서 심리적인 문제나 스트레스 때문에 발생하는 신체

---

5) 프로이트가 제창한 정신분석 치료기법에 관한 기본적인 개념의 하나. 환자가 자신의 증상이나 문제점을 자각하고 통찰하기 위해서는 치료 과정에서 스스로의 저항에 대한 극복과 이해를 일시적인 지적 이해에 멈추게 하지 않고 지속적으로 반복하며 시간을 들여서 체험시키는 것이 필요하다고 보는 반복 체험 과정을 말한다. 철저조작의 필요성은 '이드 저항id resistance'으로 인한 무의식의 반복적인 강박의 압력으로부터 주체를 해방시키기 위해서다. 이 조작을 통해서 환자는 새로운 자각과 더불어 지금까지 경험하지 못했던 것을 비교 확인하거나 재인식하므로써 새로운 자기 본연의 자세를 체험하게 된다. 이 과정은 환자에게나 치료자에게도 매우 힘이 드는 과정이기도 하다. 프로이트의 정신분석치료법「psychoanaytische Methode」(1914. Bd. 15)에서 발표된 '상기 · 반복 · 철저조작Erinnern, Wiederholen und Durcharbeiten'을 참조.

질병, 즉 '심신증psychosomatic disease'은 사람들의 관심의 대상이 되고 있다. 왜냐하면 근자에 와서 인간의 건강이나 질병을 심신 양면에서 대처해 가는 심신의학적이며 전인적 의학으로서의 관심이 높아져 가고 있기 때문이다.

심신증이란 위궤양, 십이지장궤양, 고혈압, 긴장성 두통, 스트레스로 인한 과민성 장증후군 등과 같이 신체 증상을 주로 나타내지만 진단과 치료에서 심리적 요인에 대한 배려가 중요한 의미를 갖는 병태라고 볼 수 있다. 그래서 의료계에서는 이 심신질환을 전문적으로 연구하고 치료하는 의학을 '심신의학psychosomatic medicine'으로 규정하고 있다.

이 영역에서는 실감정증alexithymia(또는 '실감정 표현증')[6]이라는 상태가 관심의 대상이 되고 있다. 이 질환은 감정 장애로 인하여 각종 심리적 갈등을 언어로 표현하지 못하는 사람이 이를 신체 증상으로 나타내는 것이 특징이다. 이 용어는 하버드 대학교 피터 시프네오스Peter E. Sifneos(1920~2008)에 의해 처음으로 사용되었으며(1972), 다시 존 내미어John C. Nemiah(1918~2009)와 이를 검토하여 실감정 표현증을 심신증의 중핵 개념으로 발표하였다.[7]

이들은 병증세를 뜻하는 '증症'을 사용하였지만 기실 그 자체는 병은 아니다. 왜냐하면 앞에서 말한 바와 같이 감정을 완전히

---

6) alexithymia란 그리스어의 a=lack(결함), lexis=word(말), thymos=emotion(정동)으로부터 만들어진 합성어다.

7) J. C. Nemiah, H. Freyberger, P. E. Sifneos, Alexithymia : A View of the Psychosomatic Process, In: OW Hill, editor. *Modern trends in psychosomatic medicine*, Vol. 3. London: Butterworths, 1976, pp. 430-439.

상실한 것이 아니라 '언어화verbalization'에서만 표현장애가 있는 일정한 성격 경향을 표현하는 용어라는 점에서다. 요컨대, 이런 성격 경향을 갖는 사람이 심신증에 걸리기 쉽다는 것이다.

이런 점에서 실감정증 환자는 성격이 대인관계에서 거의 자기 감정에 대해서 털어놓으려고 하지 않는다. 생활 습관을 보아도 감정이나 정서가 개입되는 TV 드라마 같은 것은 보려고 하지도 않으며, 뉴스 같은 객관적 정보 프로그램을 더 선호한다.

이런 사람은 상상력도 빈곤해서 자기가 처해 있는 상황이나 눈앞에 보이는 신체 증상에 대해서는 두고두고 되풀이해서 되뇌지만 이에 따르는 감정은 나타내지도 못하며, 스트레스의 발산도 서툴고 꿈도 거의 기억하지 못한다. 또한 상담자와의 대화도 거의 표면적인 대화로 끝나기 때문에 대화가 깊이 들어가지 못해 상담자를 힘들게 한다.

이렇듯 실감정 표현증 환자는 자신의 '감정'이나 '마음' 같은 것이 전혀 없는 무표정한 목석 같은 생활을 하고 있는 사람처럼 보인다. 그래서 심리치료에서는 감정을 적극적으로 표현시키며, 자신의 문제점을 깨닫고 이를 극복할 수 있는 능력을 표현시키는 '게슈탈트 치료법gestalt therapy'을 사용하기도 한다.

왜냐하면 게슈탈트 치료의 '인간관'은 사람은 누구나 자기 문제를 깨닫는 능력과 이를 극복하는 능력이 있다고 보아 성숙한 인간이란 인격이 통합된 사람이며 전인적인 존재whole person being로서 의존으로부터 자기충족의 과정을 통해서 자기 힘으로 설 수 있는 사람이라고 보기 때문이다.

앞에서 말한 내미아는 실감정 표현증을 단순히 방어기제로서가 아니라 심신증의 본질 현상으로 보아, 신경생리학적 관점에서 학습·사고 등의 지적 활동을 영위하는 신피질neocortex과 정동을 영위하는 대뇌변연계limbic system·시상하부hypothalamus 등의 해리 dissociation의 반영 현상으로 생각하였다. 이런 관점에서 그는 심신증의 기본적인 기제를 지적 기능성과 정동의 분리와 이로 인한 신체화라고 본 것이다.

정신분석가인 시프네오스도 실감정 표현증은 정신분석에서 말하는 무의식적인 '방어'와는 다르다고 생각하고 있다. 방어의 경우는 '표면화해서는' 안 된다는 심적 기제의 갈등이 무의식 안에 있는 것과는 달리 실감정 표현증에서는 무의식에 갈등은 없기 때문이다. 이런 점에서 실감정 표현증은 심적 갈등 때문에 발생하는 '방어'가 아니라 생활습관의 결과로 인하여 발생한다고 보고 있는 것이다. 또는 유전적인 요인에 의해서 발생한다고 보는 이론에 대한 연구도 있다.[8]

게슈탈트 치료기법의 하나인 '빈 의자empty chair' 분식대화법에 대해서 생각해 보자. '빈 의자'는 게슈탈트 치료법의 워크 가운데서 내담자의 마음속 분신과의 대화, 또는 자기 자신, 중요한 인물, 사물, 신체의 일부, 가상적인 것과의 대화의 필요가 발생했을 때 이를 비어 있는 의자에 앉히고, 이것들과 대화를 하게 한다. 이로 인해서 마음의 문을 열어 심적 활동을 자극해서 치료의

---

8) P. E. Sifneos, Alexithymia: past and present, *Am. J. Psychiatry*, 1996; 153: p. 142.

진행에 도움이 되게 한다. 단순히 마음속에서만 혼자서 속으로 말하는 것보다 대화의 형식으로 비어 있는 의자를 이용해서 하는 것이 효과적이다. 특히 두 가지 대립하는 생각(분신)을 가지고 대화를 나누게 하는 기법은 '대립 분신 대화법'이라고도 한다.

새로운 관점으로서는, 생활 습관의 결과로서 실감정 표현증이 발생한다고 보는 독일 하노버 대학교의 프라이버거Harald Juergen Freyberger 교수의 가설이다. 이 가설의 옳고 그름은 아직도 연구의 여지가 많다. 만약에 이 가설이 옳다고 한다면 현대인의 생활 문화에서 '실감정 표현증'을 자극하고 이를 촉진시킬 수 있는 요소가 어떠한 것인가에 대해 연구해 보면 매우 의미 있는 이론을 얻게 될 것이다.

매일 아침 눈만 뜨면 TV 뉴스나 각종 드라마ㆍ오락 프로그램을 보면서 시작되는 하루의 생활, 출퇴근 시 지하철ㆍ버스 안에서, 심지어는 걸어가면서도 SNS에 빠져 있는 생활 패턴, 근무시간도 경쟁과 능률 속에서 인터넷으로 시작해서 인터넷으로 끝나는 생활양상 등 모두 기계를 조작하는 두뇌만 쓰는 생활이 주가 되다 보니 감상하고 감성을 표현할 수 있는 체험의 기회를 전혀 갖지 못하게 만든다. 이는 실감정 표현증을 촉진시키는 요인이 될 수 있다고 생각해 볼 수도 있다.

사회 분위기가 오직 효율성이나 속도만 따져서는 행복하고 건전한 사회가 될 수 없다. 독창적인 상상력이나 제 나름의 감성의 메시지를 음미하고 표현할 수 있는 마음의 시간적인 여유도 필요하다. 어쩌면 우리가 현재 살아가고 있는 생활 스타일은 '실감정 촉진적'이라고 말할 수 있을지도 모른다. 이 문제는 신경생리학적 관점에서 매우 중요한 의미가 될 수도 있다.

신체 감각의 둔감이 초래하는 것

앞에서 실감정 표현증의 원리에 대해 설명한 바 있지만, 실감정 표현증이 어떤 메커니즘으로 심신증을 일으키느냐에 대해서는 아직도 완전히 해명되고 있지 않다. 그렇지만 많은 임상가가 심신증 환자란 불안감 등을 주로 호소하는 신경증 환자와는 달리 감정을 잘 표현하지 못한다는 사실을 보고하고 있다는 점은 매우 중요한 의미를 시사하고 있다.

이 문제를 사회심리학적인 관점에서 생각해 보자.

인간은 사회 적응에 지나치게 머리를 쓰다 보면 그 사회의 행동규범이나 준칙에만 절대적으로 순응하려고 하기 때문에 자기 자신의 신체 감각 같은 것은 자연히 둔감해지게 된다. 예컨대, 배가 고프기 때문에 점심을 먹는 것이 아니라 '점심시간이기 때문에 먹는다'는 경우와 같이, 자신의 공복감이라는 신체 감각에 근거해서 행동하는 것이 아니라 정해진 생활의 준칙이나 관행에 맞추기 위해서 점심을 먹게 된다는 것이다.

이런 경우는 '자신의 신체 조건이 지금 어떠한지, 무엇을 먹고 싶은지' 등 '신체 감각에 물어본다'고 하는 일이 줄어들게 될 것이나. 이런 생활이 습관화되면 신체 감각을 부시한 채 시간이 되었기 때문에 식당으로 간다는 기계적인 행동을 하게 됨으로써 필연적으로 신체 감각은 둔감해질 수밖에 없을 것이다.

이렇듯 신체 감각이 둔감해진 상태를 '실체감증失體感症'이라고 하여, 이것이 '실감정 표현증'과 연관되고 있다고 보는 사람도 있다. 일반적으로 마음에서 일어나고 있는 감정 흐름의 의미를 감지하는 '실감'이나 '기분'에는 통상 신체 감각이 수반되기 마련이다. 예컨대, 짜증이 날 때는 복부에 어떤 딱딱한 무거운 추가 자리 잡고 있는 것과 같은 것을 감지한다든가 다른 사람으로부터 자기가 가장 싫은 점을 지적받았을 때는 가슴을 무엇이 찌르는 것과 같은 신체 감각을 체험하기도 한다.

이렇듯 사람은 의식하든 하지 않든 일상생활을 하면서 다양한 신체적인 감각을 느끼면서 살고 있다. 그러나 '실감정 표현증'에 빠져 있는 사람이라면 이와 같은 신체 감각에 둔감해진다. 여기에 수반해서 기분이나 감정의 변화에 대해서도 둔감해진다. 이른바 이것이 '실감정 표현증'이다.

요컨대, 마음의 실감이나 신체 감각을 잃은 사람의 신체에는 자연의 법칙으로 보아 무리한 부담이 연달아 가해짐으로써 자연 존재로서의 인간과 사회 존재로서의 인간 사이에 대립이 생긴 결과가 심신증이다.

우리가 일을 너무해서 지쳐 있는 경우를 생각해 보자. 이런 경우를 한마디로 '피로'라고 해도 이 피로에 수반한 실감증의 질을 분별해서 느껴 보면 여기에는 미묘한 차이가 있다. 예컨대, '육체적인 피로'의 경우라면 대뇌변연계와 시상하부에서 '자연의 법칙'으로서 '휴식을 취하라' '수면을 취하라'는 신호를 보내게 될 것이다. 그러나 피로가 '정신적인 피로'라면 '수면을 취하는 것보다도 적절한 운동을 해서 마음껏 땀을 내서 기분을 전환하는 것이 더 좋다'라는 신호를 받게 될 것이다.

실감정 표현증이나 실체감증은 자연 존재가 주는 이와 같은 신호를 수신하는 것이 어렵다는 것이 특징이다. 이 경우에는 '피로'에 대한 대응이 뒤죽박죽이 되어서 육체적인 피로인데도 엉뚱하게 수영을 해서 피로를 더욱 증가시킨다든가, 또는 정신적인 피로인데도 수면을 취하려고 하지만 잠을 이루지 못하는 등 효과적인 대응을 못 하게 된다. 이와 같은 상황이 축적되면 몸은 완전히 맥을 못 추게 된다.

물론 이와 같은 사례는 매우 단순한 경우다. 그러나 사회적응에 너무 지쳐 있는 사람은 지각하기도 전에 '자연의 법칙'에 역행하여 의식하기도 전에 실감정 표현증이나 실체감증을 만들게 된다. 이렇듯 자기도 모르는 사이에 병을 키웠기 때문에 의사가 "스트레스는 없습니까?"라고 물어볼 경우에도 "없습니다. 여느 때와 똑같이 생활하고 있을 뿐입니다."라는 응답밖에 못하게 된다. 요컨대, 이 사람은 실감정 표현증에 걸려 있는 것이다.

실감정 표현증과 심리치료

심신의학에서 실감정 표현증이 주목받고 있는 이유는 무엇인가? 여기에는 몇 가지 이유가 있다. 그 이유 중 하나로 스트레스성의 심신질환을 다룬 대부분의 의사가 실감정 표현 증세의 환자들을 실제 치료에서 체험했던 경험을 중심으로 생각해 보자.

실감정 표현증 환자는 분명히 스트레스나 심리적으로 부담이 되는 상황에 있기 때문에 몸이 쇠약해져 있음에도 면담을 해 보면, '힘들다'든가 '걱정된다'든가 '불안' '긴장'과 같은 감정을 전혀 말하려고 하지 않는다. 이 때문에 신체질환의 원인이 된 스트레스나 심리적인 문제에 대하여 전혀 손을 쓸 수가 없게 된다. 또한 이로 인하여 어쩔 수 없이 소극적인 치료가 될 수밖에 없다는 것이 문제다.

한 내과 환자의 경우를 생각해 보자. 이 환자는 발병 전에 자기가 설립한 회사가 도산하는 엄청난 스트레스 상황을 겪고 있었다. 이 때문에 감정 표현력을 잃고 말았다. 의사가 "얼마나 마음이 아프십니까?"라고 말하면 "자본주의 사회이기 때문에 있을 수 있는 일이라고 봅니다." "강자는 살아남고 약자는 도태되는 것 아닙니까?"라고 마치 뉴스 해설자 같은 말밖에는 하지 않았다는 것이다. 이런 내담자와는 성공적인 상담을 하기가 어렵다.

아무리 정서적인 면에 접근하려고 해도 역시나 해설자 같은 반응 밖에는 돌아오지 않는다. 이렇듯 자신의 감정 표현을 최대로 억제하고 있기 때문에 "어떤 꿈을 꾸고 있습니까?"라고 물어보아도 "꿈은 전혀 꾸지 않습니다."라는 반응밖에는 보이지 않을 정도였다. 통상 이와 같은 경우라면 치료 관계를 거부하는 것이 아닌가 하고 생각할 수도 있지만 이 환자는 매우 적극적인 태도로 응해 주며, 감정 표현 말고는 말도 잘해 주었다.

실감정 표현증이 주목받게 된 이유의 하나는 바로 여기에 있다고 볼 수 있다. 시프네오스는 이런 점에서 "실감정 표현증 환자에게는 심리치료법은 효과가 없다."라고 주장하였다. 어떤 방법으로 접근하면 좋으며, 어떻게 치료하면 좋은지, 종래의 치료 모델로는 감당할 수 없다는 것을 지적한 것이다.

요컨대, 실감정 표현증에는 새로운 치료 모델이 필요해진 것이다. 이 점은 '심신증psychosomatic disease'의 치료와 '신경증neurosis'의 치료는 기본적으로 다르다고 하는 것을 말해 주고 있는 셈이다. 즉, 불안이나 긴장으로 가득 차 있는 '신경증'에 대한 심리치료법과 불안이나 긴장을 느끼지 못하는 '심신증'에 대한 심리치료법은 달라질 수밖에 없다는 점에서 심신의학적 치료의 독자성을 인정할 수밖에 없게 될 것이다.

우리가 몸과 마음, 심혼을 수련 연마하여 심신의 자기 콘트롤과 신체적 감지력을 키우기 위하여 동양적인 '명상법meditation'(요가 · 선禪 · 기공氣功) 등을 치료에 적극적으로 사용하는 것도 둔감해진 신체 감각이나 감정의 지각력을 회복하는 방법이 될 수 있다. 요컨대, 이 방법도 신체 감각이나 감정이라는 마음의 실감을 회복시켜 주는 '인간 회복의 의학'이 될 수 있을 것이다. 혹자는 심신의학을 '전인적 의학'으로 보기도 한다.

실감정 표현증의 문제는 인간의 신체적인 정상적 기능을 보존하는 점과 인간이 인간다운 생활을 함에 있어서 마음의 실감을 느낀다는 것이 얼마나 중요한지를 말해 주고 있다. 뿐만 아니라 실감정 표현증은 '마음의 실감'과 '신체 감각'과는 긴밀한 연관이 있다는 것도 말해 주고 있다.

예컨대, '초조하다'는 감정이 일어났을 때, 아랫배에 딱딱한 압박감을 실감하게 되지만 이런 압박감 같은 신체 감각은 '마음의 실감'을 느끼기 위한 기반이라고 말할 수 있을 것이다(이 문제는 제8장 '자기다움의 근원'을 참조하기 바란다.).

여기서는 앞에서도 말한 바와 같이 실감정 표현증에서 볼 수 있는 것처럼 '마음의 실감'과 이를 '언어화'한다든가, 상징화하는 것이 어려울 경우에는 심리치료법으로는 일반적으로 힘들다고 하는 점을 말해 두고자 한다.

심리치료법으로는 어렵다는 것은 자기가 느낀 감정을 자신 있게 표현할 줄 모르는 사람이기 때문에 자기관찰이나 자기탐색과 자기실현도 어렵다는 것을 의미한다. 왜냐하면 아무리 '자기답게' 살려고 생각해도 '자기다운 감정의 지각'이나 역으로 '자기답게 살 수 없는 마음의 고통'을 느낄 줄 알고 이를 표현할 줄 모른다면 도대체 무엇을 소중하게 여기며 살아야 하는지를 모르기 때문이다.

03

마음의 실감과
상담의 마인드

카운슬링의 새로운 시각

사람이 마음으로 느끼는 의미 감각(실감)에 접하여 이를 직시하며 생각하고 말하며 이미지화한다는 것은 심리치료법 전반에 걸쳐서 매우 의미가 있는 중요한 과정이다. 이 과정은 심리치료법이라는 '치료'에서뿐만 아니라 자기 성장이나 자기실현에서도 필요 불가결한 마음의 다스림이라고 볼 수 있다. 이와 같은 생각을 심리치료법과 자기실현의 이론과 실천으로까지 발전시켜 '카운슬링' 영역을 확립시킨 사람 중 한 사람이 칼 로저스Carl Ransom Rogers(1902~1987)다.

그는 정통파 기독교신자fundamentalist의 가정에서 태어나 한때 목사가 되기 위해 급진 성향으로 유명했던 '유니온 신학대학원Union Theological Seminary'에서 2년간 신학 공부를 하였으나 자기가 생각하는 종교와 현실 종교와의 괴리 현상을 발견하고 심리학 공부를 위해 컬럼비아 대학교에서 임상심리학을 청강하였다. 여기서 그는 임상심리학에 매료되어 컬럼비아 대학교 대학원에서 1926년에 임상심리 학위 과정을 시작하여 1931년에 학위를 취득하였다.

로저스가 '상담' '치료' 활동을 처음으로 시작한 것은 컬럼비아 대학교 대학원에서 임상심리학을 공부한 후 1928년부터 1939년까지 뉴욕 주 로체스터Rochester의 아동학대방지협회의 '아동생활지도센터Child Guidance Center'에서 활동했던 시기부터다. 이때 (로체스터 시대)부터 로저스는 당시에 주류가 되었던 정신분석에 대해 회의를 갖기 시작하였으며, 그 후 독창적인 연구 분야를 개척하기 위한 가설에 도전함으로써 전혀 새로운 심리치료법의 접근방식을 제시하게 되었다.

이미 로저스의 저명한 이론이 제시되고서 반세기가 훨씬 넘었지만, 그의 이론과 실험에서 무엇이 그렇게도 새로웠던 것이었을까? 심리학 연구자들은 그의 이론의 참신성에 대해 다양한 시각에서 견해를 제시하고 있다. 그러나 여기서 생각해 보고자 하는 것은 당시의 정신분석의 '발상 방식'에 대해 문제의식을 느끼고, 새로운 '발상 방식'을 사용한 것이 획기적이었다는 점이다.

무엇보다도 그의 상담이론이나 인성이론은 자신의 임상경험에 근거하고 있다. 그는 다음과 같은 말을 남기고 있다.[1]

---

1) Robert Franger & James Fadiman, *Personality & Personal Growth*, 40th edition, New York: Longman, 1998, p. 418.

① 새로운 접근은 성장·건강·적응을 지향하는 개인의 의욕을 최대한 살려야 한다.

② 치료는 정상적인 성장과 발달을 이루기 위해 내담자를 해방시키는 일이다.

③ 치료는 상황의 지적 측면보다 감정적 측면에 중점을 둔다.

④ 새로운 치료는 개인의 과거보다 현재 직면하고 있는 상황에 중점을 둔다.

⑤ 새로운 접근은 의미 있는 성장 체험으로써 치료에 필요한 인관관계에 중점을 둔다.

현상과 본질

정신분석의 창시자였던 프로이트는 1895년 빈의 정신신경과 계열의 선배 조셉 브로이어Joseph Breuer(1842~1925)와 공동으로 히스테리 증상에 관한 연구를 통해서 히스테리 증상에는 '숨어 있는 의미'가 있기 때문에 그 의미를 본인이 자각하게 되면 증상이 해소된다고 보았다.

이렇듯 정신분석치료는 의학심리학medical psychology의 한 체계인 의학적인 심리치료로서 출발했으며, 무의식의 심적 결정론psychic determinism에 지배되어 있는 마음을 각성시켜 환자를 자각적인 인간으로 이끌어 감으로써 심신의 장애를 치료할 수 있는 방법이었다.

프로이트도 의사였기 때문에 그의 정신분석과 의학은 동질의 '발상법'을 이용하였다. 그 발상 방식은 오랫동안 서양철학에서 되풀이되어 등장하였던 발상법이었다. 그것은 '표면에 보이는 것', 즉 '현상phenomenon'과 그 배후에 있기 때문에 숙련된 지식에 의해서만 볼 수 있는 '본질essence'과의 사이에 있는 틈새를 문제 삼는 것이었다. 그렇다면 이와 같은 발상에는 어떤 문제점이 있는가? 구체적인 예를 들어 생각해 보자.

의학에서는 '기침' '발열' '가래'와 같은 것이 '표면에 나타나는 것'을 '증상'으로 이해한다. 이 증상이란 질병의 '본질', 즉 질병의 정체가 아니라 질병의 발현이며 '현상'이다. 질병의 정체, 요컨대 '본질'은 '감기'이며, 이는 의사가 습득한 지식을 가지고 폐렴이나 결핵과 같은 것을 감별진단함으로써만 엿볼 수 있을 뿐이다. 표면에 나타난 증상은 질병의 본질은 아닌 것이다. 때문에 의사는 진료기록카드에 '발열'이라는 '병명'은 쓰지 않는다. 병명은 어디까지나 '감기'인 것이다.

이렇듯 당연한 일로 되어 있는 이와 같은 의학적 발상 방식에는 알고 보면 두 가지 문제점이 있다. 그 하나는 '본질'인 '감기'는 실제로는 누구에게도 보이지 않으며, 이를 실감할 수가 없다는 점이다. 누구에게나 보이며 감지할 수 있는 것은 '현상'으로서의 기침이나 발열이라는 증상이다. 본질은 언제나 현상의 배후에 모습을 숨기고 있는 것이다. 또 하나의 문제점은 '감기'라는 '본질'은 진료를 통해 진단을 내린 의사는 알고 있어도 의사가 이를 환자에게 말하지 않는 한 환자 본인은 알 수가 없다는 점이다.

이와 같은 두 가지 문제점을 가지고 있는 의학적인 발상 방식을 그대로 심리학의 영역에 도입할 경우, 심리상담에서는 그 문제점이 보다 현저하게 나타난다. 예컨대, 직장에서 '윗사람과 대화할 때면 나도 모르게 이상할 정도로 불안하게 느껴지며 긴장된다.'는 내담자가 찾아와서 상담할 경우, 앞에서와 같은 발상법을 그대로 사용하는 상담자가 있다면 이 문제를 어떻게 생각할 것인가.

상담치료자는 '윗사람과 대화할 때의 불안이나 긴장'의 배후에는 반드시 다른 '본질'이 숨어 있을 것이라고 생각하게 될 것이다. 그래서 상담자는 '유아기의 아버지와의 관계 때문일 것이다.'라고 추리할 수도 있을 것이다. 때문에 유아기나 가정환경에 대해서 질문을 할지도 모른다.

이렇게 되면 내담자는 상담자의 생각과 너무도 달라서 불유쾌한 엇갈린 기분을 체험하게 될 것이다. 내담자는 '윗사람과의 관계'에 대해 상담을 하러 왔는데 상담자는 다른 것을 생각하고 전혀 다른 가정환경이나 유아기에 있었던 정보를 수집하게 될 것이다. 이렇게 되면 내담자는 상담자가 진정으로 내 문제를 이해하려 하고 있는가에 대해서 적이 의문이나 불안감을 갖게 될지도 모른다.

이와 같은 관계 속에서 정보를 수집한 결과 상담자의 진단에서 '윗사람과의 대화에서 불안해지고 긴장되는 것은 그 원인이 유아기부터의 아버지와의 관계에서 문제가 있다.'는 것을 알았다고 하자. 그러나 이렇게 알고 있는 것은 상담자이며 내담자 본인은 아닌 것이다.

그 결과 내담자가 생각하고 있는 것과 상담자가 생각하고 있는 것과는 동떨어져 버리게 된다. 때문에 상담자의 이와 같은 진단을 내담자에게 말하게 되면 내담자는 잠시 당혹감을 가질 뿐만 아니라 상담자에 대해 불신감을 갖게 될지도 모른다.

이렇듯 '윗사람과의 문제'라고 실감하고 있는 내담자와 '아버지와의 문제'라고 진단하고 있는 상담자 두 사람 중 누가 '잘하고 있는가'를 생각해 볼 때, 이와 같은 '발상 방식'의 문제점이 얼마나 복잡하고 심각한 것인가를 알게 될 것이다.

카운슬링의 발견

로저스는 현상학적 관점에서 내담자에 대한 충분한 정보와 근거도 없이 사회적 조건이나 독단으로 상대를 이해하고 판단하는 것을 경계하고 내담자를 이해함에 있어서 전혀 새로운 '발상법'을 사용하였다. 그것은 '판단 중지Epoche'라는 시각이며, 진단 이론적인 판단이나 선입견을 가지고 '본질'의 추리를 일체 하지 않는다는 것이었다.

로저스의 이와 같은 발상은 후설Edmund Husserl(1859~1938)의 현상학에서 일체의 전통적 식견이나 형이상학적 사유를 보류하고 '사상事象 그 자체Sachen selbst'로 돌아가 사상을 있는 그대로 직시하고 존재자의 존재와 그 의미를 묻는 철학적 인식을 달성하기 위해 일상적이며 과학적 태도의 기조로 삼고 있는 '자연적 태도로부터' 현상학적 태도로 태도를 변경하는 '현상학적 환원 phänomenologische Reduktion' 또는 '초월론적 환원Transzendentale Reduktion'의 의미를 갖는다.

로저스 자신도 한때는 전문적인 지식이 너무 많아서 내담자의 말을 공감적 태도로 듣지 못했었다고 말한 바 있다. 예컨대, 한 내담자로부터 '윗사람과의 문제'에 관하여 들었을 때 곧바로 전문적인 지식이 발동되어 '아버지와의 관계'가 전이되어 나타난 것이라고 생각하여 내담자가 진정으로 말하고자 했던 것을 도울 수 없게 된 자신을 반성하기도 했다.

때문에 그는 모든 이론적인 선입견이나 판단을 보류하고 내담자 내면의 실재성reality 소리를 듣는 일에 전념한 것이다. 로저스는 내담자의 말에 귀 기울여 심리학자로서가 아니라 한 사람의 인간으로서 내담자를 알 수 있을 때까지 경청listening에 전념하였다. 그리고 자신이 이해한 것을 꾸밈없이 전달하는 것에도 최선을 다하려고 하였다. 다음에 이와 같은 발상에 기반을 둔 상담 사례를 가상하여 재현해 보기로 한다.

내담자 선생님. 저는 회사에서 윗사람과 대화할 때면 불안이라고 할까요…… 일종의 긴장감 같은 것을 느끼게 됩니다. 전에는 그런 일이 없었습니다만, 올해 들어서 이런 일이 생기게 되었습니다.
상담자 윗사람과 대화할 때면 불안 같은 긴장감을 체험하게 된다고 하였는데, 그 긴장감이 무엇인가를 알고 싶다는 것이지요.

내담자 그렇습니다. 무언가 불안한 것을 느끼게 됩니다.

상담자 당신은 그와 같은 것을 '불안'이라고 생각한다는 것이지요. 무엇이 그렇게 만들었는지 같이 생각해 봅시다.

내담자 불안이라기보다…… 자신이 없어서 그런 것 같습니다. 일이 잘되고 있을 때는 자신이 있어서 그러했는지 불안감 같은 것은 느끼지 못했습니다. 그러고 보니 최근에 나는 무언가 자신이 없어진 것을 느끼게 되었습니다.

상담자 그것은 윗사람 때문이라기보다는 당신의 '자신감'과 관계되고 있는 것 같습니다.

내담자 그럴지도 모르겠습니다. 그렇게 생각해 보니 직장 상사와 이야기할 때만이 아니라 다른 관리직 사람들과 회의할 때나 말할 때도 그렇고, 무언가 질문에 답변할 경우에도 그런 것 같습니다만…….

상담자 무언가 자신自信을 갖지 못하는 자기가 있다는 것이 불안과 관련되고 있다고 봅니다만…….

이렇듯 로저스는 결코 '당신의 문제의 정체는 ……입니다.'와 같은 진단이나 조언은 하지 않는다. 오히려 앞에서와 같이 내담자의 말을 빈틈없이 이해하면서 경청하며, 이해한 바를 응답해가는 것이었다(경청 방법에 관해서는 제9장을 참조할 것). 이러한 분위기 속에서 내담자는 자기 자신을 되돌아보면서 잇따라 일어나는 연상과 사고를 하게 된다.

그 결과 내담자와 상담자는 공동 작업을 통해서 문제에 대한 이해를 심화시켜 갈 수 있을 뿐만 아니라, 이런 과정을 통해서 내담자는 자기 힘으로 문제를 정리·이해하고 성장할 수 있다는 자기실현의 경향성self-actualizing tendency을 가지고 있다는 것을 로저스가 증명한 것이다.

요컨대, 로저스는 인간 중심의 관점에서 사람은 기회만 주어지면 자신의 개인적 능력personal power을 유익하게 사용할 수 있는 방대한 능력을 가지고 있다는 것을 믿은 것이다. 즉, "사람은 자기 내면의 자기를 이해하고, 자기개념, 태도, 자주적 행동을 변화시킬 수 있는 방대한 자원을 가지고 있다."[2]는 것을 주장했다. 다시 말해서, 인간은 조건만 주어지면 피동적인 존재가 아니라 자력으로 문제를 해결하고 성장할 수 있는 개인적 능력을 가지고 있다는 것을 굳게 믿은 것이다.

로저스의 실천을 되돌아보면 그는 진단하거나, 현상의 배후에 숨어 있는 문제의 '본질'을 추리하고자 하지 않았으며 내담자가 절실하게 호소하고 실제로 느끼고 있는 것 속에, 요컨대 현상 속에 본질이 '나타나려 하고 있다'고 이해하였다.

이와 같이 '발상 방식'을 전환한다면 상담자는 병을 진단하는 의사처럼 내담자의 마음속을 진단하거나 지배·조작하는 사람은 아닌 것이다. 상담자는 신뢰와 배려의 인간관계 속에서 내담자가 문제를 극복하고 자기를 실현해 가는 것을 돕고 지켜보는 사람이다.

---

2) C. R. Rogers, *Carl Rogers on Personal Power*, New York: Dell, 1978, p. 7.

이것이 로저스가 생각했던 '상담치료'의 시작이었다. 이와 같은 상담치료는 전 세계에 파급되어 의료, 교육, 산업, 복지, 법무 관계 등 모든 영역에 응용되기에 이르렀으며, 지금은 문제를 가지고 있는 사람에만 국한하지 않고 일반 정상인들의 자기실현을 위해서도 응용되기에 이르렀다.

상담과 실감

상담에서 내담자가 말한 것을 정확히 이해하는 것은 너무도 중요하다. 로저스도 내담자의 말을 '경청listening'할 때 내담자의 실감이나 느낌의 기분feeling에 중점을 두었다. 그에게 있어서 '기분'의 개방적인 표현은 상담에서 중심적인 개념이기는 하였지만 그렇게 엄밀하게 정의하지는 않았다. 그가 말한 감정은 '기분'(비교적 지속적이며 약한 감정 상태)에 가까운 감정이었다.

이 책에서는 '기분'과 '실감'으로 나누어 이를 다음과 같이 사용하기로 한다(엄밀한 기술에 대해서는 제8장 참조). '기분'이라고 할 경우는 주관적인 심적 동요의 체험 상태로서, 슬픔, 쓸쓸함, 기쁨, 유쾌, 불쾌와 같은 감정 상태를 말하지만 '실감'은 이보다는 더 복잡하고 막연하며 가감 없이 실제로 느낄 수 있는 체험의 의미를 가지고 있다. 예컨대, 슬픈 '기분'이라고 할 경우도 '실감'의 경우는 여기에는 슬픔의 '질quality'이라든가 명암과 같은 '색조tone'처럼 상황이나 사람에 따라서 미묘한 질감이나 색조의 차이가 있다는 것이다.

이를 다시 표현해 보면 '슬픔'이라는 것은 '슬퍼 보이는, 어두운, 무거워 보이는…… 무엇이라고 표현하기 어려운, 을씨년스러운, 느낌이 가슴에 깊이 스며드는 것 같은 느낌'의 상태처럼 복잡해서 간단하게 한마디로 표현하기 어려운 성질이 있다.

이와 같은 체험을 여기서는 '실감'으로 표현하기로 한다. 이것을 로저스는 '유기체적 체험organismic experience'(젠들린은 이를 센스 sense라고 하였다)이나 '감각적 · 내장적 체험sensory and visceral experience'이라고 하는 좀 이해하기 어려운 용어를 써서 말했지만, 여기서는 '실감'으로 통일해서 쓰기로 한다.

그렇지만 이 개념에 대한 독자의 이해에 참고가 되고자 '유기체적 체험'에 대해 간단한 설명을 해 두고자 한다.

유기체적 체험이란, 몸의 감각과 마음의 중심 깊은 곳으로부터 솟아나 전신을 깨우쳐 주는 체험을 말한다. 이 개념은 로저스의 인간 중심상담에서 그의 인간관을 말해 주는 이론의 가장 기본적인 전제가 된다. 그것은 인간은 기계가 아니라 유기체이기 때문이다. 유기체이기에 생물학상의 진화 · 발달의 정도와는 관계없이 유기체의 유지와 향상을 지향하는 경향, 즉 '자기실현의 경향'을 가지고 있다.

이렇듯 로저스의 인간관 · 유기체관은 동일한 생물주의에 기반을 두는 유기체의 기본적 경향으로서 이드id에 충동적 · 파괴적 경향을 포함시킨 프로이트의 '성악설' 유기체관과는 달리 '성선

설'의 유기체관에 기반을 두고 있다. 또한 로저스가 말하는 '유기체'는 체험하는 '의식의 자료datum of awareness'인 동시에 이 의식 안에는 어떤 '의미sense'가 존재함으로써 유기체 체험의 의미를 갖는다고 본 것이다.

우리가 어떤 가치를 만들어 가는 과정을 생각해 볼 때, 지적 수준에서 관념적으로 생각한다든가, 또는 객관적으로 판단한다든가, 타인의 기대에 부응해서 가치를 만드는 경우도 있겠지만 유기체로서 살고 성장하는 체험 과정을 통해서 가치를 만들어 가는 '유기체적 가치화의 과정organismic valuing process'도 있다는 것을 알아둘 필요가 있다.

자기개념으로부터 일탈한 실감

로저스의 이론에서는 부적응·신경증이나 고민 같은 심리적인 문제의 배후에는 '실감'과 '자기개념'의 불일치가 숨어 있다고 생각하였다. '자기개념self-concept'이란 '나는 이런 사람이다.'라고 가지고 있는 나름의 자기상self-image이며 자신에 대한 정의self-definition라고 볼 수 있다. 때문에 자기개념은 누구에게나 있다.

예컨대, 자신의 신체적 특징·능력·성격·직업·신분 등에 대해 평소 본인이 이를 어떻게 받아들이며 어떻게 생각하고 있느냐에 의해서 만들어진 비교적 지속적인 자기 자신에 대한 통

합·체계화된 사고와 인지의 틀(개념적 게슈탈트conceptual gestalt)
이라고도 볼 수 있다.

이 경우에 자신을 긍정적으로 정의할 때는 '긍정적 자기개념
positive self concept'을, 자신을 부정적으로 정의할 때는 '부정적
자기개념negative self concept'을 만들게 된다. 때문에 자기개념은
개인의 사고와 행동양식을 결정하는 중요한 요인으로서 본인이
자기 자신을 어떻게 의식하고 있느냐의 '현상학적인 자기pheno-
menological self'라고도 볼 수 있다.

로저스의 이론에 의하면, 이런 자기개념은 유아기 때부터 중
요한 대인관계(사회적 상호작용)를 통해서 형성된다. 예컨대, 어릴
때부터 부모·교사·친구들로부터 평소에 '너는 외향적이다.'
라는 평가를 받고 외향적인 대인관계로 생활해 온 사람은 '나는
외향적이다.' 라는 자기개념을 갖게 된다.

자기개념이 중요한 의미가 있는 것은 일단 자기개념을 갖게
되면 자기개념에 '일치'한 생활을 하려고 한다는 점이다. 뿐만
아니라 자기개념은 일단 형성되고 나면 변화시키기 어려운 성질
을 가지고 있기 때문에 '고착fixation'되기 쉽다. '나는 외향적이
다.'라는 자기개념을 갖고 있는 사람은 외향적인 사람이라는 고
정관념에 매여서 자기를 생각하게 된다. 때문에 생활방식도 외
향적이라는 자기개념에 묶이게 된다. 즉, '나는 외향적이다.'라
는 자기개념은 암묵적으로 '나는 외향적이지 않으면 안 된다.'라
든가 '나는 외향적이어야 한다.'라는 일종의 당위성에 매이게 된
다는 것이다.

이런 자기개념이 상담의 실제에서 갖는 의미는 무엇인가? 첫째로는, 내담자의 자기개념과 유기체적 체험을 일치시키는 문제다. 둘째로는, 자기개념을 통해서 모든 것을 보고, 듣고, 평가하는 스크린 역할을 하게 된다는 점이다. 이것은 '자기개념의 순환 효과circular effect of self concept'다. 예컨대, 평소에 '책 읽는 것이 서툴다.'라고 하는 자기개념에 매여 있는 사람은 자기와는 무관한 옆에서 들려온 희미한 웃음소리에도 '역시 나는 읽는 것이 서툴다.'라는 평가를 하게 된다.

이렇듯 자기개념은 자기정의에 맞는 것만 받아들이는 선택 효과를 갖고 있기 때문에 자신의 생각을 더욱 강화하게 된다. 예컨대, 독서력이 떨어진 사람이라는 자기개념을 가지고 있는 사람은 독서를 피하게 되어 더욱 독서력이 떨어지게 되는 자기개념의 악순환의 효과를 가져온다. 그러나 순환 효과는 긍정적인 방향으로도 작용할 수 있다. 요컨대, 자기개념의 나선 효과spiral effect를 만들 수도 있다는 것이다. 그렇지만 실제의 체험에서 아무리 '나는 외향적이다.'라고 생각하는 사람이라 해도 아무도 만나기 싫을 때도 있다. 이런 점에서 고정화된 자기개념과 수시로 변화하는 '실감' 사이에는 차이가 발생할 때가 있다. 이 차이가 '불일치incongruence'를 만들게 된다.

로저스는 '자기 일치self-congruence'라는 표현을 사용하였으나 일치란 본래 기하학적 용어로서 '합동'을 의미한다. 다음에 로저스가 자주 사용하였던 그림([그림 3-1])을 가지고 자기 일치와 불일치에 대해서 생각해 보기로 한다.

만약 실제로 느끼게 되는 실감을 원으로 표시하고 자기개념을 다른 원으로 표시할 경우 실감이 자기개념에 받아들일 수 있는 범위는 두 개의 원이 겹치는 면적이라고 볼 수 있다. 따라서 이 면적이 크면 클수록 '자기 일치'의 정도는 크기 마련이다. 그러나 실감하고 있는 것과 자기개념이 불일치할 경우에는 겹치는 면적, 즉 자기 일치의 정도는 작아진다.

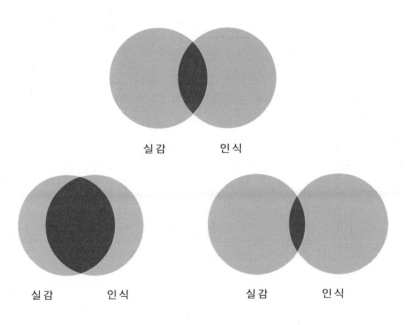

실감   인식

실감   인식   실감   인식

실감과 인식(자기개념)의 겹친 부분이   실감과 인식(자기개념)의 겹친 부분이
많을수록 자기 일치도는 높다.   적을수록 자기 일치도는 낮다.

[그림 3-1] 자기 일치

(자기 일치의 '일치'란 실감과 자기개념상의 인식의 '합동'을 의미한다.)

이와 같은 경우에 실감되고 있는 대부분의 것은 자기개념에는 솔직하게 인식되지 못하며 부정되거나 왜곡되어 버린다. 그러나 두 개의 원(실감과 인식)이 완전히 겹치고 실감 수준의 체험이 모두 자기상自己像 안으로 받아들여지고 통합되면 이상적인 자기 일치라고 볼 수 있다.

여기서 로저스의 이론으로 다음 간단한 사례를 생각해 보자. 앞에서도 말한 바와 같이 어릴 때부터 '너는 외향적이다.'라고 부모와 이웃 사람들로부터 들어 온 젊은이는 '나는 외향적이다.'라는 자기개념을 형성하여 외향적으로 행동할 것이며, 직업을 선택할 경우에도 '자신의 외향성을 살릴 수 있는' 직종을 선택할 것이다.

또는 '나는 외향적이어야 한다.'라고 생각하고 있는 사람은 다소 무리를 해서라도 외향적으로 행동하는 경향을 보이기도 한다. 그렇지만 '실감'은 수시로 변화하기 때문에 이런 사람에게도 '아무도 만나고 싶지 않다.'는 날이 있으며, 이런 날이 자주 지속될 때 이 사람은 어떻게 생각하게 될까.

개념적인 인식상으로는 자신의 외향성을 의심하지 않고 있기 때문에 자신의 외향성을 부정하기 어려울 것이다. 뿐만 아니라 '나는 외향적인 사람이 아니다.'라는 것을 받아들이는 것에는 불안이 따르기 마련이다. 만약 외향적인 인간이 아니라면 취직 계획도, 지금까지 외향적으로 처신하여 쌓아 온 인간관계도 수정하지 않으면 안 되게 될 것이다.

이런 상태가 지속되면 필시 '무언가 컨디션이 좋지 않다.'는 느낌 때문에 '심신이 지쳐 있는 것이 아닐까.'라고 생각하게 될 것이다. 이 상태는 실은 '누구와도 만나고 싶지 않다.'는 실감이 자기도 모르는 사이에 '지쳐 있다'는 상태로 왜곡해서 변환해 버리게 된다. 그 결과 그는 영문도 모를 '피로감'에 매여 있는 것과 같은 생각을 하게 된다.

이 때문에 피로감에서 벗어나려고 비타민제를 복용한다거나 운동을 하기도 하며 충분한 수면을 취한다 할지라도 이와 같은 노력은 전혀 도움이 되지도 못하며 상태는 조금도 호전되지 않을 것이다.

이와 같은 현상은 너무도 단순한 예지만 앞에서 볼 수 있었던 것과 같이 '실감'과 그 '해석'의 엇갈림(체험과 상징화의 엇갈림)이 심리적인 '불일치'인 것이다. 로저스의 이론에서는 이 '불일치'야말로 심리적인 갈등의 문제로 보기 때문에, 심리적인 문제란 '실감'이 주는 마음의 메시지를 "자기개념의 수준에서 이를 솔직하게 받아들이지 못하는 상태다."라고 말할 수 있다.

사람을 바꾸는 것은 사람이다

로저스는 이와 같은 자기개념과 실감(인식)의 '불일치'가 고민·부적응·신경증·문제행동 등 심리적인 문제의 한 요인이라고 생각하여, 상담에서는 내담자가 자기 자신의 참다운 실감(유기체적 체험)을 되찾아서 본래의 자기를 발견하고 성장할 수 있도록 돕는 데 있다고 생각하였다. 그렇다면 과연 이를 위한 '상담'이란 어떠한 과정을 말하는 것일까. 그리고 상담자가 어떻게 하면 그것이 '실감'의 재발견과 본래의 자기 성장을 돕게 되는 것일까.

로저스는 상담이란 본질적으로 '인간관계'라는 점에 전제를 두고 「치료적 인성 변화의 필요충분조건The Necessary and Sufficient Conditions of Therapeutic Personality Change」(1957)[3]이라는 논문에서 다음과 같은 치료의 구조를 가설로 삼았다.

사람은 싫든 좋든 다양한 인간관계 속에서 때로는 상처받고 때로는 싸우면서 변화하며 성장한다. 어떤 사람의 인생을 되돌아보아도 그 사람의 성격 형성에는 언제나 부모 · 형제 · 친구 · 선후배 · 윗사람 등과의 다양한 인간관계가 관여하고 있다. 요컨대, 로저스의 표현을 빌린다면 "사람을 바꾸는 것은 사람이다." 라고 볼 수 있다.

만약 상담이 사람을 변화시키고자 한다면 그것은 곧 그럴 수 있는 인간관계에 있다고 보아야 할 것이다. 이 사실은 사람이란 약물이나 도구의 힘으로는 본질적으로 변화하지 않는다는 것을 말해 준다. 예컨대, 신경안정제를 복용하면 일시적으로는 불안이나 긴장감이 줄어들어 다소 '마음의 안정과 평안'을 얻을 수는 있을지 모르지만 그것은 일시적인 약리작용 때문이며 성격 변화는 아닌 것이다.

---

3) C. R. Rogers, The necessary and sufficient conditions of therapeutic personality change. *Journal of Consulting Psychology*, 21, 1957, pp. 95-100.

하지만 로저스는 '상담'이라는 '특수한 인간관계'만이 사람을 변화시킬 수 있다고 말하지는 않았다. 부모 자식 관계이든, 친구 관계이든 직장의 상하, 선후배의 인간관계이든, 교사와 학생 관계이든 인성 변화의 촉진 조건을 갖춘 인간관계가 거기에 있다면 사람은 보다 자기답게 살며 변화하고 성장한다고 생각했다.

이렇듯 그는 인성 변화를 상담이라는 형식적인 틀을 넘어서 넓은 시각에서 인성 변화의 촉진 조건인 인간관계에 대해 관심을 두었다. 그러기에 로저스는 상담이라는 특수한 인간관계에서는 상담자의 태도 조건으로서 ① 일치congruence와 불일치incongruence, ② 공감적 이해empathic understanding, ③ 무조건의 긍정적 배려 unconditional positive regard라는 조건을 들었다.

특히 로저스는 이 논문에서 세 가지 조건에 더하여 ① 두 사람이 심리적인 접촉을 가지고 있을 것, ② 내담자는 불일치의 상태에 있으며 상처받기 쉬운 혹은 불안한 상태에 있다는 조건도 전제 조건으로 말하고 있다. 그리고 이들 조건은 비교적 장기간 지속되는 것이 필요하다고 보았다.

이 치료적 변화를 위한 필요충분조건은 상담자의 기본 태도의 조건이며 일상적인 표현으로 말한다면 '카운슬링 마인드'라고도 볼 수 있다.

일치와 불일치

로저스의 이론에서는 '실감(유기체적 체험)'과 자기개념의 '일치'와 '불일치'의 문제가 중요시된다. 이 조건은 상담자·내담자에게 동일하게 적용된다. 요컨대, 내담자가 불일치의 상태에 있기 때문에 상처받기 쉬운 또는 불안한 심리상태에 있게 된다고 가정한 것이다. 그러나 상담자의 자기 일치된 태도나 수용·공감의 영향을 받아 점차로 자기일치된 방향으로 변화한다는 것이다. 또한 상담자(치료자)는 내담자를 앞에 두고 일치 상태에 있을 때 치료적인 의미가 있다고 본 것이다.

자기가 느끼고 있는 것, 경험하고 있는 것을 부인하거나 왜곡시켜서는 안 되며 그렇다고 해서 치료자도 사람이기 때문에 언제나 '일치' 상태에 있을 필요는 없다. 항상 일치 상태의 감수성을 가지고 산다는 것도 여간한 수련 경지에 도달한 사람이 아니고서는 불가능한 일일 것이다. 결코 '일치의 달인'이 되려고 생각할 필요는 없다.

그러나 치료할 때만은 '일치' 상태가 필요하다고 로저스는 말하였다. 로저스가 일치성을 '순수성genuineness'으로 표현한 것도 상담자가 내담자와의 관계에서 투명하고 진실하게 자신의 실감을 주시하고 이를 표현하는 것이 필요하다고 생각했기 때문이다. 이런 점에서 일치성은 또한 거짓과 위선이 없는 '진실성realness'의 의미도 갖는다.

자기 일치가 상담에서 중요시되고 있는 것은 상담자의 자기 일치가 모델이 되어 내담자 자신이 솔직하게 실감을 탐색하고 표현하는 것을 촉진시킬 수 있기 때문이다. 뿐만 아니라 내담자가 알지 못하고 있는 것을 치료자가 포착하여 표현함으로써 내담자 자신의 자각이 촉진되기도 한다.

이상과 같은 내담자와 상담자의 참다운 인간적인 '만남 encounter'이야말로 바로 내담자의 변화를 살릴 수 있는 치료적인 관계를 구축할 수 있는 기반이 되는 것이다.

다음은 한 상담자의 경험을 통해서 상담자의 '자기 일치'가 내담자에게 미치는 영향을 구체적인 사례를 중심으로 설명한 내용이다.

***

내담자는 교복을 입은 16세의 단정한 여고생이다. 그러나 얌전한 첫인상과는 달리 등교 거부의 문제를 가진 학생이었다.

상담자는 가급적 내담자를 다정하게 맞이하였으며 서로 자리에 앉아 대화를 시작했다. 이때 가장 인상적이었던 것은 목소리가 너무 가라앉아서 어딘지 모르게 억양도 없고 생기가 없다는 것이었다. 마치 모기 소리만한 가라앉은 목소리로 가냘프게 다음과 같이 말하였다.

"어제는 아침 일곱 시경에 일어나서 TV를 보았지만, 친구들에게 전화가 와서, 잠깐 대화를 하고 나서, 그리고 아침밥을 먹고, 아침밥은 많이 먹지는 않지만, 홍차를 마시고서……."

등 쉬지 않고 전후 문맥의 연결도 안 되는 단편적인 의사 표시를 병렬적으로 말하는 것이었다.

잠시 듣고 있는 동안 나는 무언가 무시당하고 있는 것 같은 감이 들어서 순간 불쾌해지는 것을 느꼈다. 그러나 순간적으로 이와 같은 이 여학생의 단편적인 독백 같은 표현은 '마음의 실감'을 표현하는 것이 아니라 이 여학생의 한 주간에 있었던 생활의 독백일 것이라는 생각이 들었다. 여기서 나는 다음과 같은 질문을 했다.

"친구들에게 전화가 걸려 왔을 때, 무엇을 느꼈습니까? 어떤 기분이었습니까?"

여학생의 대답은 냉담하였다.

"글쎄요, 별로"

무성의한 응답이었다. 상담자는 여학생의 실감 표현을 유도하는 질문에 대한 거부가 아닌가라고 생각하면서, 다시 말을 이어서

"TV에서 무엇을 보았습니까?"라고 물었더니 또다시

"글쎄요, 별로"라고 답했다.

묻는 질문마다 '별로'라고 똑같은 단조롭고 무성의한 반응이었다.

이와 같은 반응은 과연 무엇을 의미하는 것인가. 상담자인 나는 여러 가지 가능성을 생각해 보았다.

가벼운 초기 정신병적인 경향일까? 아니면 상담을 받기 위해 오기는 했지만, 부모의 압력에 못 이겨 왔을 뿐 본인에게는 상담의 의사가 없었던 것은 아닐까? 그렇다 치더라도 예의바르고 예약 시간에 맞추어 상담하는 것을 보면 그렇게 생각할 수도 없다. 과연 나와의 관계를 어떻게 할 생각을 하고 있는 것일까?

이와 같은 것을 생각하면서도 한편으로 나는 가능한 한 다정하게 깊은 관심을 가지고 그녀의 말을 경청하려고 마음먹었다. 이런 생각을 하게 된 것은 실은 그 여학생의 단조로운 독백이 30분 정도

이르렀을 때 나도 모르게 갑자기 견딜 수 없는 졸음이 나를 힘들게 했기 때문이었다.

솔직히 말해서 나의 졸음은 그녀의 무미건조한 독백 때문만은 아니었다. 점심시간 후인 데다 상담실의 난방용 전기히터 위에 얹어 있는 주전자의 물 끓는 소리와 숫아오르는 김과 내담자의 가냘픈 목소리가 뒤섞여 들렸고 기분 좋을 정도로 훈훈해진 실내 온도의 물리적 조건으로 순간적인 졸음이 나를 덮치고 말았으니, 나는 그녀의 말을 들으면서 졸음과의 싸움을 시작했다.

나는 이 상황을 극복하기 위하여 내 자신과 싸움을 하게 되었다. 부끄러운 일이지만, 2, 3회의 상담은 이런 식이었다. 오늘은 좀 더 묻는 말에 응답해 주지나 않을까, 오늘은 어떻게든 독백에서 '대화'로 발전하게 되지나 않을까 하는 기대를 해 보기도 하였다. 그렇지만 그 기대는 '별로'라는 무성의한 응답에 의해서 무안해지고 말았다.

드디어 네 번째에, 나는 지금쯤에는 무언가 하지 않으면 안 되겠다는 생각을 하게 되었다. 그래서 나는 약간 서둘러야 되겠다는 생각을 하기 시작했다. 이런 상태가 더 지속된다면 내게도 부담이 될 것이며, 그녀도 치료를 중단할지도 모른다는 생각도 해 보았다. 무엇을 어떻게 하면 좋을 것인가? 무슨 말에 어떻게 응답을 해도 '별로'라는 응답뿐이다.

여기서 나는 자신의 '자기 일치'기 머리에 띠올렸다. 나는 완선히 '불일치' 상태에 빠져 있는 것이었다. 겉으로는 친절하게 관심을 갖고 듣고 있는 체하면서도 실제로 내 기분은 '무료함과 졸음'이었다. 나는 과감히 내가 실감하고 있는 것을 그녀에게 말하는 것이 '자기 일치'에 이르게 하는 길이라는 것을 느끼게 되었다.

내가 지금 느끼고 있는 것은 무엇일까? '무료하고 지루하다.'는 말만으로는 정확하지 않다. 그녀와 상담을 할 때마다 나는 무엇을 느낄 수 있는지, 요컨대 나의 '실감(유기체적 체험)'에 생각의 초점을 맞추었다.

이렇게 해 보니 그녀와 같이 있을 때 내 마음의 실감은 매우 복잡한 것이었다. 그저 간단히 '무료함'으로 말해 버릴 수 있는 것은 아니었다. 먼저 '그녀의 말이 친근하게 느껴지지 않는다.'는 것 때문에 초조하게 느껴지고, 또한 이러한 것을 그녀에게 말한다면 그녀에게 상처 입히는 것이나 아닐까라고 하는 '두려운 예감'이라기보다는 '매우 미묘한 것을 건드리는 느낌'이 들기도 하였다.

그래서 나는 그녀에게 양해를 구하여 이와 같은 것을 모두 숨김없이 말하기로 마음먹었다. 그래서 나의 실감을 다 말하였다. 이때 그녀의 눈은 반짝반짝 빛나는 인상을 주었다. 표정도 좋았다. 오히려 이번에는 그녀가 진실을 숨김없이 말해 주었다.

그 결과 그녀는 상담 전날 밤에는 한 시간 정도 말할 내용을 미리 연습한다는 것도 알았다. 예컨대, 시계를 보면서 말할 것을 암기해 두었다가 혼자서 암송해 보고, 시간이 남으면 그만큼 내용을 추가하여 다시 한 번 연습했다고 한다. 시간이 부족하면 내용을 줄여서 다시 한 번 연습했다. 요컨대, 여기서 말하고 있는 것은 모두 암기된 것들의 복창이었다. 때문에 좀 지루하게 느끼기 마련이다. 이런 경우에 대단한 명배우가 아닌 한 한 사람의 독백이 상대의 마음을 끌어당기는 것은 어려운 일이라고 생각했다.

이 상담은 그녀와의 치료 과정의 한 전환기가 되었다. 이제 더는 암기된 내용은 나오지도 않았다. 오히려 '암송 상담'이 그녀가 가지고 있는 문제의 핵심인 것을 알게 되었다. 또한 학교에서도 친구들과의 인간관계에서 그녀는 자연스럽고 우발적인 만남을 할 수가 없어서 괴로워했다는 것도 알았다.

나는 그녀와 면접을 할 때마다 그녀는 무엇을 느끼며 말하고자 하는 것인지, 나는 그녀의 말을 듣고 무엇을 느껴서 말하고자 하는지, 나와 그녀는 양자가 이런 장場의 문제를 자기 일치의 태도로 '실감'에 초점을 모으는 것이 과제가 되었다. 이제는 어떤 경우도 자신에게, 그리고 그녀에게 솔직하고 순수한 자세로 대해야겠다고 다짐하였다. 요컨대, 상담자는 '현상학적인 장' 속에서 자기 및 '관계 속에 있는 자기self-in-relationship'의 개념이 유기체적 경험과 일치되는 것이 기본적인 치료적 요인임을 다시한 번 다짐했다.

그 후의 상담에서 우리 두 사람은 진실되고 순수한 만남과 자기 일치를 통해서 상담을 매우 투명하게 할 수 있게 되었다. 이런 상담이 20회 정도 이어졌다. 이로 인하여 서서히 그녀는 능동적으로자기가 느낀 것을 말할 수도 있게 되었다. 예컨대, 친구들과 같이 있을 때 긴장된다는 것, 사람들로부터 관심을 받으면 기쁘기는 하지만 자기가 그들에게 어떤 반응을 보여야 좋을지 알 수가 없는 등의 화제가 상담의 중심이 되기도 하였다. 그리하여 '어떻게 자기를 나타내는 것이 좋은 것인지'에 대해서 같이 생각할 수 있게 되었다.

이와 같은 상담 과정의 결과 그녀는 용기를 내서 학교에 가기 시작했다. 상담에서 상담자와 내담자가 함께 방법을 생각한 결과인지 학교에서는 친구들과의 관계도 서서히 좋아지기 시작했다. 여기에다 수학여행을 계기로 그녀는 마침내 등교 거부 상태에서 벗어날 수 있게 되었다.

공감적 이해

로저스는 상담에서 공감적 이해란, 내담자의 사적인 세계를 마치 자기 자신의 일처럼 생각하고, '마치 ……처럼as if'의 태도를 잃지 않는다는 것이라고 정의하였다. 이때 상담자는 현상학적 접근에 의해서 내담자의 사적·주관적인 세계를 정확히 공유하면서도 내담자에 대한 동정이나 감정적인 유착에 동일화되지 않도록 강조하고 있다.

'공감적 이해'란 본래 역사적으로는 독일의 미의 철학자이자 심리학자였던 테오도어 립스Theodor Lipps(1851~1914)의 『심리학 입문서Leitfaden der Psychologie』(1903)에서, 인식이란 자아와 독립해서 있을 수가 없으며 그 자아는 자기로서의 자아뿐만 아니라 타자로서의 자아도 있다고 보아 '자기로서의 자아'는 내성 introspection에 의해 인식되고 '타자로서의 자아'는 '감정이입 Einfühlung/empathy'에 의해 인식된다고 하는 이론에서 나온 말이다.

이 점에서 감정이입의 개념은 대상적 감정의 '주관화'라는 의미와 자기감정의 '객관화'라는 의미가 함의되고 있다. 그러나

감정이입은 또한 그의 『미학Ästhetik』을 설명하는 기본 개념이기도 하였다.[4]

럽스의 이론으로 본다면 상담에서 공감적 이해란 내담자의 자아를 인식하는 감정이입을 말한다. 예컨대, 내담자와 상담자와의 관계에서 상담자의 진지한 언어 · 표정 · 태도 등의 자기 일치에 의해서 내담자와 마음이 소통되고, 내담자가 저항 없이 고민을 솔직하게 털어놓은 것도, 내담자를 '내면으로 이해하는' 것도 상담자의 공감적 이해에 의해서 촉진된다.

사람은 누구나 무엇을 선택하고 행동하는 배후에 그 사람 나름의 원인 · 사정 · 이유 · 의미가 있다. 이를 로저스는 '내적 사고의 준거 체제inner frame of reference'라고 불렀다. 이 내적 사고의 준거 체제를 이해하려고 하지 않는다면 대화는 왕왕 실패로 끝나게 된다.

***

여기서 회사에 다니고 있는 한 젊은이의 경우를 생각해 보자. 그가 무단결근을 했다고 한다면 거기에는 그럴 수밖에 없는 사정이 있었을 것이다. 그런데도 이 사정을 무시하고 감독 상관이 "앞으로 2일 더 무단결근을 하게 되면 규정에 따라 급여는 10% 줄어듭니

---

4) Th. Lipps, *Ästhetik*, Bd. I, 1903; Bd. II, 1906.

다. 이후에 또다시 그럴 경우에는 퇴사권고를 받게 됩니다."라고 말했다고 하자. 이런 관계에서는 이렇게 말하는 감독 상관과는 그 어떤 말도 할 기분이 나지 않을 것이다.

이렇듯 무단결근할 수밖에 없는 피치 못할 사정을 이해하려고도 하지 않는 상대와는 서로 간의 '마음의 실감'을 접해 보려고 하는 기분도 나지 않을 것이다. 내면으로부터의 이해, 즉 공감적 이해는 이 경우에 필요하다.

남의 아픔을 자기 일처럼 아파하고 상대를 배려하고 상대를 미루어 헤아릴 줄 아는 미덕은 점점 사라지고 생존의 치열한 무한경쟁에 매여 살다 보니 우리 주변에는 이기적이고 비정한 일들이 많다. 여기서 몇 가지 사례를 통해서 그동안의 자기생활을 한번 점검해 보자.

***

세 살 된 한 어린이가 밤에 '오줌 가리기'를 제대로 못하는 경우에 있을 수 있는 일이다. 날이 채 밝지 않은 무렵 오줌을 싼 아이는 깊이 잠든 부모의 새벽잠을 깨기 마련이다. 아이는 어색하고 쑥스러운 듯 울면서 '엄마' 하며 젖은 옷을 가리킨다. 이 경우에 엄마들은 잠을 깼기 때문에 다소 언짢은 표정으로 갈아입을 팬티를 옷장에서 꺼내 가지고 오기 마련이다. 그리고 젖은 팬티를 빨래 통에 넣고 나서 다시 잠을 청하게 된다.

아침이 되어 엄마는 속으로 '이런 상태로 이 애가 유치원에나

갈 수 있을까?'라고 걱정하면서 아침을 먹는다. 엄마는 '그렇다. 분명히 저 애는 어딘가 발달에 문제가 있으며 자립심이 부족한 것 같다. 혹시 부모와 각 방을 사용한 것이 너무 빠른 것이 아닐까.' 등을 생각하면서 어린이의 자립을 걱정한다.

다음 날 밤에도 또다시 같은 실수를 반복하게 된다. 역시 아이는 울면서 자고 있는 부모 머리맡에 서 있다. 이를 본 아빠는 자고 있는 아내를 깨우는 것이 안돼 보여서 마음속으로 '오늘은 내가 팬티를 가지러 간다.'라며 큰 결심을 한 것처럼 중얼대면서 옷장으로 가서 팬티를 가져와 새로 갈아입히고 나서 다시 잠에 든다.

아침에 아빠는 새벽에 있었던 아이의 실수를 다시 생각하면서 한 가지 의미 있는 착상을 하게 되었다. 아빠는 수면으로 끊어진 그때의 기억을 더듬어 보니, 팬티를 옷장의 제일 높은 첫 번째 서랍에서 찾아낸 것이 기억났다. 옷장의 제일 위 서랍이라면 세 살 어린이에게는 키보다 높아서 손이 닿을 수 없는 높이라는 생각을 한 것이다.

여기서 아빠는 아이의 처지에서, 즉 아이의 사적인 내면세계 private inner world를 마치 자기 자신의 일처럼 생각하여 어젯밤 '오줌싸개 소동'을 생각해 보았다. '만약 팬티를 옷장 제일 아래 서랍에 넣어 둔다면 어떻게 될 것인가.'라는 발상에서부터 아이의 팬티를 옷장 제일 높은 서랍에 넣어 두는 것은 부모 마음대로 하는 습관이며 아이의 생활 세계를 무시한 옷장 정리라는 생각으로까지 빌진하였다.

여기서 아빠는 무언가 큰 것을 발견한 듯 흥분된 기분으로 옆에서 호기심의 눈빛으로 응시하고 있는 엄마를 설득하여 아이의 키에 맞추어 팬티를 옷장의 가장 아래 서랍으로 바꿔 넣고 아이에게 잘 설명했다.

그날 저녁 부모는 편안하게 잠을 잘 수 있었으며 상쾌한 아침을 맞이할 수 있었다. 빨래 통을 보니 역시 거기에는 젖은 팬티가 들어 있었다. 아이에게 물어보았더니 아이는 자랑스러운 듯이 미소 지으면서 '팬티를 제가 갈아입었어요!'라고 말했다. 매우 작은 일이지만 아이는 그만큼 자력으로 문제를 처리할 수 있었던 것이다.

부모는 서로 얼굴을 마주 보며 '우리 애가 이렇게 혼자서 문제를 처리할 수 있는 사람이 되었구나.' 하면서 무척 좋아하였다. 이렇듯 하룻밤 사이에 자립할 수 있는 아이로 변신한 것도 부모의 입장에서가 아니라 아이의 입장에서 헤아려 이해하려 한 아빠의 정확한 공감적 이해empathic understanding에 힘입어서 얻은 결과다. 이와 같은 사실을 체험한 부모는 지금까지 자기중심으로 생각하고 행동한 것을 반성한 것이다.

***

중년의 한 공직자는 한곳에 오래 있지 못하고 인사 이동 때마다 전근해야 했다. 그럴 때마다 아내는 낯설고 생소한 환경에서 적응을 하지 못해 적적하며 마음이 허전하다고 남편에게 하소연하였다. 이럴 때마다 남편은 "문화센터에나 가서 무언가를 배우면 어떨까요." 또는 "자격증을 따면 어떨까요." 등을 제안해 왔다. 그러나 아내는 이런 제안을 좀처럼 받아들이지를 못했다.

남편은 '공감적 이해'라는 관점에서 한 가지 새로운 방안을 생각 하게 되었다. 즉, 그는 아내의 이런 문제에 대해 업무처리식 사고방식의 '대책'밖에 생각하지 못했으며 아내의 입장을, '감정을 공유한다'는 것을 몰랐던 것이다. 오랜 직장생활 때문인지 '원인→대책→해결'이라는 사무적인 발상밖에 하지 못한 자신을 뒤돌아보았다. 그래서 그는 외면적인 대책만을 생각한 자신이 부끄러웠다.

여기서 남편은 아내의 적적한 감정의 내면세계를 대화와 행동을 통해서 함께 나누어 갖는 가운데 두 사람이 진정한 '마음의 실감'을 이해함으로써 변화해 갈 수 있을 것이라고 예감했다. 이와 같은 남편의 심적인 변화는 아내의 내면적인 세계를 '마치' 자신의 일인 것처럼 절실하게 느끼려는 마음의 변화인 것이다.

요컨대, '쓸쓸함→대책'이라는 업무 처리적인 발상이 아니라 만약 내가 아내의 처지가 되면 어떤 쓸쓸함을 실감할 것인가라는 '마치 ……과도 같이'라는 가정을 소중하게 생각하는 '공유'의 발상을 하게 된 것이다. 이런 점에서 로저스는 '공감의 상태'라는 용어 대신 '공감적인 존재 방식empathic way of being'이라는 표현을 더 애용하였다.[5] 그것은 보다 능동적·적극적인 행위를 강조하기 위해서였다.

----

5) C. R. Rogers, *A way of being*, Houghton Mifflin, 1980.

공감적 이해는 상담에서만 필요한 것은 아니다. 일상생활에서 정서적인 만족을 체험할 때도 필요하다. 우리가 인기 TV 드라마에 빠져 있을 경우에도 공감적 이해를 체험할 수 있다. 예컨대, 연속 드라마는 '현실'이 아니라 '드라마'라는 것을 알고 보지만, 주연을 맡고 있는 주인공이 어떤 곤경에 빠져 있을 때 그 표정이 근접 촬영되어 브라운관에 비치고 배경음악이 흘러나올 때면 대사는 없지만 주인공이 지금 무엇을 느끼고 생각하고 있는지, 미묘한 뉘앙스까지도 실감할 수 있기 때문에 '주인공의 입장이나 사정을 헤아릴 수 있는' 체험을 할 수도 있다.

그 결과 공감할 수 있는 드라마의 한 시간이 순식간에 지나가게 된다. 이렇듯 공감적 이해가 인간의 인식(시간의 감성적 지각)까지도 변용시킬 만큼 인간의 감성에서 매우 중요한 의미를 갖는다. 이 현상도 일종의 '감정이입'의 미학적 현상이다.

무조건의 긍정적 배려

여기서 '무조건'이란 절대적인 또는 반드시 실무悉無, all or nothing의 성질을 뜻하지는 않는다. 상담에서는 내담자를 접할 때 순간순간마다——내담자의 말과 행동이 마음에 들든 들지 않든——상담자에게서 조건부가 아닌 '비소유적 온정nonpossessive warmth'[6]을 최대한 볼 수 있어야 한다는 뜻이다. 즉, 내담자의 모

---

6) C. B. Truax & R. R. Carkhuff, *Toward Effective Counseling and Psychotherapy:Training and Practice*, Aldine Publishing Co., 1967.

든 경험을 평가가 아니라 진실된 마음으로 따뜻하게 무조건 수
용-acceptance함으로써 내담자를 잠재 능력을 가진 사람으로서 마
음으로부터 호의와 긍정과 배려를 보이는 태도다. 요컨대, 조건
성·자의성을 가능한 한 제거하려는 태도다.

또한 내담자를 한 사람의 독립된 인격체로서 자기 자신의 독자
적인 감정과 경험을 가지며 자신의 인생을 개척해 갈 수 있는 자
유와 권리를 갖는 존재로서 인정하려는 태도다. 상담자의 이와
같은 태도는 내담자에게 자신의 경험이 어떤 것이든 받아들인다
는 생각을 갖게 함으로써 자기 수용의 촉진에 도움을 준다.

이와 같은 인간관계는 일상적으로는 그렇게 흔치는 않을 것이
다. 일상생활에서는 어떤 행동을 하면 관심 있는 사람들로부터
또는 소속 집단 사회로부터 평가를 받게 되고 행동규범에 위배
된 행동을 했을 때는 처벌을 받게 되며, 마음의 상처를 받게 될
것이다. 이렇듯 일상생활에서의 관심(수용·배려)의 대부분은 '조
건부' 관심인 데 반하여 상담에서는 행동이나 성격 등이 '조건
부' 존중·배려만으로는 변화되기 어렵다.

예컨대, 직장에 대한 불만이나 잘못을 조금이라도 상사에게 말
하면 불평분자로 찍혀 징계받게 된다고 하자. 이런 관계에서는
'불만을 토로하지 않고 묵묵히 참고 일할 때 인정받게 된다.' 그러
나 '불만을 토로하면 불평분자로서 처벌받게 된다.' 는 '조건'이
주어지고 있는 것이다.

때문에 어떤 불만도 나타낼 수 없는 부하 직원의 불만은 발산
할 수 있는 배출구가 없기 때문에 불만이 있을 때마다 단계적으

로 쌓이기 마련이다. 결국 그 불만은 어떤 사소한 계기로 폭발하든가 혹은 폭발 대신 일할 의욕이 떨어져서 태업(사보타주) 같은 것으로 발전하여 업무 능력이나 상품의 질이 저하되는 것과 같은 소극적인 태도로 연결되기도 한다.

그렇다면 본래의 '불만'이란 과연 무엇이었단 말인가. 이들 대부분은 건설적인 '의욕'일 경우가 많을 것이라고 생각한다. '보다 생산적인 생각대로 일을 하고 싶지만 그렇게 하도록 해 주지 않는다.'든가 '더 효율적인 방법이 있는데도 팀장이 이를 들으려고도 하지 않는다.' 등 대부분의 '불만'이란 기실 좀 더 잘해 보자는 '의욕'의 역표현이라고 생각할 수 있다. 따라서 '무엇이든지 들어 보자, 대화를 해 보자.' '당신이 진정으로 생각하고 있는 것이기 때문에 나도 관심이 있다.'라는 자세가 있음으로써 '불만'은 '의욕'으로 전환하게 된다.

상담 과정에서는 평소의 관계에서는 말할 수 없는 것이나 느껴서는 안 된다고 생각하는 것도 부담 없이 말할 수 있기 때문에 진실된 실감을 탐색할 수 있다. 무조건의 긍정적 배려란 앞에서도 말한 것과 같이 '상대를 소유하려고 하지 않는 여유 있는 마음과 온정'의 태도라고 볼 수 있다. 상담자의 이와 같은 배려에 힘입어 내담자는 자기 자신이 능동적으로 문제를 해결하려고 하며, 상담자와 깊은 교감을 할 수 있는 '안전한' 관계에 있음을 느끼게 된다.

그러나 이런 조건이 낮은 단계에서는 상담자는 내담자의 감정이 좋다든가 좋지 않다고 평가하거나 또는 혐오하며 부인하거나

'당신은 이런 점은 좋지만 이런 점에서는 잘못되어 있다.' 등 선택적이며 평가적인 태도를 취하게 된다는 것을 명심할 필요가 있다.

이와 같은 태도는 상대를 자기 것으로 만들려고 하는 생각에서 나온 태도다. 이런 '소유possession'가 아니라 상대를 배려하고 존중하는 따뜻한 온정을 느끼는 가운데서 내담자는 마음의 문을 열며 꾸밈없는 마음의 실감을 표현하게 된다. 요컨대, 무조건의 긍정적 배려와 존중은 앞에서 말한 상담자의 비소유적 온정성이다.

체험은 최고의 자산이다

로저스는 자신의 저술 『진정한 사람되기On Becoming a Person: A Therapist's View on Psychotherapy』(1961)에서, 상담을 받은 사람들은 어떻게 변화해 가는가에 대해서 기술하였다.

상담 과정에서 내담자는 상담자와의 관계 속에서 체험한 대로 느끼며 실감하고 있는 사실에 대해서 깨닫기 시작한다. 이로 인하여 '……이지 않으면 안 된다.' 라든가 '……이어야 한다.'라고 하는 관념 수준의 개념적인 구속에서 벗어나게 된다. 그 결과 '……이지 않으면 안 된다.'라고 하는 '허구의 자기'로부터 진정으로 실감할 수 있는 참다운 '자기상'을 형성할 수 있게 된다. 이로 인하여 무리한 생활 태도를 멈추게 되고 진정으로 자기가 실감한 것과 행동이 일치해 가기 때문에 산다는 것 자체가 인간 본래적인 것으로 다가오게 된다.

이 점에 관련하여 로저스는 사람이 '진정으로 느낄 수 있는 것' '실감할 수 있는 것'을 표현하기 위한 용어로서 'experience'를 동사로서도(경험하다·체험하다), 명사로서도(체험·경험) 사용하였다.

그가 말하는 'organismic experience'를 직역하면 '유기체적 체험'이 되며 의역한다면 '몸으로부터 얻은 실감'이나 '몸으로 체험할 수 있는 것'이라고 볼 수 있다. 따라서 이 책에서 사용하고 있는 '실감'이라는 용어도 로저스의 '체험'이라는 표현과 거의 같은 의미를 갖는다.

어떻게 성장하는 것이 바람직한 것인가, 어떻게 선택하는 것이 좋은 것인가, 어떻게 사는 것이 좋은 것인가. 이런 물음에 대한 진정으로 자기다운 정답은 머리로만 생각할 수 있는 수준의 개념적인 것은 아니다. 이런 답은 '카운슬링 마인드'를 갖는 인간관계를 통해서만 실감할 수 있다. 가슴 벅찬 뭉클한 감동이 있고, 마음속 깊이 느끼는 것이 있고, 온몸이 뜨겁게 반응할 때 거기에는 어김없이 실감이 따른다.

여기서 진정으로 실감할 수 있는 것이 그 사람에게 있어선 '지금-여기'에서의 가장 타당한 성장·선택·삶의 방향인 것이다.

로저스의 유명한 말에 '체험은 최고의 권위다Experience is the highest authority.'라는 말이 있거니와, 이 말은 로저스에 의해서 '실감'이란 그 사람의 성장의 지표로서 최고의 자리가 주어졌다고 볼 수 있을 것이다.

그렇다면 어떤 점에서 '실감'은 지식이나 개념 이상으로 우리의 성장의 지표가 될 수 있다는 것인가. 또한 어떤 점에서 두뇌 수준의 지식이 미치지 못한 것을 실감은 알고 있다는 것인가. 여기에 대한 답은 로저스와 공동으로 연구한 그의 제자 유진 젠들린에 의해서 이론적으로 해명되었다(제8장 참조).

인간관계와 스트레스

어떻게 하면 보다 내실 있는 소통과 인간관계를 만들 수 있을 것인가 하는 문제도 앞에서 말한 ①, ②, ③의 조건에 따라서, 지난날에 있었던 자신의 인간관계를 점검해 보는 것도 유익할 것이다. 즉, '나는 평소 상대와의 관계에서 정말로 솔직하고 투명하게 느낀 바를 부인하거나 왜곡시키지 않고 말하려 하였는가.' (자기 일치), '나는 진정으로 상대를 마음으로부터 이해하려 하였는가.'(공감적 이해), '나는 진정으로 상대가 느끼고 있는 바를 수용하였는가.'(무조건의 긍정적 배려)에 대한 재확인이 필요하다고 본다.

이런 카운슬링 마인드가 상대에 미치지 못할 때는 그 어떤 훌륭한 기법이나 이론을 알고 있다 해도 그것들은 결국 무의미하게 썩고 말 가능성밖에 없다. 이런 점에서 상호 이해가 없는 인간관계에서 최신의 심리학적 기법을 사용해 보려는 것도 무모한 짓이라고밖에는 볼 수 없을 것이다.

이렇듯 자신을 돌아보면, 평소에 신문을 보면서 애들이나 아내의 말을 건성으로 들었던 성의 없는 모습이나, 일을 이유로 결론을 서두른 나머지 이유 있는 반대 의견을 무시했던 모습이 떠오르기도 하는 등 다양한 개선점이 발견될 경우도 있다.

예컨대, '우리 회사 사장은 카운슬링 마인드와는 정반대여서 직원들에게 방어적이고 권위적이며 독선적이다.'라는 경우를 생각해 보자. '사장의 본심은 이해하기가 어렵다. 왜냐하면 평소에 보여 주는 자기개념과 유기체적 체험(마음의 실감)이 일치하지 않기 때문이다.'(자기 일치의 반대), '나를 진정으로 이해하려고 하지 않는다.'(공감적 이해의 반대), '무언가 말하려고 하면 평가적이며 비판적인 태도로 대한다.'(무조건의 긍정적 배려의 반대)라고 한탄하고 분개하는 봉급 생활자도 많으리라고 본다.

여기서 한 연구자의 '기업의 정신건강에 관한 조사연구' 결과에 대해서 생각해 보자. 일반적으로 근무자의 스트레스에 관한 연구란 어떤 사람이 스트레스를 받기 쉬운가라는 '성격'을 중심으로 연구하는 경우가 많다. 또는 어떤 환경에 처해 있는 사람이 스트레스를 받기 쉬운가라는 '환경' 측면에서 스트레스를 연구하는 경우도 많다.

그렇지만 여기서 말하려는 것은 인간을 '관계적인 존재'로 보아 어떤 인간관계로 살고 있는 사람이 스트레스를 받기 쉬운가라는 관점에 대한 것이다. 즉, '사람'도 '환경'도 아니며 인간 '관계'라는 측면에서 스트레스를 로저스의 이론으로 압축하여 조사했다는 점에서 의미 있는 연구라고 생각한다.

조사는 3개 도시의 기업체에 근무하고 있는 사람 500명을 대상으로, 피로·우울·불안에 대해서 질문지에 기입하도록 하였으며, 다음에는 직장의 활성도와 상사의 민주적 리더십(생산성을 높여 줄 리더십 본연의 자세)에 대해서 응답케 하였다. 그리고 자신의 직속 상사의 카운슬링 마인드(세 가지 촉진 조건)에 대해서도 응답하게 했다. 그 질문지에는 다음과 같은 설문을 두었다.

● 우리 상사는 말하고 있는 것과 실제 행동이 일치하고 있다.

　(자기 일치를 측정하는 설문)

● 우리 상사는 내 처지가 되어 배려해 준 사람이다.

　(공감적 이해를 측정하는 설문)

● 우리 상사는 업무상 고충을 말하면 좋은 일이든 안 좋은 일이든 조건 없이 성의 있게 들어 준다고 생각한다.

　(무조건의 긍정적 배려를 측정하는 설문)

　설문 조사가 끝나 질문지를 회수할 때는 상사를 경유하지 않고 회수해야 하며, 회수된 질문지는 먼저 전체적인 해석을 한 다음, 상사의 '카운슬링 마인드'를 평균보다 높다고 생각하는 일군의 직원(고카운슬링 마인드군)과 상사의 카운슬링 마인드를 평균보다 낮다고 생각하는 일군의 직원(저카운슬링 마인드군)으로 분류했다. 그리고 이 두 군群을 피로·우울·불안의 측면에서 비교해 보았다.

　그 결과를 도표로 만들어 봤더니 고카운슬링 마인드군의 근무자군이 저카운슬링 마인드군의 근무자군보다 피로·우울·불안이 의미 있게 낮았다. 요컨대, 상사의 카운슬링 마인드가 풍부하다고 생각하는 직원들은 피로나 우울이나 불안이 낮나는 것을 알 수 있었다. 다시 말해서 근무자의 정신건강은 '상사를 어떻게 보고 있느냐'라는 '인지적 평가'와 상관되어 있다고 말할 수 있을 것이다. 뿐만 아니라 상사의 민주적 리더십과 직장의 활성도 면에서도 의미 있는 차이가 있다는 것을 발견했다고 한다.

민주적 리더십과 카운슬링 마인드의 두 특성에는 본래 공통점이 있다 할지라도 활성도의 인지를 나타내는 지수(표준 득점)에서는 상사의 카운슬링 마인드가 풍부하다고 생각하는 고카운슬링 마인드군의 57에 대해서 상사의 카운슬링 마인드가 부족하다고 생각하는 저카운슬링 마인드군의 40과는 17포인트라는 큰 차이가 있음을 발견하였다고 한다. 이와 같은 문제에 관심이 있는 사람이라면 '인간관계의 유형이 스트레스에 미치는 영향'이라는 타이틀로 조사해 본다면 좋은 연구가 될 것으로 본다.

이런 조사는 직장의 활성화와 인간관계의 개선을 위해서, 나아가서는 직장에서 근무하는 사람들의 사기morale와 정신건강 mental health의 향상을 위한 대책 수립의 관점에서 평소의 인간관계에서 카운슬링 마인드의 중요성을 실증해 줄 수 있는 매우 의미 있는 연구가 되었다고 생각한다. 평소 주위 사람들과 어떻게 관계를 맺고 있는가, 어떤 사람으로 인지되고 있는가, 가끔 이를 재점검하는 것은 '관계 속에 있는 자기'를 알고 바람직한 사회 적응을 위해서 매우 유용할 것이다.

칼 로저스와 동양사상

만년의 로저스는 동양사상, 그중에서도 선dhyāna불교와 노자의 『도덕경』에는 자기 자신의 생각과 같은 점이 있음을 발견하였다. 이 점은 그의 『인간존중의 심리학A Way of Being』(1986)에 잘 나타나고 있다. 이와 같은 사상적 변화는 그동안 그가 '치료적 인성 변화를 위한 필요충분조건'을 실증적으로 타당화하기 위한 임상 체험을 통해서 나타났다.

그것은 사람에게는 자신의 부적응 상태를 '체험·자각'할 능력이 있다는 결론으로부터 자기개념self-concept과 실제 체험의 차이를 체험하였다는 점과 그 차이(불일치)의 수용·수정과 자기 향상의 사이클을 자신의 장애를 극복하고 심리적 성장을 촉진하는 방법으로 보았다는 로저스 자신의 체험과도 무관하지 않다. 로저스의 인성이론은 주로 자신의 이와 같은 임상경험에서 발전하였으며, 특정 학파나 전통을 피한 객관성과 독자성을 중시하고 있는 것이 그 특징이다.

그중 한 예로서, 로저스는 '변성 의식 상태altered states of consciousness'(내적 공간—인간의 심리적 능력과 영적 능력의 영역/통상의 자각적인 의식상태와는 다른 의식상태 또는 비일상적인 의식nonordinary consciousness이다.)에도 관심을 두었으며,[7] 이와 같은 자신의 변

---

7) C. R. Rogers, Growing old—or older and growing, *Journal of Humanistic Psychology*, 20(4), 1980b, pp. 5-16.

화를 다음과 같이 말하였다.

나는 이미 단지 심리치료에 대해서만 말하고 있는 것은 아니며 인간 ·
집단 · 공동사회의 성장이 목표의 하나라고 볼 수 있는 사상 · 철학 · 인생
에 대한 접근 방식 · 존재 방식에 대해서 말하고 있는 것이다.[8]

다음은 로저스가 노자를 인용하여 자신의 입장을 요약, 표현
한 글이다.

If I Keep from meddling with people, they take care of themselves,
If I Keep from commanding people, they behave themselves,
If I Keep from preaching at people, they improve themselves,
If I Keep from imposing on people, they become themselves.[9]

사람은 간섭을 하지 않는다면 그들은 스스로 자신을 돌본다.
사람은 명령을 하지 않는다면 그들은 알아서 행동한다.
사람은 설교를 하지 않는다면 그들은 알아서 개선한다.
사람은 강제로 시키지만 않는다면 그들은 자기 자신이 된다.

이 글은 노자 『도덕경』 제68장을 원용하여 표현한 것으로 보인다.

---

8) C. R. Rogers, *A way of being*, Boston: Houghton Mifflin, 1980a, p. ix.
9) C. R. Rogers, My philosophy of interpersonal relationships and how it grew,
   Journal of Humanistic Psychology, 1973a, 3-16, p. 13.

선위사자善爲士者는 불무不武하고 선전자善戰者는 불노不怒하고 선승적자善勝敵者는 불여不與하고 선용인자善用人者는 위지하爲之下니라. 시위부쟁지덕是謂不爭之德이요 시위용인지력是謂用人之力이요 시위배천是謂配天이니 고지극古之極이니라.

진실로 선비인 자는 사납지 않으며, 참으로 잘 싸우는 자는 화를 내거나 격렬하지 않으며, 진실로 적을 이기는 자는 정면으로 맞부딪치지 않으며, 남을 잘 부리는 자는 상대에게 겸손하게 대한다. 이것을 다투지 않는 덕이라고 하며, 이것을 남의 힘을 잘 활용하는 것이라 하며, 이것을 하늘과 하나가 되는 것이라 한다. 요컨대, 이 모든 것은 옛날의 지극한 도(무위의 도)다.

이 장도 『도덕경』 52장의 수유왈강守柔曰强(항상 유연함을 지속하는 것이 진정한 의미의 강강함이다.), 73장의 부쟁이선승不爭而善勝(싸우지는 않지만 저절로 이긴다.) 등과 맥을 같이하며, 인간을 진정한 강자로 만드는 진리에 바탕을 둔 무작위無作爲의 도Tao 사상을 말해준다. 또한 로저스는 개오開悟(깨달음, enlightenment), 존재 전체의 본질에 대한 깨달음 내지는 직관을 통한 자신의 참본성의 자각인 '선禪'의 효과에 대해서도 매력을 느꼈다.

뿐만 아니라 로저스의 사상 가운데는 기원전 2세기에 파탄잘리Patañjali에 의해서 인도의 요기Yogi 철학을 정리하여 제계화한 『요가경Yogasūtra』에서 말한 '치타citta'(일체의 사고의 과정을 포함한

'마음')의 이론과도 일맥상통하는 바가 있다. 사람의 마음이란 호수의 물결과 같아서 표면의 잔물결이 많을 때는 속(마음)을 볼 수가 없으며, 물결이 잔잔할 때 물속(마음)을 볼 수 있다고 했다. 요가에서 말하는 '마음'은 일체의 사고 과정을 함의하고 있다고 보며, 요가는 '마음'과 '사고'의 물결을 통제함으로써 정적과 내적 평화를 얻는 데 있다고 보았다. 그것은 사람의 마음이란 사고의 물결이 정적하며 평온한 상태일 때 자기 모습을 비추어 주기 때문이다.

상담에서도 내담자가 상담자와 상담을 통해 불안하고 산란했던 생각의 물결이 잔잔해짐으로써 자기 모습을 볼 수 있게 하는 데 있다. 로저스의 상담이론 가운데는 '치료적 소통therapeutic communication'이 강조되고 있다. 여기서 로저스는 소통의 본질적 의미로서 '하언어적 소통subverbal communication', 즉 '비언어적 소통nonverbal communication'을 중요시 한 것도 성공적인 치료적 관계를 체험시켜 내담자의 마음의 평온과 의욕을 갖도록 하기 위해서였다.

로저스는 평생을 통해 어떤 인간관계가 상대 마음의 소통과 신뢰에 공헌하게 되며, 어떤 태도 조건이 치료적 효과에 도움이 되고, 또한 자기개념과 유기체적 체험(실감)의 일치에 도움을 주는가에 대해서도 연구하고 실천했다. 이와 같은 연구와 실천의 원동력도 그의 동양사상에 대한 관심에서 얻은 것이 적지 않다. 참으로 로저스는 성품이 전통이나 관행보다는 임상경험을 중시하는 독창적인 사람으로서, 그가 인간 본성에 관한 이해를 위해 공헌한 점은 매우 독창적이었다.

04

실감에
다가가는 대화

로저스의 선구적인 연구

칼 로저스라고 하면 1940년대의 '비지시적' 상담, 1950년대의 '내담자 중심' 상담, 1970년대의 '인간 중심' 상담의 개척자로 기억되고 있다. 여기에는 눈물겨운 선구적인 연구가 있었기에 가능했다. 그는 오로지 '성공적인 상담의 관건'을 찾기 위해서 정력적인 실증적 연구와 싸워 온 사람으로도 유명하다. 이런 점에서 그는 학문하는 학자로서도 본받을 만하다.

오늘날의 카운슬링 연구에서는 녹음기나 비디오에 상담 현장을 수록하여 그 기록을 가지고 연구를 진행하기도 하지만, 초기에는 성능도 떨어진 기기로 불편함을 감수하고 현장 중심의 실승석 연구 방법을 저음으로 사용한 사람이 칼 로서스었나.

1930년대 후반 아직 테이프 레코더가 많이 보급되어 있지 않던 시대에 일찍이 로저스는 상담 내용을 녹음하기 위해 고심하였다(당시는 로저스를 비롯하여 누구에게도 알려지지 않았으며 로저스 이전에도 1935년에 예일대학교에서 처음으로 정신분석 내용이 녹음되었다고 한다.). 이 당시는 요즘과 같은 성능도 좋고 간편한 테이프 리코더도 없었기 때문에 부피도 크고 무거운 녹음장치인 축음기 음반의 디스크에 녹음하는 시대였다. 참으로 너무도 먼 옛날 이야기 같아서 격세지감을 느끼게 한다.

첨단기술의 발달로 상담 장면을 간편하게 남길 수 있는 소형 녹음기나 비디오카메라에 익숙해진 현대인에게는 축음기 음반의 녹음이 얼마나 힘든 일인가는 쉽게 이해하기 어려울 것이다. 그만큼 힘들고 불편했던 것이다.

당시의 녹음 성능으로서는 한 장의 음반에 최대 3분만 녹음할 수가 있었다. 이 때문에 로저스는 몇 대의 축음기를 준비해서 1분의 시간차로 녹음을 했다고 한다. 이를 위해서는 판만을 전담하는 몇 사람의 인력이 필요하기도 했으며, 음반의 홈에 먼지가 끼어 있을 때는 소리를 잘 들을 수 없기 때문에 음반 먼지만 닦아내는 사람도 몇 사람이 필요했다.

뿐만 아니라 디스크의 내용을 다시 쓰는 축어록逐語錄의 속기사나 타이피스트도 연구를 위해서 고용되었다. 이와 같은 것을 생각하면 로저스의 연구 집념이 얼마나 왕성했던가를 짐작할 수 있다. 그 대표적인 예는 1942년에 발표된 로저스의 '하버트 브라이안의 사례The Case of Herbert Bryan'다. 이 사례는 8회에 걸친 상담 면접의 완전 축어록이었으며 당시로서는 유일하고도 획기적인 사건이었다.

이와 같은 '기술적 연구descriptive study'는 상담자의 훈련이나 슈퍼비전supervision을 위해서도 크게 도움이 되었다. 뿐만 아니라 녹음기록들은 단순히 기록카드에 남은 기록(기억)이 아니라 실제상의 생생한 힘든 상담 과정을 통하여 얻은 결과에 대한 기록이기 때문에 이는 과정과 상담의 성과outcome를 평가 연구하는 데도 크게 기여하였다.

이후 로저스가 시카고 대학교에 재직한 12년간(1945~1957, 시카고 시대)은 그의 인생에서 가장 창의적인 시기였던 만큼 그의 연구실에는 지금도 명실상부하게 수천 편의 녹음된 상담 기록이 그의 실증적인 연구의 열의를 말해 주고 있다고 한다.

상담의 성공과 실패

이처럼 힘들게 녹음된 기록을 이용하여 로저스는 오하이오 주립대학교 시대(1940~1944)보다 시카고 대학교 시대에 더욱 정력적으로 연구를 하게 되었다. 그럴 수 있었던 것은 시카고 대학교는 학부 학생보다 대학원 학생이 더 많으며, 학부 간의 왕래가 자유로운 연구 중심의 학풍을 가진 대학이었기 때문이다. 시카고 대학교에 와서 그는 특히 '성공·실패 사례의 비교연구'에 심혈을 기울였다. 어떤 경우에 상담이 성공하며, 이면 경우에 문제에 직면하는가? 이와 같은 성공적인 '상담의 기법'을 얻기 위하여 여러 연구진과 밤낮을 가리지 않고 연구에 주력하였다고 한다.

그 결과 시카고 시대의 가장 큰 대표적인 연구 성과인 『심리치료와 인성 변화Psychotherapy and Personality Change』(1954)[1]라는 업적을 남겼다. 이로 인하여 로저스는 1956년에 미국심리학회(APA)로부터 '학술공로상The Distinguished Scientific Contribution Award'을 받았다.

통념상으로는 성공적인 상담에서는 '심층적'인 대화, 즉 과거의 어린 시절에 관한 대화를 나누게 되고, 실패하는 상담에서는 '표면적'인 대화로 끝나게 된다고 생각하기 쉽지만, 이런 생각은 잘못된 생각이다. 결코 대화 내용은 상담의 성공 · 실패와는 의미 있는 차이는 없다는 것을 알게 되었다.

그렇다면 앞(제3장)에서 소개한 로저스 자신의 '가설'은 어떤 것이었는가. 상담이 성공할 경우 상담자는 '공감적인 이해'와 '무조건의 긍정적 배려'를 나타내 보여야 하며, 상담치료 기술자로서가 아니라 자기개념과 유기체적 경험(실감)이 일치한 '자기 일치'라는 가설이었다. 그렇지만 실제의 비교 연구에 들어가기 위해서는 이들 조건을 어떻게 측정할 것인가의 방법이 개발되지 않으면 안 되었다.

이 문제는 상담자의 치료적 태도가 내담자에게 어떻게 얼마나 원조적이며 효과를 주고 있는가에 대한 평가라고 볼 수 있다. 요

---

1) C. R. Rogers & Rosaland F. Dymond (Eds.), *Psychotherapy and personality change*, Univ. of Chicago Press, 1954.

컨대, 1957년의 「필요·충분조건Necessary and Sufficient Conditions」
의 논문에서 볼 수 있는 바와 같이 '만약 ~이라면, 그 결과 ~이다
If~, then~' 라는 가설에 대한 검증이기도 하였다.

그중에서도 가장 대표적인 연구는 1957년 시카고 대학교 시대
를 접고 모교 위스콘신 대학교 정신과와 심리학과 교수로 옮긴
후, 한때 시카고 대학교 재직 시에 알게 된 대화의 '의미'에 관심
이 많았으며 '초점 만들기focusing'로 널리 알려진, 철학 전공의
대학원생이었던 유진 젠들린과 트루악스C. T. Truax, 키슬러E. T.
Kiesler 등과 함께 입원 중인 만성의 조현병 환자에 대한 치료 관
계의 영향에 관하여 실시한 대규모의 임상연구를 들 수 있다.

이 성과는 로저스가 1963년 위스콘신에서 종신교수직을 떠나
캘리포니아의 라 호이아La Jolla에 있는 '서부행동과학연구소'에
'인간연구센터Center for the students of the Person'(1968)를 설립하기
1년 전인 1967년에 「치료 관계와 그 영향The Therapeutic Relationship
and Its Impact: A Study of Psychotherapy with Schizophrenics」이라는 제목
의 논문으로 발표되었다.

기실 로저스는 이 논문 발표 이전에도 상담 과정과 그 성과
outcome(성공·실패)를 측정하는 방법에 대한 연구를 소홀히 하지
않았다. 그 대표적인 것으로는 '과정척도process scale'와 '과정방
정식process equation'이 있다.

'과정척도'는 내담지의 인성 변화 과정을 객관적으로 평가하기
위해 만들어진 척도이며, 로저스의 '과정 개념process conception'

을 좀 더 구체적으로 관찰·개념화하여 상담의 효과를 실증적으로 검토하기 위해서 만들어진 것이다.[2]

로저스는 내담자의 인성 '변화의 과정'을 고정 상태fixity에서 변화성changingness으로, 완고한 구조rigid structure에서 유동성flow으로, 정지stasis에서 과정process을 지향하는 하나의 '연속체 continuum'로 이해하고, ① 감정과 개인적 의미 부여feelings and personal meanings, ② 체험 과정의 방식manner of experiencing, ③ 불일치의 정도degree of incongruence, ④ 자기의 전달communication of self, ⑤ 개인적 구성 개념personal constructs, ⑥ 문제에 대한 관계 relationship to problem, ⑦ 대인관계의 태도manner of relating to others 라는 일곱 가지의 현상적 측면(일곱 과정 연속성seven strands)[3]과 각 스트렌즈마다 일곱 단계seven steps로 나누어 총 49가지의 상황을 기술적으로 척도화한 것이 과정척도다.

사용 방법은 각 스트렌즈마다 7단계의 평점이 설정되어 있기

---

2) C. R. Rogers, A process conception of psychotherapy, *American Psychologist*, 1958, 13, pp. 142-149.

3) 스트렌즈Strands란 본래는 옷감의 소재가 되는 연사撚絲, threads(끈실)를 말하지만, 여기서는 로저스가 상담을 통해 내담자가 변화하는 상태를 이론적으로 설명하기 위해 사용한 추정 개념constructs의 하나다. 로저스는 내담자의 변화 과정을 하나의 연속체continuum로 생각했다. 내담자가 부적응으로 인하여 상담자를 처음 만났을 때는 내담자의 시각이나 사고방식이 한 올 한 올의 실strand처럼 따로따로 흩어져 있었지만 상담이 진행됨에 따라서 마치 한 가닥 한 가닥의 실이 꼬아져서 굵고 튼튼한 한 가닥의 실로 변해 가는 것과 같은 이미지로부터 스트렌즈라는 말을 사용하였다. 이 스트렌즈가 로저스가 말하는 상담목표상의 '충분히 기능하는 사람 fully functioning person'이다. 관용적 개념인 인자factor라는 말을 쓰지 않고 굳이 스트렌즈라는 말을 쓴 점에서 낡은 관행에 얽매이지 않는 로저스의 독창적이고 적극적이며 변혁적인 인성을 엿볼 수가 있다.

때문에 상담의 축어逐語기록verbatim record[4]의 분석 단위마다 스트렌즈의 득점을 산출하여 이들의 평균치를 면담 전체의 평점으로 한다. 이 과정척도는 내담자가 상담치료자에 수용되고 있다는 것이 느껴질 수 있는 경우의 표현 활동에만 적용할 것을 로저스는 강조했다.

그러나 좀 간단한 '제3자 평정'의 방법도 있다. 이 방법은 상담 당사자(내담자와 치료자) 이외의 연구자가 기록을 보며 녹음을 들으면서 치료자가 어느 정도 '공감적'이며 '무조건의 긍정적 배려'와 '자기 일치'적인가를 몇 개의 지표를 가지고 평정하는 방법이다.

또는 당사자의 인상을 근거 삼아 연구하는 '관계 인지 목록조사 relationship cognitive inventory'에 의한 연구법도 있었다. 이 방법은 상담 직후에 내담자가 치료자의 '공감' '자기 일치' '무조건의 긍정적 배려' 등을 어떻게 생각하였는가를 질문지에 기입하는 방법이다. 또한 치료자도 자기 자신의 '공감' '자기 일치' '무조건의 긍정적 배려' 등에 대한 자기평가를 상담 직후에 기록하게 된다. 이와 같은 방법을 이용한 상담에 관한 연구는 상담 과정에서 내담자의 인지의 중요성을 지적한 점에서 '관계인지목록'에 의한 연구라고도 한다.

본래 이 방법은 인성이나 행동의 변화에 미치는 치료 관계의

---

4) 축어기록이란 상담면접을 녹음하고 그 과정을 지면에 거의 완벽하게 재현시킨 기록물이나. 여기에는 내화 내용 외에 침묵, 고개를 끄덕기림, 웃음, 울음 등 비언어저 표현도 기록된다. 로저스의 연구가 실증적일 수가 있었던 것은 전기녹음기의 발명에 의해 상담실의 밀실성을 축어기록으로 재현할 수가 있었다는 점에 힘입은 바가 크다.

영향을 알아보기 위해 바렛트-렌나드G. T. Barrett-Lennard[5])가 개발한 치료 관계 측정 도구였다.

이는 로저스가 제창한 상담자의 세 가지 태도 조건을 확대시켜 ① 공감적 이해, ② 배려의 수준, ③ 배려의 무조건성, ④ 상담자의 순수성(자기일치 또는 진실성), ⑤ 인정받고 싶어 하는 의욕의 '다섯 조건'을 변수로 하는 92항목으로 되어 있는 질문지이며, 각 항목은 6점법으로 평정하도록 되어 있다.

이 방법을 사용한 상담에 관한 연구 논문의 수는 방대하리라고 보며 전문 학술지에 보고되어 있지 않은 학위 논문까지 포함시킨다면 헤아리기 어려울 정도일 것이다. 이들 방대한 연구 자료를 정리한 연구자들은 다음과 같은 연구 성과를 보여 주고 있다.

첫째로 치료자의 '공감'이나 '무조건의 긍정적 배려' '자기 일치' 같은 치료자의 태도 조건이라고 해도 치료의 성과와 관계가 있는 것은 내담자가 치료자를 어떻게 인지했느냐에 있다. 요컨대, 치료자 자신이 자신의 '공감·자기 일치·무조건의 긍정적 배려' 등 상담치료의 마인드를 어떻게 인지했느냐는 상담의 성공·불성공과는 관계가 없다는 것이다. 즉, 내담자가 볼 때 상담자를 '공감적인 상담자'라고 생각할 경우에 성공할 확률이 높다는 것이다. 치료자가 자신을 놓고 '오늘의 상담에서 나는 만족스럽게 공감할 수 있었다.'라는 자기평가의 유무와 상담의 성과(성공, 실패)와는 관계가 없다는 것을 알게 되었다.

---

5) G. T. Barrett-Lennard, Dimensions of therapist responses as causal factors in therapeutic change, *Psychological Monographs*, 76, No. 43, 1962, pp. 1-36.

둘째로 상담치료자의 마인드(인성 변화의 촉진 조건)와 상담의 성과에 대해서는 다음과 같은 연구 결과를 보고하고 있다. 한 연구 집단은 지금까지 실시한 대표적인 연구 수십 편을 검토하고, 그 중 70%의 연구에서 성공과 '공감' '자기 일치' '무조건의 긍정적 배려'와는 관련이 있다는 결론을 내리고 있다. 요컨대, 로저스가 말하는 '인성 변화를 위한 필요충분조건'은 대체로 긍정·지지되고 있다는 견해를 보이고 있다.

그러나 또 어떤 연구자는 많은 연구에서 성공과 '공감' '자기 일치' '무조건의 긍정적 배려'와 관련이 있다는 것은 인정하면서도 로저스의 가설은 실은 누구도 증명하고 있지 않다는 결론을 내리고도 있다.

엄밀히 볼 때 로저스는 치료자가 '공감' '자기 일치'나 '무조건의 긍정적 배려'라는 태도를 가지고 대하기 때문에 상담은 성공한다고 하는 인과관계를 가설로 삼고 있는데 지금까지의 연구에서는 인과관계는 검토되지 않고, 다만 '상호 관련이 있다'는 것만을 발견한 것에 지나지 않다는 견해다. 이 점에서 누구도 아직 로저스의 가설을 증명도 부정도 하지 않고 있다는 것이 된다.

로저스는 또 과정 개념process conception의 성과인 '과정척도process scale'의 고안·발전에 병행하여 자신의 인간중심치료 이론의 기반인 '만약 ~이라면, 그 결과 ~이다.'라는 필요충분조건 이 이론을 요약·정리하기 위하여 '과정방정식process equation' (1961)을 생각해 내기도 했다. 요컨대, 앞에서 말한 '과정척도'나

'과정방정식'의 주안점은 상담의 실증연구인 상담의 효과연구 outcome study를 공식화하기 위한 것이었다.

이 과정방정식은 '도움을 구하고 있는 한 사람이 있고, 여기에 a, b, c라는 요소를 갖는 관계를 만들 수 있는 제2의 사람이 있을 경우에, 여기에는 X, Y, Z라는 요소를 갖는 변화의 과정이 발생한다[6]는 것이 기본 전제가 된다. 구체적으로는 다음과 같은 형식으로 표현된다.

'좌변'이 내담자가 치료자를 있는 그대로real, 순수하게genuine, 공감적으로 보며, 자신에 대해 무조건의 긍정적 배려심을 가지고 있다고 생각할수록 '우변'의 내담자는 그만큼 정靜적인, 무감정적인, 고정적인, 비개인적인 기능 상태에서 벗어난 것만큼 분화된 개인적 감정을, 탄력적으로, 변화가 크며, 수용적으로 체험하게 된다는 치료의 성공을 말해 주는 공식이다.

이 방정식의 의의는 심리치료의 '인과관계cause-and-effect relationship'에 대한 사고방식을 명확하게 했다는 점이다. 상담치료자의 '공감' '자기 일치' '무조건의 긍정적 배려'라 할지라도 치료와 관련이 있는 것은 내담자가 치료자를 어떻게 인지했느냐에 달려 있다는 것이다. 다시 말하지만 치료자가 자신의 '공감'을 어떻게 인지했느냐는 상담의 성공·실패와는 관계가 없다는 것이다.

요컨대, 치료에 의한 인성 변화는 치료자의 지식이나 이론 또는 기술에 의해 되는 것이 아니라 내담자의 '태도attitudes'에 의해 얻

---

6) C. R. Rogers, The process equation of psychotherapy, *Amer. J. Psychotherapy*, 15, 1961, pp. 27-45.

어진다는 것이다. 그리고 치료에 의한 변화의 본질적 특색은 통찰 insight을 얻는다든가, 전이 관계transference relationship의 극복, 자기개념의 변용보다도 더 직접적이며, 보다 더 유동적이면서 보다 더욱 수용하면서 체험해 가는 과정 그 자체에 있다.

젠들린이 중시한 '대화의 방식'

유진 젠들린Eugene T. Gendlin(1926~)은 시카고 대학교에서 철학을 전공하고, 대학원 재학 중 같은 대학 상담센터에서 정력적으로 연구하고 있는 로저스의 영향을 받아 실존철학의 관점에서 그의 독특한 발상으로 내담자의 '체험 과정experiencing'과 '감정의 반사reflection of feeling'라는 개념을 만들어 냄으로써 '체험 과정 심리치료experiential psychotherapy' ──상담자·내담자의 체험 과정에 초점을 둔다──의 상담이론을 개척함으로써 이름을 알렸다.

또한 '위스콘신 프로젝트wisconsin project'에서는 앞에서도 말한 바와 같이 로저스 및 공동연구자와 더불어 '분열병' 환자에 대한 독자적인 치료이론──『치료 관계와 그 영향The Therapeutic Relationship and Its Impact』[7]──을 발표하였을 뿐만 아니라, 시카고 대학교에서는 '초점 만들기'(1978)를 중심으로 펼친 연구 활

---

7) C. R. Rogers, Eugene T. Gendlin, D. J. Kiesler & C. B. Truax, (Eds.), *The Therapeutic Relationship and Its Impact: A study of psychotherapy with schizophrenics*, Madison, Milwaukee, and London, The Univ. of Wisconsin Press. 1967.

동과 시카고 대학교 대학원생을 중심으로 시카고 지역 사회인으로 구성된 '체인지스changes'(상담비전문가도 포커싱을 이해하고 이를 촉진시키는 '경청방식listening'을 익혀서 상호간에 인간적 성장을 돕기 위해 시카고 지역 사회인들로 구성된 집단의 총칭)라 부르는 치료 공동체를 만들어 지역사회 정신건강의 발전에도 기여한 바가 컸다.

철학을 전공한 젠들린은 철학을 발전적으로 연구하기 위해서 상담에 관심을 가졌다. 그는 '상담'이란 '대화'를 통해서 '의미'를 발견하고 '변화'를 돕는 실천의 장이라고 생각하였다.

특히 젠들린에게 있어서 상담의 성공·실패의 사례 연구는 새로운 시각을 가져다주었다. 그가 주목한 것은 치료의 기법도 태도도 아니었다. 오직 그가 주목한 것은 내담자였다. 그것도 상담에서 자기이해를 잘하는 내담자와 잘 못하는 내담자가 있다는 사실에 주목한 것이다. 그 결과 자기이해를 잘하는 내담자와 그렇지 못한 내담자는 '말하는 방식'이 다르다는 사실을 가까운 데서 발견하게 되었다. 참으로 매우 의미 있는 발견이었다.

특히 '말하는 방식'의 차이를 더욱 깊이 관찰한 결과 그것이 내담자 자신이 자신의 '마음의 실감'(유기체적 체험)과 어떻게 관련되어 있고, 그 '실감'을 어떻게 표현하는가의 차이라는 것을 알게 되었다. 이와 같은 관점에서 젠들린은 종래에 사용했던 라포rapport(상담자와 내담자 사이의 마음의 벽이나 방어가 없이 자유롭게 감정과 의사가 교류될 수 있는 상호 신뢰의 관계)보다도 '치료적 소통therapeutic communication'이라는 용어가 보다 함축적인 용어라고 생각하였다.

이 용어는 로저스가 1957년에 발표한 논문 「치료적 인성 변화

를 위한 필요충분조건」의 6조건(a~f) 가운데 최소한 마지막 조건
인 f조건, 즉 '치료자의 공감적 이해와 무조건의 긍정적 배려'가
최저한도는 내담자에게 전달되어 있어야 한다는 말과도 연계되
고 있다.[8] 다음 사례에서 이 점을 생각해 보자.

자기이해가 잘 안 되는 경우

사례 A

내담자 1   그런 말투를 쓰는 것은 심하다고 생각하지 않습니까! ⋯⋯

　　　　　하지만 여행을 가자고 먼저 말한 것은 그 사람입니다.

상담자 1   여행을 할 수 없다는 것에 대해서 당신은 어떻게 생각합니까?

내담자 2   생각하고 말고가 있습니까. 그런 말투는 좀 심하다고 생각합

　　　　　니다. 그는 언제나 말투가 그렇습니다. 좀 교활합니다. 지난번

　　　　　에도 밥을 먹으러 가자고 말했거든요. 그래서 나는 며칠 전부

　　　　　터 무슨 옷을 입고 갈까 고민도 했으며, 또한 그 식당은 2주

　　　　　정도 미리 예약해야 갈 수 있는 곳이어서 기대도 컸습니다.

　　　　　그때도, 갑자기 취소 전화가 와서 갈 수 없게 되었습니다.

---

8) C. R. Rogers, The necessary and sufficient conditions of therapeutic
personality changes, *J. cosult. Psychol*, 21, 1957a, pp. 95-103.
※6조건 가운데서 (c)~(e)의 3조건이 치료자(상담자)의 조건, (b조건)는 내남자는
불일치의 상태에 있으며, 상처받기 쉽고 불안상태에 있다. (f의 조건)은 내담자의 조
건, (a 조건)은 치료자와 내담자는 심리적인 접촉을 하고 있다 등이다.

……이렇듯 그는 언제나 같은 말투였습니다.

상담자 2 사정 이야기를 하고 미안하게 되었음을 말했다면 어떤 느낌을 갖게 될까요?

내담자 3 어쨌든 교활하다고 생각하지는 않을 것입니다. 언제나 말은 그럴듯하게 합니다. 그러나 실천이 따르지 않는 편입니다.

상담자 3 당신 역시 그를 교활한 사람이라고 생각하고 있습니까?

내담자 4 교활하다 아니다가 아닙니다. 그를 알고 지낸 지도 4년이나 됩니다. 그동안 몇 번이고 이런저런 일(여행·식사·등산 등)이 있었습니다. 그럴 때마다 그는 자신에게 무책임한 사람이었습니다.

이와 같은 사례는 매우 현장감 있게 들리기는 하지만 오랜 시간을 듣고 있노라면 몹시 힘들고 지치게 된다. 왜냐하면 이런 분위기의 말투에서는 이미 '결론'이 나 있기 때문이다. 그는 교활하다. 때문에 나는 상처만 받았다(상처받았다고 말하지는 않았지만, 무언가 그런 감정을 갖고 있는 것은 분명하다.)는 생각뿐인 것이다.

이와 같은 경우에 말을 늘어놓는 내담자란 과연 자기이해를 얼마나 잘할 수 있는 것일까? 내담자는 자신의 반응 방식과 친구와의 대인관계에서 무엇을 배우게 될 것인가? 대답은 필시 '아니요'일 것이다.

그렇다면 타자이해, 즉 친구의 행동이나 성격, 관계 유지에 대한 이해는 잘할 수 있을 것인가? 이것도 역시 '아니요'일 것이다. 예컨대, 그 친구는 '교활'하다고 단정 짓고 있기 때문에 그 밖의 생각은 못하게 될 것이다. 그렇다면 두 사람 사이의 관계가 각자의 성장 방향에 도움을 주고 있는 것일까? 이것도 '아니요'일 것이다. 이렇듯 내담자는 자기가 만든 '그 사람은 교활하다.'라고 하는 시나리오로부터 한 발도 벗어나지 못하고 있는 것이다.

어떻게 이와 같은 감정의 소유자가 되어 버렸을까? 다시 한 번 생각해 볼 일이다.

어쩌면 '이 경우에 마음의 실감의 표현이란 아무것도 없다.'고 말할 수밖에 없을 것이다. 내담자는 무엇을 느끼고 있는지 말로 표현하지 않는다. 아니 좀 더 정확히 말해서 자기가 느끼고 있는 것을 생각해 보려고도 하지 않는다. 철저히 내담자의 관점은 친구의 교활하고 무책임한 성격에 고착되고 있는 것이다.

때문에 상담자는 열심히 내담자를 '실감' 쪽으로 마음을 돌리려고 노력한 것이다. 처음과 두 번째 응답에서 이 점을 보여 주고 있다. 그것은 조금이라도 의미 있는 '실감'을 체험하도록 돕기 위해서였다. 그러나 조금도 성공의 기미는 보이지 않는다. 세 번째 응답에서는 내담자의 표현을 그대로 되받아 응답reflection하여 약속을 어긴 그를 정말로 교활하다고 생각하고 있는지, 조금이라도 달라진 실감인지를 확인해 보고자 하지만 조금도 달라진 기미가 보이지 않는다. 결과는 실패였다.

이렇듯 자기이해를 못 하는 사람은 말이 직선적이고 강직하며 단정적이어서 타자이해도 못하는 것이 특징이다. 때문에 이런 상담은 '실감'을 느껴서 이를 언어화하지 않는 한 자기이해나 타자이해도 할 수 없다는 것이 문제다. 그래서 상담은 성공하기 어럽다. 젠들린의 발견이란 바로 이와 같은 현상이었던 것이다.

　같은 내용의 사례에서 이번에는 상담에서 성공하기 쉬운 내담자의 말하는 방식의 특징, 즉 마음의 '실감'에 다가가 이를 언어화하는 경우를 생각해 보자.

실감의 언어화가 잘 되는 경우

사례 B

내담자 1　그런 말투를 쓰는 것은 심하다고 생각하지 않습니까! ……하지만 여행을 가자고 말한 것은 그 사람입니다.

상담자 1　여행을 할 수 없다는 것에 대해서 어떻게 생각합니까?

내담자 2　여행을 할 수 없다는 사실보다도…… 그가 한 말이 어쩐지 개운치 않습니다.

상담자 2　'개운치 않다'는 것은 어떤 감정입니까?

내담자 3　글쎄요, ……무엇이라고 할까요. ……그 사람에 대해서 화가 난 것 같기도 합니다만 그것만도 아닙니다. ……무언가 속은 것 같아서 마음이 개운치 않은 느낌이…….

상담자 3　화가 난 것도 같지만 그것만도 아니며, 마음도 개운치 않은 감정이라고요?

내담자 4　변명같이…… 그가 잘했다고나 할까, 그럴듯한 말을 하기 때문에 무언가 그 말이 자꾸 마음을 개운치 않게 한다고나 할까요…….

상담자 4 가장 합당한 말을 하게 된다면…….

내담자 5 글쎄요.…… 내가 참지 않으면 안 되겠다는 생각을 하게 됩니다. 그렇게 하는 것이 잘한 것처럼 생각이 듭니다. ……그것이 그렇습니다, 무엇이라고 할까요, 어떤 '위로' 하는 마음 같은 것이 전해 온다고나 할까요…….

상담자 5 좀 더 '위로' 하는 마음이 생긴다면…….

내담자 6 참, 그것이 그렇게 되군요. 하지만…… 내가 실망하고는 있지만 이 감정을 잘 억제하고 있는지도 모르겠습니다. ……실망하면 상대에게 고통을 주게 되는 것이 아닐까 하는…… 나는 그런 버릇이 있습니다! 그 사람에게도 그런 마음으로 대하고 있습니다! (웃음)

상담자 6 본심은 실망하면서도 당신은 그 감정을 전하지 않고 먼저 자신을 억제한다는 말이군요. 그에게도 그렇게 대하고 있다는 말이군요.

이 사례는 앞의 사례 A와 화제는 동일하지만 여기서는 새로운 발전을 보여 주고 있다. 앞 사례에서는 결론이 나 있는 것과는 달리 여기서는 새로운 결론을 내릴 수 있다는 점에서 다르다. 왜냐하면 불평을 토로하는 푸념과 같은 것이 아니라 상대를 이해하려는 감정이 역력하며 그러하기 때문에 자기이해를 심화시킬 수 있는 사람인 것을 보여 주었기 때문이다. 이와 같은 경우의 상담은 성공적인 사례가 될 수 있을 것이다.

침묵의 의미

그렇다면 이 두 사례는 어떤 점에서 다르다는 것인가. 우선 쉽게 발견할 수 있는 것은 사례 B와 같이 말을 하다가도 잠시 생각이나 감정을 정리하기 위해서 '침묵'과 '숙고'의 시간을 갖는다는 점이다. 즉, 마음의 여유, 문제와 마음의 거리, 문제와 나와의 간극, 포커싱에서 말하는 '공간(거리) 만들기clearing a space'를 발견할 수 있다. B의 사례에서 자주 볼 수 있는 '……'라는 침묵이 이 점을 잘 보여 주고 있다(이 문제는 매우 중요한 의미를 갖는 것이기 때문에 제7장에서 자세히 설명할 것이다.).

이들 두 사례를 '이미지 분석치료image analysis therapy'[9]의 관점에서 본다면, 전자의 사례에서 '말하는 방식'은 이른바 리스만David Riesman(1909~2002)이 『고독한 군중Lonely Crowd』(1950)에서 말한 '타자지향적other-directed types' 또는 '외부지향적'이라고 볼 수 있을 것이다. 이와는 달리 후자는 '자기지향적'이며 '내면지향적inner-directed types'이라고 볼 수 있다.

분명히 사례 A의 경우는 말이 타자나 외부 세계에 관한 것이 주가 되고 있다. 즉, 약속을 지키지 못한 친구가 교활하다는 것

---

9) 이미지란 심적 내면에 대한 주관적 사고의 내적 표현(표상representation)의 한 형태이며 정확히는 심적 이미지리mental imagery이며, 통상 심상, 이미지로 통용되고 있다. 그 내용에 있어서는 다양한 유형의 심적 이미지가 포함되기 때문에 심리치료에서는 유력한 기법이 된다. 이와 같은 이미지를 심리치료법의 장으로 도입한 것을 이미지 치료법이라고 한다. 이 방법은 ① 자율훈련법autogenic training에 의한 심신이완, ② 행동치료법behavior therapy의 탈감각desensitization, ③ 정신분석적 어프로치psychoanalytic approach 등에 응용되고 있는 기법이다.

을 상담자에게 말하여 자기 생각이 옳다는 것을 설득하려는 말투라는 인상을 준다.

그러나 B의 사례는 자기 또는 내면에 관해서 말하고 있다. 상담자를 향해서 무언가를 호소하기보다는 자신을 향해 말하는 인상을 준다. 상담자가 지켜보는 가운데 내담자는 자신의 내면세계의 미지의 것을 찾아서 이를 '언어화'하고 있는 인상을 준다.

내담자의 마음이 '개운치 않다'는 표현은 상담자의 이해를 바라고 의도적으로 사용한 말이 아니라 내면적으로 현실감 있게 느낄 수 있었던 것을 가감 없이 그대로 표현하려고 한 말인 것이다.

이렇듯 사례 B의 언어 표현은 '자기지향적'이어서 자신의 내면을 언어화하는 성질을 가지고 있기 때문에 필연적으로 '침묵'이 많아지기 마련이다. 이 침묵이란 알맹이 있는 매우 의미 있는 침묵의 순간이다. 상담이 성공하려면 이렇듯 풍부한 자기이해가 심화되어야 할 뿐만 아니라 '내면지향적'인 언어 사용이 필요하다.

상담 과정에서 일어나는 '침묵silence'의 의미 내용은 매우 다양하다. 단순히 언어나 소통의 공백 상태가 아니라 언어와 대화를 초월한 근원적인 문제에 감응하는 적극적이며 주관적인 구체적 심상의 철학적인 표현일 수도 있다. 그러나 여기서는 상담 과정에서 볼 수 있는 침묵현상을 중심으로 생각해 보고자 한다.

다음은 일반적인 침묵의 의미 내용을 생각해 본 것이다.

① 상담 초기에 상담자의 부적절한 '장면 구성structuring'(정신분

석치료에서는 기본 원칙fundamental rule이라고 함)으로 인하여 발생하는 침묵

② 자기 생각과 감정을 종합 정리하기 위한 침묵, 또는 내담자의 내적 대화self-talk(Submerging Speech)로 인한 침묵

③ 상담자의 응답을 기다릴 때의 침묵

④ 자신의 표현에 대한 거부나 저항으로부터 발생하는 침묵

⑤ 더 말할 것이 없을 때의 침묵

⑥ 관심이 없어 무료할 때의 침묵

⑦ 이상의 어느 것도 아닌 '공백' 상태(예컨대, 내담자가 심리적으로 혼란 상태에 빠져서 자기가 말할 것을 잊어서 상기하려고 할 경우)

상담 과정에서 발생하는 침묵이란 너무도 자연스러운 현상이다. 내담자의 침묵을 보고 그 정적에 당황한 나머지 불필요한 언행을 취하는 우를 범하는 것은 실패한 상담의 원인이 된다. 중요한 것은 앞에서 말한 이들 침묵의 의미 내용을 정확히 이해하는 노력이다. 물론 모든 침묵에 의미가 있는 것은 아니다.

그러나 침묵을 살리느냐 죽이느냐는 상담자가 내담자의 비언어적 측면에 얼마만큼이나 동조하며, 침묵하고 있는 눈과 표정을 읽으려는 성실성에 달려 있다. 이른바 '비언어적 소통nonverbal communication' 또는 '하언어적 소통subverbal communication'이 중요하다.

상담자와 내담자는 긍정적인 관계 속에서 내담자가 방어적인 태도를 완화하여 상담자에 대한 신뢰감과 호감을 가짐과 동시에, 상담자도 진실한 마음으로 공감성과 수용성을 갖고 내담자를 대

하는 상호 신뢰의 관계인 '치료적 소통therapeutic communication'이 필요하다. 이른바 설르스H. Searles가 말한 '치료적 공생therapeutic symbiosis'의 관계가 필요하다.

사람이 생각과 감정을 표현하는 것은 말이나 문자만 가지고 하는 것은 아니다. 비언어적인 손과 눈이나 표정을 가지고도 할 수 있다. 수화법이 이를 잘 말해 주고 있다. 숙달된 사람은 입으로 말하는 것만큼 손이나 눈짓으로 생각을 표현할 수 있다. 상담에서는 내담자의 마음의 기미를 빨리 알아채고 정확히 이해하는 것이 도움이 된다. 상담에서 정감 어린 눈짓이나 표정은 말 이상으로 상대의 마음을 강하게 끌 수 있다.

예컨대, 언어나 문자가 아닌 동작(몸짓 · 손짓 · 표정 · 눈길 · 자세), 접촉, 준언어(억양 · 침묵), 신체 특징, 장식물(화장 · 복장) 등을 사용하여 언어적인 내용을 전달할 수 있는 것이다. 이런 점에서 상담이란 언어적이고 비언어적인 소통을 통해서 행동의 변용을 꾀하는 인간관계이기도 하다. 알고 보면 내담자의 발언 내용을 보다 잘 이해하기 위해서, 그리고 상담자의 성실성과 진지한 태도를 보여 주기 위해서는 이런 '비언어적 소통'은 매우 유용한 보조적인 역할을 하고 있다는 것을 알아야 한다.

젠들린이 중시한 '체험 과정experiencing'도 '과정'으로서 살고 있는 내담자가 과정을 통해 얻은 감정과 경험을 이미지화하고 언어화시킬 수 있는 무한한 어떤 '느낌sense'을 중시한 데서부터 빌진한 '구성(추정) 개념construct'이자 치료의 기초 개념이다.

특히 언어 표현력과 자발성이 부족하고 의욕이 없는 내담자의 경우라면 언어 밑에 숨어 있는 비언어적 측면을 단서 삼아서 경험 과정을 심화시켜 가는 일은 상담기법의 중요한 한 부분이다. 이는 곧 하언어적 소통, 또는 비언어적 소통으로서 '치료적 소통'의 본 질적인 의미를 갖는다.

젠들린이 1961년에 발표한 논문 「체험 과정: 치료에 의한 변화 과정의 변인Experiencing: A Variable in the Process of Therapeutic Change」[10)]에서 그가 관찰한 성공 사례의 특징도 앞에서 든 사례 B와 같이 '자기지향적' 또는 '내면지향적'인 것이었다.

특히 젠들린은 사람들이 대화하는 방식, 정확히는 대화를 하고 나서 얻는 '체험의 의미를 실감하는 정도'를 7단계로 나누어 '7단 계 척도'를 개발하였다. 이를 기초로 클라인Marjorie Klein(1969~)과 젠들린 등 공동연구자들은 보다 정밀한 척도, 즉 '체험과정척도 experiencing scale(EXP척도)'를 고안해 냈다.[11)] 이 척도에서는 '체 험의 의미를 실감하는 정도'를 '체험 과정의 양식'으로 보아 이 들 양식을 7단계로 분류하여 이해하도록 되어 있다.

다음에 이들 양식을 검토해 보기로 한다.

---

10) Eugene T. Gendlin, Experiencing: A variable in the process of therapeutic change, *Amer. J. Psychotherapy*, 1961, 15, pp. 233-245.

11) M. H. Klein, P. L. Mathieu, Eugene T. Gendlin, & D. J. Kiesler, *The experiencing scale: A research and training manual* (Vol. 1), Madison: University of Wisconsin Extension Bureau of Audiovisual Instruction, 1969.

일상 대화의 체험 양식

설명의 편의상 'EXP척도'의 평정 매뉴얼의 요지를 간단하게
정리하여 그 예문을 들어 본다면 〈표 4-1〉과 같이 된다. 먼저 표
를 보면서 7단계를 이해하기 바란다. 여기서 설명하는 EXP척도
는 클라인 등이 고안해 낸 EXP척도를 일본판으로 번역된 것임
을 말해 둔다.[12]

〈표 4-1〉 체험과정척도 평정기준표

기준 단계	평정기준의 개요 [예문] 〈설명〉
1	• 자기관여가 보이지 않는다. 말에 자기관여가 없고 외적 사건뿐이다. [오늘의 비올 확률은 10%입니다.]
2	• 자기관여적인 외적 사건 • ~라고 생각한다 등 자기 감정을 수반하지 않는 추상적 발언. [오늘 아침 신문을 보게 되면 〈본인이 보았기 때문에 자기관여〉 비올 확률이 70%였다. 비가 적기에 잘 내린다고 생각했다.] 〈~라고 생각한다 등의 추상적 발언이며 느낌과는 상관없다.〉
3	• 감정은 표명되고 있지만 그것은 외계에 대한 반응으로서 나타나며, 상황에 한정되어 있다. [비만 오기 때문에 짜증이 난다.] 〈짜증이라는 감정 표현은 비에만 한정되고 있다.〉
4	• 감정 표현이 풍부하며, 주제는 외적인 사안보다 본인의 느낌과 내면의 표현. [그 일을 생각하면 마음이 무겁고, 어쩐지 긴장된 것 같은…… 거북한 기분입니다.] 〈감정이 풍부하게 표현되고, 주제는 일보다는 받아들이는 체험 태도에 있다.〉

---

12) The Experiencing scale is translated into Japanese by A. Ikemi, Y. Kira,
S. Murayama, R. Tamura, & N. Yuba, Taiken katei to sono hyoutei(Rating
the process of experiencing). *The Japanese Journal of Humanities
psychology,* 4, 1986, pp. 58~64.

5	• 감정 표현만이 아니라 자기 음미·문제 제기·가설 제기 등을 보게 된다. • 탐색적인 화법이 특징적이다. [어렵고 딱딱한 것에 적응을 못 해서일까…… 아니다…… 딱딱하고 어려운 일에 〈매이는 것〉이 싫어서일까.] 〈~ '일까' 라는 가설 제기.〉
6	• 감정의 배후에 있는 전개념적인 체험에서부터 새로운 면의 생각이 펼쳐진다. • 생생한 자신감을 갖는 말투와 웃음 같은 것을 볼 수 있다. [나는 아내의 질병에 대해서는 걱정하지 않습니다. ……걱정한다고요? 그렇게 생각했습니다만, 그 보다는 병원에 가자고 했지만 가려고 하지 않는 아내에게 화가 나 있습니다! 마음이 무거운 것은 걱정이 아니라 화가 나 있다는 것입니다.] 〈새로운 측면의 깨달음〉
7	• 생각과 느낌이 인생의 다양한 국면에 응용되고 발전한다. [꿈속의 여인처럼 좀 더 '편안'하게 살고 싶습니다. 그동안 고생이 많았습니다. 매일같이 나를 강박 적으로 얽매어 왔습니다. ……대학원에 들어가서도 마찬가지였습니다. ……생 각해 보니 스트레스를 받으면 그때는 내가 나를 힘들게 했습니다.……] 〈깨달 음이 응용되어 간다.〉

　　단계 1의 화법은 일상적인 대화에서는 그렇게 많이 볼 수는 없
다. 거의 대부분의 경우는 자기가 관여하고 있는 일들에 관해서
말하기 때문에 단계 2로 평정하기 쉬운 말투를 자주 볼 수 있다.
단계 1의 말투는 TV 뉴스의 뉴스캐스터나 아나운서와 같이 자기
생각이나 감정과는 무관하게 사안을 원고대로 말하는 경우다.

　　만약 일상생활에서 단계 1과 같은 화법을 사용한다면 개인적
인 자기관여가 빠져 있기 때문에 불편한 점이 많을 것이다. '무
엇보다도 단계 1과 같은 내용은 상대의 관심을 끌지 못할뿐더러
의사소통도 잘 안 될 것이다.

　　나는 대학에서 강의를 하면서 가끔 이런 생각을 하곤 했다. 교
수가 수업을 순수한 이론을 소개하기 위하여 강의하는 것보다는

현실감을 살려서 강의 내용과 관련된 자신의 성공이나 실패 같은 경험담이나 실험담 같은 자기관여와 자기감정이 있는 단계 2나 단계 3 수준으로 강의를 한다면 학생들도 흥미 있게 들을 것이며 조는 학생도 줄어들게 될 것이라는 생각이다.

대체로 일상생활에서는 화법이 '금일 오전 10시경 지하철 2호선 ○○역에서 열차 충돌사고가 발생하여……'라는 식의 발언보다는 '나는 오늘 오전 10시경에 지하철로 ○○○를 가던 중 갑자기 꽝하는 소리가 나서 보니 열차끼리 충돌하여……'라는 식의 화법이 일반적이다.

이런 말투는 '본인이 직접 보고 경험했다.'라는 자기관여가 내포되어 있기 때문에 단계 2에 해당한다고 볼 수 있다. 단계 2에서 말한 내용은 단계 1에서 말한 내용보다는 '자기관여selfinvolve-ment'가 더하기 때문에 듣는 상대의 관심을 더 끌 수는 있지만 감정이나 마음의 실감을 나타내 주지 못하기 때문에 잠시 듣고 있으면, 관심이 점차로 줄어들게 된다.

회의 석상에서 흔히 볼 수 있는 발언을 생각해 보자. 이 경우도 거의 대부분의 발언은 단계 1이든가 2일 것이다. 이런 회의가 길어지면 졸음이 오거나 회의와 무관한 공상에 잠기기도 한다. 그래서 진지한 대화의 장이 되지 못한다.

이는 그럴 수밖에 없는 타성 때문이라는 것을 이해할 필요가 있다. 회의장 분위기를 잘 관찰해 보면 다분히 회의에서는 겸양의 미덕 때문에 자기가 '실감'한 것은 발언하지 않는 것이 관행적으로 몸에 배서 그런지, 실감을 했다 할지라도 일부러 표현하지 않는다는 것이 일반상식처럼 되어 있다는 것을 느끼게 한다.

　예컨대, 회의 석상에서 자기느낌이나 생각을 담아 '이런 터무니 없는 제안에 화가 난다('이해할 수가 없다' '동의할 수가 없다')'와 같은 발언은 그다지 들을 수가 없다. 설혹 그렇게 실감했다 해도 '제안 의 취지를 이해하기 어렵습니다.'와 같이 우회적으로 단계 3을 피해서 발언하는 것이 일반적인 회의의 상식처럼 되어 있다.

　그럴 수밖에 없는 것은 단계 3의 감정 표현은 상황에 대한 반 응에만 한정된 것으로 자신의 체험을 깊이 직시한 과정에서 나 온 것은 아니기 때문이다. 분명히 단계 3의 대화는 사실에 근거 한 현실감을 준다고 생각할지 모른다. 그러나 그것은 '감정적'인 말잔치에 지나지 않을뿐더러 알맹이는 적을 뿐 아니라 서로 간 에 상처만 받을 가능성이 없는 것도 아니다. 예컨대, "의장님! 저 는 이런 제안을 듣고 화가 나서 참을 수가 없습니다." "의장님! 이런 엉터리 제안은 듣기만 해도 역겹습니다." 등의 말이 오가는 회의는 서로가 상처만 받을 뿐 얻는 것은 없다.

　여기서 한 가지 알아둘 점은 체험과정척도의 '평정'은 화제나 실감의 내용에 좌우되지는 않는다는 것이다. 때문에 추상적 발 언으로서의 자기관여(단계 2)보다는 어둡고 괴로우며, 즐겁고 기 쁜 감정 표현(단계 3)의 발언이 듣는 사람에게는 더 현실감과 생 동감으로 다가오기 때문에 상대의 관심을 더 끌어낼 수 있을 것 이다. 예컨대, '캠프에 갔었다.'(단계 2)보다도 '캠프에 가서 ~을 했으며 매우 즐거웠다.'(단계 3)가 보다 정확해서 친밀한 소통이 된다.

이와 같은 관점에서 직장에서 관행처럼 되고 있는 현실을 보면, 회의에서 단계 3을 단계 2로 내려서 발언하는 것이 상식으로 되어 있다 할지라도 단계 3 그대로 말하는 것이 상대의 마음을 움직일 수 있는데도 단계 2로 일부러 말하는 사람이 많아 보인다.

어느 한 상품 납품업자에 대한 납기 약속을 강조할 경우를 생각해 보자. "당신이 하는 것을 볼 때 납기를 맞출 수 있을지 걱정이 됩니다."(단계 3)라고 말하는 것이 정확한데 "시일이 없는데 무엇 하고 있는 것입니까, 얼마나 시일이 걸립니까?"라고 다그쳐 묻는다면 '걱정'이라는 따뜻한 배려 같은 것은 전달되지 못하고 딱딱거리고 유난한 사람이라는 인상만을 상대에게 주게 될 것이다.

재치 있는 체험 양식

이 책에서는 지금까지 일관되게 자기가 느낀 '실감'의 중요성을 말해 왔으나, 그 '실감'의 과정은 단계 4에서부터다. 만약 느낌의 지각 양식(수준)을 도외시하고 오로지 '느끼는 것만이 중요하다.'든가 '느끼는 대로'라고 말한다면 이것이야말로 서로가 상처받게 되는 것과 같은 즉흥적인 쾌락주의를 주장하고 있는 것으로 오해받을 수도 있다. 예컨대, "저 사람은 좋아하지 않기 때문에 같이 일하지 않겠습니다."라든가 "회사에 가고 싶지 않기 때문에 회사는 그만두겠습니다."와 같이 '느끼는 대로'의 즉흥적인 쾌락주의를 여기서 말하는 것은 아니다.

단계 4부터의 '느끼는' 방식은 '실감'을 직시하는 과정에서 얻어지며, 이는 가능성이나 재치를 가져다준다. 이런 단계는 자기실현이나 성장에 매우 중요하다. 단계 4 이후의 수준은 일상생활에서는 그렇게 많이 볼 수 없다. 그것은 정신없이 바쁘게 살아가는 일상생활은 자신의 기분이나 감정을 차분하게 직시할 틈을 주지 않기 때문이다. 현대인의 대화 양식도 이와 같은 관점에서 생각해 볼 필요가 있다.

그래서 "화가 납니까, 슬픕니까, 어느 쪽입니까?"라고 물어보면 "슬픕니다."(단계 3)를 말하게 되지만, "화가 나 있는 것도 아니고 슬픔과도 좀 다르며…… 당신이 느끼고 있는 것은 어떤 느낌일까요?"라고 묻는다면 단계 4의 반응을 보일 가능성이 크다.

단계 4는 '화가 나 있다'든가 '슬프다' 등의 단 하나의 낱말로는 함축할 수 없는 전체적인 실감에 접할 수 있음을 의미하고 있기 때문이다. 예컨대, 시인이 무언가를 보고 느껴서 떠오르는 시상을 글로 표현하려고 할 때 그 기저에 깔려 있는 느낌은 단계 3수준의 느낌은 아닐 것이다. 그것은 단순하게 '두견화가 피어 있어서 보기가 참 좋았다.'와 같은 식의 표현은 아니다. 그 상황을 보고 바로 언어화하기 전의 '실감'을 음미하여 이를 표현하려고 하기 때문에 독자에게도 즉시 언어화하기 전의 무어라고 말할 수 없는 묘미가 전해질 것이다.

실감 수준의 '느낌'은 언어에 의해서 완전히 정리된 것은 아니다. 이렇듯 '실감'이란 '언어 이전'의 상태이며, 우리는 이 실감에 가장 가까운 언어를 찾아서 이 언어로 실감을 표현하게 된다. 만약 실감에 가장 적절한 언어가 없을 때는 '심상의 세계'를 잠시 탐색하거나 새로운 말을 만들어 보기도 하며, 외국어로 표현한다거나 비언어적 방법으로 표현하면 된다. 시인이 어떤 대상을 보고 느낀 바 시상을 담을 수 있는 적절한 실감을 느껴서 이 실감에 가장 가까운 시어詩語를 찾는 경우도 마찬가지다.

그러기 위해서는 자기가 감동한 감정의 의미가 어떠한 것이며, 이를 담을 수 있는 그릇(시어)이 무엇인지를 숙고하게 될 것이다. 요컨대, 자기가 느낀 바 '의미'란 이미지나 상징과 구체적인 체험 과정의 상호작용에 의해서 만들어지는 것이기 때문에 이미지나 상징화가 따르지 않는 감정은 맹목이며 감정이 없는 이미지나 상징화도 공허한 것이다.

한 여행사에서 만든 '리즈너블 가격으로 갈 수 있는 하와이 여행'이라는 패키지 투어 팸플릿을 본 일이 있다. 나는 여기서 좋은 점을 발견하였다. 그것은 '리즈너블reasonable'(적당한, 비싸지 않은, 알맞은, 시세로 보아 정당한 등의 의미)이라는 이미지(실감)를 표현하여 우리말보다는 영어로 표현하는 것이 더 포괄적인 의미를 전달해 줄 수 있다고 생각했기 때문에 리즈너블이란 외국 용어를 사용해서 표현하였다는 점이다.

우리가 자연의 아름다운 비경에 감탄한 것을 말로 표현하면서 비언어적인 포즈나 음성을 사용해서 그때의 실감을 표현하는 것도, 비언어적인 동작을 사용하지 않으면 단지 '감탄했다'라는 말만으로는 만족스럽게 표현될 수 없는 실감이 있었다는 것을 이해하지 않으면 안 된다.

실감 수준에서 느끼는 것을 예술적인 것처럼 생각할지도 모르지만 깊이 생각해 보면 그것은 우리 주변의 대화에서도 잘 나타난다. 텔레비전 방송국의 뉴스 해설자나 보도원의 경우, 그 사람의 스타일에 따라서 짧은 시간에 뉴스에 대한 개인적인 실감을 '단계 4'로 말하는 경우를 볼 때가 있다. 이 경우는 객관적인 현상을 제3자의 입장에서 전달하는 형식이 아니라 중간중간에 자신의 사적인 감정을 삽입시켜 말함으로써 그 캐스터를 '가깝게' 느껴서 인기 있는 캐스터로 보기도 한다. 그래서 논리적으로는 좀 모순되지만 그 캐스터의 스타일에 호감을 가져 '이해하기 쉽다'고 평가하는 사람도 많다. 이 때문에 그 시간이 인기 있는 경우도 있다.

다른 방송국 캐스터가 '객관적'으로 뉴스를 조리 있게 설명해 주는 것과는 달리 말을 해가다가 "…… 으음, 무엇이라고 할까요……"와 같이 좀 조리가 없기는 하지만 좀 더 정감 있는 표현의 '무언가'를 찾으려고 하는 쪽을 '친근감 있게 느끼기 쉽다.' 이렇게 생각하게 되는 것은 시청자들의 마음은 보다 개인적이며 주관적인 감성적 느낌의 표현에 더 끌리게 된다는 것을 말해 주고 있다.

단계 5에서는 단계 4에서 말한 '실감'이 무엇이라든가 그 실감과 사안이 어떻게 관련되어 있는 것일까의 가설 제기, 문제 제기나 자문자답 등이 발견되며 화법이 보다 '탐색적'인 데 있다. 때문에 말과 말 사이에 '……'라는 일시적인 '침묵'도 따르게 된다. 이때 느끼게 되는 실감이란 무엇일까, 어떻게 표현하면 좋을까라는 의미에서는 앞에서 말한 뉴스 캐스터의 '……으음, 무엇이라고 할까요……'의 화법처럼 단계 5에 해당된다고 말할 수 있다.

　배우자나 자녀 일 때문에 상담하는 경우도 있다. 예컨대, 등교를 거부하는 아이 문제로 찾아온 어머니의 경우를 생각해 보자. "저희 집 아이는 아침에 아무리 깨워도 일어나지를 못합니다. 막상 일어나도 아침 인사는 하지도 않고……"라는 단계 2의 화법(자기관여가 있는 외적 사안)으로 말하고 있지만, 이것은 정보 제공을 주체로 한 말이며, 이런 말 자체는 어머니가 생각하고 있는 추상적 발언에 지나지 않다. 때문에 이런 상태에서는 변화의 가능성을 기대하기란 어렵다.

　그러나 여기서 어머니가 "나는 그 아이와 같이 있을 때면 무언가 …… 답답하고 짓눌린 것 같아 괴로운 나쁜 생각을 하게 됩니다. 그것이 무엇인지 모르겠습니다만은……"이라든가 "자식과의 관계에서 무언가가 부족한 것 같은…… 부모인 내가 무언가 자식과의 관계에서 필요 없이 관여하고 있는 것은 아닐까 하는……" 등 단계 5로 말하게 되면 여기서는 변화의 가능성을 기대해 볼 수 있을 것이다. 즉, 어머니의 '괴롭고 답답한' 실감이 '자식의 그런 상태에 어떤 영향을 주고 있는가?'라든가 '좀 더 다른 관여 방식이 있을까' 등 가능성의 실마리가 보이게 된다는 것이다. 그리하여 여기서 새로운 삶이 방식이나 원만한 관여 방식과 같은 변화가 일어나게 된다. 사실은 반드시 결정되어 있지 않다.

사실에 대한 실감에 접하고 실감한 '의미'로 살아갈 때 사실은 변화하게 된다.

사실을 바꿀 가능성은 실감을 직시하며 애매했던 실감을 제대로 인식함으로써 열리게 된다. 이 가능성은 타인의 조언이나 지시 속에 있는 것은 아니다. 그것은 애매하게 느껴지는 실감 속에 숨어 있다(이 점에 대해서는 제8장에서 설명할 것이다.).

때문에 애매하게 느끼게 되는 실감에 대해서 '이 느낌이란 과연 무엇일까'라든가 '이 느낌은 무엇을 필요로 하는 것일까' 등 물음을 던져서 여기에 정면으로 대처하는 것이 변화를 가져다주는 기지와 자기실현의 근원이 된다.

단계 6과 7은 의도적으로 일어날 수 있는 현상은 아니다. 내면에서 느낄 수 있는 애매한 '실감'에 물음을 던져, 이로부터 새로운 발견을 할 수 있느냐 없느냐는 현재의 연구에 의한다면 의도적인 컨트롤의 범위를 넘어서고 있다. 새로운 '기지'가 일어날 것인가 일어나지 않을 것인가는 알 수가 없다. 그것은 순간적으로 찾아온다. 만약 그것을 의도적으로 조정할 수 있는 것이라면 사람들은 이를 '기지'라고 말하지도 않을 것이다. 기지는 '즉지即知' 또는 '돈지頓知'와 같은 것이다.

이 기지가 일어날 수 있도록 돕는 것은 어느 정도까지는 가능하다. 요컨대, 단계 6과 같은 체험 과정을 촉진시킬 수 있는 물음이나 대인관계의 특징 같은 것을 기술할 수는 있으나(제6장), 이것이 절대적인 열쇠는 아니다. 기지나 재치에는 그 사람의 사고 과정이나 그럴 수 있는 마음의 준비성이나 타이밍, 외부로부터의 의미 있는 자극 등 각종 조건이 필요하다.

이와 같은 기지가 일어났을 때 화법은 밝아진다. 음량도 올라가고, 웃으며, 정서적 변화 등을 분명하게 알 수 있는 변화가 생긴다. 우리가 일상생활에서 때로는 사람의 이름을 아무리 생각을 더듬어 기억해 내려고 해도 회상이 안 되었던 것을 상기한 순간이 단계 6에 해당한다.

"아! 이젠 알았다!"라고 이름을 기억해 냈을 때 음성의 볼륨이 커지고 어두웠던 표정이 밝아지며, 웃음 같은 것도 따르게 된다. 이는 정도의 차이는 있겠지만 마치 아르키메데스가 왕관의 순금도를 재는 방법을 발견했을 때에 '유레카eureka!'를 외친 순간적인 희열의 감정 표현과도 같으리라.

이와 같은 체험 과정을 통해서 지금까지 모호하고 답답했던 사안에 대해서 자신감을 갖고 말할 수 있으며, 또한 심신의 긴장도 이완된다. 설혹 마음에 들지 않는 일이 있었다 할지라도 마음의 여유도 가질 수가 있다. 뿐만 아니라 피부전기반응galvanic skin response(GSR), 눈의 동공운동이나 뇌파를 측정한 실험에서도 이를 뒷받침하는 생리학적 변화를 확인해 주고 있다.

단계 7은 단계 6의 의식awareness이 응용되는 단계이며, 그 특징은 단계 6과 거의 동일하다. 또한 단계 6에서 머무를 경우와 단계 6이 단계 7로 발전할 경우의 차이에 대해서는 아직 거의 해명되어 있지 않다.

순간적인 기지가 연쇄적으로 다른 기지를 일께우느냐 아니냐는 본인(내담자)도 말을 듣는 쪽(치료자)도 알 수는 없다. 또한 연쇄적으로 번져 가는 기지가 어떻게 번지며, 어떤 내용의 기지로 달라지는가도 알 수가 없다. 보통 순간적인 기지란 본인이 예상했던 내용과는 크게 다르기 마련이다. 그것은 기지가 자신의 사고 패턴 속에 들어가 있지 않았기 때문에 지금까지 의식하지 못했던 것이다.

때문에 순간적 기지란 의외의 내용이 될 수밖에 없는 것이 대부분이다. 한번 자기가 느꼈던 애매한 실감이 열렸을 때 그것이 어디를 향해서 작동할 것인지, 기지를 얻을 수 있는 것인지, 어떤 기지가 될 것인지, 이와 같은 것들은 전혀 예상할 수도 없는 것이다. 그렇기 때문에 실감으로부터 말을 한다고 하는 행위는 모험이기도 하다.

우리는 혼자서 또는 다른 사람과 더불어 실감을 주시할 때마다 모험을 하고 있다. 자기 내면에 깊이 스며 있는 실감에 물음을 던진 결과로서 우리는 역사에 길이 남을 시나 음악이나 예술 작품을 남길 수도 있으며, 자기 처지나 동료의 처지가 새로운 각도에서 보이기도 하고 진정으로 공감적으로 생각할 때도 있으며, 아끼고 소중하게 생각할 수도 있다. 어떻게 보면 우리는 매일같이 내적인 막다른 위험한 모험의 '가장자리edge'에 서 있을 때가 긴장되기도 하지만 한편으로는 그만큼 만족을 체험하고 변화를 가져다줄 가능성도 가지고 있다는 것을 알지 않으면 안된다.

05
실감이 주는
메시지의 분별

체험과정척도에 의한 평정

상담 과정에서 치료적 조건은 궁극적으로는 치료 결과를 보여 줄 때 비로소 그 의미가 있다. 따라서 치료 결과의 측정도 치료를 위한 제조건이 내담자의 증상 치료나 인성 변용에 가져다줄 효과를 알기 위해서 실시하게 된다. 여기서는 성공할 수 있는 상담과 그렇지 못한 상담을 예측하기 위한 방법의 하나로서 앞에서 말한 '체험과정척도'를 사용하여 그 실제를 평정rating하고 나서 '실감의 메시지'를 분별하는 방법에 대해서 설명하려고 한다.

심리치료법에 대한 연구에서는 상담 내용이 '체험과정척도 experiencing scale'의 어느 단계에 해당되는지를 평정하기 위해 상담 과정에서 수 분간의 일부분을 추출하게 된다. 이와 같은 추출 부분을 '세그먼트segment'라고 한다. 세그먼트의 길이는 4분 정도가 가장 자주 사용되고 있다. 어떤 연구에서는 한 시간의 상담에서 불과 2분의 세그먼트를 추출하나, 16분의 세그먼트를 추출하나 같은 결과가 나왔다는 점에서 최저 2분의 세그먼트로 대략적인 경향은 알 수 있다고 말하는 사람도 있다. 그러나 2분으로는 너무도 짧기 때문에 4분 정도의 세그먼트가 이용되는 것이 일반적인 현상이다. 물론 세그먼트의 길이는 연구 목적에 따라서 달라질 수는 있다.

세그먼트를 추출하고 나면 그 부분을 기록으로 옮기고 그 내용의 각 문장이 7단계의 어느 부분에 해당하는가를 평정한다. 세그먼트 가운데서 EXP가 가장 높은 값(최고치 Peak/Pk)과 세그먼트 가운데서 가장 출현 빈도가 높은 최빈치(Mode/Mo)를 검출한다.

그렇지만 EXP 평정이 '이것으로 만족한다'고 볼 수 없는 경우도 있기 때문에 통상 몇 사람의 훈련된 평정자가 평정을 할 수도 있다. 그리고 몇 명의 평정자에 의한 평정의 '일치도'를 통계적으로 계산하여 평정을 신뢰할 수 있는가를 검토하게 된다.

참고로 평정자가 될 자질을 갖는 조건을 들면 다음과 같다.

- 경험–다양하고 미묘한 인간성에 대해 풍부한 경험을 갖지 않으면 안 된다.
- 유사성–평정자와 피평정자가 닮은 데가 있을수록 그만큼 정확하게 평정할 수 있다.
- 기지–순간적인 재치로 인과관계를 파악함으로써 피평정자의 성격·태도의 특성을 이해할 수 있다.

- 통찰–언어적 · 비언어적 행동의 배후에 숨어 있는 것을 꿰뚫어 볼 수 있는 통찰력도 있어야 한다.
- 복잡성–자기보다 더 복잡하고 섬세한 성격을 이해할 수 있어야 한다.
- 객관성–정실적이고 주관적인 인간관계에서 벗어나 객관적이며 냉철한 관찰을 할 수 있어야 한다.
- 심미적 태도–개인의 성격 · 태도의 참다운 조화를 이해할 수 있어야 한다.
- 사회적 지성–상대를 대할 경우에는 언제나 친근감을 느끼게 하는 사교성도 필요하다.

평정의 실제

여기서는 앞 장에서 든 두 예시(사례 A와 사례 B)를 실제로 평정해 보기로 한다. 필자의 평정을 보기 전에 먼저 자기가 평정하고 나서 필자의 평정과 그 '일치' 정도를 보고 싶은 사람은 '체험과 정척도 평정기준표(〈표 4–1〉)'를 참고하여 '사례 A'(121쪽)와 '사례 B'(124쪽)를 평정해 보기 바란다. 이때 유의할 점은 내담자의 발언에 대해서만 평정한다는 점이다.

사례 A		EXP의 값
내담자 1	그런 말투를 쓰는 것은 심하다고 생각하지 않습니까! ……하지만 여행을 가자고 먼저 말한 것은 그 사람입니다.	2 '심하다'는 감정 표현이라고 인정하지 않는다.
상담자 1	여행을 할 수 없다는 것에 대해서 당신은 어떻게 생각합니까?	
내담자 2	생각하고 말고가 있습니까. 그런 말투는 좀 심하다고 생각합니다. 그는 언제나 말투가 그렇습니다. 좀 교활합니다. 지난번에도 밥을 먹으러 가자고 말했거든요. 그래서 나는 며칠 전부터 무슨 옷을 입을까 고민도 했으며, 또한 그 식당은 2주 정도 미리 예약해야 갈 수 있는 곳이어서 기대도 컸습니다. 그 때도, 갑자기 취소 전화가 와서 갈 수 없게 되었습니다……. 이렇듯 언제나 같은 말투였습니다.	3 '고민했다'를 감정 표현으로 인지했을 경우
상담자 2	사정 이야기를 하면서 미안함을 말한다면 어떤 느낌을 갖게 될까요?	
내담자 3	어쨌든 교활하다고 생각하지는 않을 것입니다. 언제나 말은 그럴듯하게 합니다. 그러나 실천이 따르지 않는 편입니다.	2 감정 표현이 없는 개인적으로 관련이 있는 사안
상담자 3	당신은 그를 교활한 사람이라고 생각하고 있습니까?	
내담자 4	교활하다 아니다가 아닙니다. 그를 알고 지낸지도 4년이나 됩니다. 그동안 몇 번이고 이런저런 일(여행·식사·등산 등)이 있었습니다. 그럴 때마다 그는 자신에게 무책임한 사람이었습니다. EXP *Pk 3 Mo 2 (M 2.25)*	2 감정 표현이 없는 개인적으로 관련이 있는 사안

사례 B	EXP의 값
내담자 1 그런 말투를 쓰는 것은 심하다고 생각하지 않습니까! ……하지만 여행을 가자고 말한 것은 그 사람입니다. 상담자 1 여행을 할 수 없다는 것에 대해서 어떻게 생각합니까?	2 '심하다'는 감정 표현이라고 인정하지 않는다.
내담자 2 여행을 할 수 없다는 사실보다도…… 그가 한 말이 어쩐지 개운치 않습니다. 상담자 2 '개운치 않다'는 것은 어떤 감정입니까?	3 '개운치 않다'란 실제로 느낀 것
내담자 3 글쎄요, ……무엇이라고 할까요. ……그 사람에 대해서 화가 난 것 같기도 합니다만 그것만도 아닙니다. ……무언가 속은 것 같아서 마음이 개운치 않은 느낌이……. 상담자 3 화가 난 것도 같지만 그것만도 아니며, 마음도 개운치 않은 감정이라고요?	4 구체적인 체험 (감정)의 묘사
내담자 4 변명같이…… 그가, 저, 잘했다고나 할까, 그럴듯한 말을 하기 때문에, 무언가 그 말이 자꾸 마음을 개운치 않게 한다고나 할까요……. 상담자 4 가장 합당한 말을 하게 된다면 …….	5 가설 제기
내담자 5 글쎄요…… 내가 참지 않으면 안 되겠다는 생각을 하게 됩니다. 그렇게 하는 것이 잘한 것처럼 생각이 듭니다. ……그것이 그렇습니다, 무엇이라고 할까요, 어떤 '위로'하는 마음 같은 것이 전해 온다고나 할까요……. 상담자 5 좀더 '위로'하는 마음이 생긴다면…….	5 가설 제기(후하게 평정한다면 6 '위로'는 새로운 측면)
내담자 6 참, 그것이 그렇게 되는군요. 하지만 ……내가 실망하고는 있지만 이 감정을 잘 억제하고 있는지도 모르겠습니다. ……실망하면 상대에 고통을 주게 되는 것이 아닐까 하는…… 나는 그런 버릇이 있습니다! 그 사람에게도 그런 마음으로 대하고 있습니다! (웃음) 상담자 6 본심은 실망하면서도 당신은 그 감정을 전하지 않고 먼저 자신을 억제한다는 말이군요. 그에게도 그렇게 대하고 있다는 말이군요. EXP *Pk* 6 *Mo* 5 (*M* 4.16)	6 새로운 측면(그 사람과 관계되는 다른 국면과 또는 그 사람 외의 사람과의 관계에 응용되고 있지 않기 때문에 7에는 이르지 못한다.)

이렇듯 실제로 평정을 해 보면 성공할 수 있는 상담이 그렇지 못한 상담보다도 EXP의 값이 높다는 것을 알게 된다. 한 연구에서는 평균치 M 3.5 이하에서는 성공한 사례를 거의 볼 수 없다는 것을 말한 바가 있거니와 이 연구 결과를 기초로 앞에서 평정한 사례를 검토해 볼 때 사례 A는 평균 M 2.25가 된다. 이 상태로 상담을 진행한다면 성공할 가능성은 낮다고 볼 수 있다. 이와는 달리 사례 B는 평균 M 4.16이기 때문에 이 상태로 상담을 진행한다면 성공할 가능성이 높다고 생각할 수 있다.

체험 과정 수준의 변화

먼저 흥미 있는 연구를 하나 소개하고자 한다. 도널드 키슬러 Donald Kiesler[1] 등은 50회 이상 상담을 받은 내담자들의 EXP를 약 1,200개의 세그먼트로부터 평정해 보았다. 그 결과 EXP의 수준은 50회의 상담에서 초기보다 중간에 다소 처지고 해이해지는 경향을 보였고 최후에 가서는 상승하는 경향을 볼 수 있었다. 이 경향은 성공군, 불성공군에게 공통적으로 관찰되었다고 한다.

그러나 흥미 있는 것은 성공 · 불성공의 양 군에서 '똑같은' 경향이 보였다는 점과 또한 어느 한 시점에서 비교해 보아도 성공

---

1) D. J. Kiesler, P. L. Mathieu, & M. H. Klein, Sampling from the recorded therapy interview: A comparative study of different segment lengths. *Journal of Consulting Psychology*, 28, 1964, pp. 349-357.

군의 EXP가 불성공군의 EXP보다 '높았다'는 점이다. 요컨대, 성공군은 불성공군에 비해서 처음부터 끝까지 EXP가 유의적有意的으로 높다는 것을 알게 되었다.

이런 결과는 두 가지 의미로 접근해 볼 수 있다. 하나는 많은 임상가의 경험에 일치한 연구성과다. 다시 말해서 확실히 자기감정의 의미를 지각하는 데는 '실감'에 접하는 정도가 부족한 내담자는 성공하기 어렵다는 사실이 많은 상담자의 임상 경험과 일치하고 있다. 예컨대, 앞에서 든 사례 A와 사례 B의 기록을 상담자에게 보이면서 "어느 사례가 성공 사례이며, 어느 사례가 불성공 사례입니까?"를 물었을 경우 아마도 대부분의 임상가는 성공 사례는 '사례 B'라고 답할 것이다.

그러나 또 한편으로는 이런 연구 성과는 임상가의 경험에 일치하기 어려운 점도 있다. 그것은 성공군은 처음부터 끝까지 EXP가 높고 불성공군은 처음부터 끝까지 EXP가 낮다고 하는 점이다. 그러나 이와는 달리 많은 임상가의 경우 '처음에는 내담자가 자기 마음의 실감에 접하지 못해 EXP가 낮았지만 상담을 하는 동안에 실감에 접할 수 있게 되어 EXP가 상승하기 시작하여 결과적으로 상담을 성공시켰다.'라는 사례도 있다.

이와 같은 사례는 키슬러의 연구 결과와는 일치하지 않는다. 키슬러의 연구에서는 처음부터 EXP가 낮은 경우에는 최후까지 EXP가 낮은 경향을 보이며, 이런 경우는 상담이 실패로 끝나는 경우가 많다. 그렇지만 앞에서도 말한 바와 같이 임싱체험에 의하면 '처음에는 실감에 접할 수 없었는데 상담의 도움으로 실감에 접할 수 있게 되어 성공적인 상담을 할 수 있었다.'라는 사례는 상담자로 보아서는 매우 이상적인 경우이며 상담자로서는 과분할 정도로 고마운 경우이기 때문에 상담자의 인상에는 오래 기억에 남을 것이다.

그러나 이와 같은 경우란 실제로는 그렇게 많지 않다는 것이 결론이다. 아무리 유능한 상담자라도 연 인원의 경우 연간 2,000명에서 3,000명에 가까운 상담을 했을 때 그중에서 몇 사람의 내담자를 기억하고 있을까를 회고한다면 기억에 남아 있는 인상 깊었던 사례는 처음에는 실감에 접할 수 없었는데 상담의 도움으로 실감에 접할 수 있게 되어 성공했던 매우 이상적인 사례가 많다는 것이다.

내담자에게는 대단히 미안한 일이지만 이런 이상적인 성공 사례 외의 수천 명의 상담 결과는 기억에 남아 있지 않다는 것이 현실이다. 이렇듯 키슬러의 연구 결과의 일부는 일견 임상 경험과 일치하지 않는 것처럼 보이지만, 한 임상가의 실험에서 키슬러와 같은 통계 접근법을 사용한 결과는 키슬러의 데이터와 거의 일치하였다고 한다.

성공군 · 난항군 식별의 위험

그러나 키슬러의 연구 결과에는 더 큰 과제가 포함되어 있다. 그것은 다음과 같은 문제다.

예컨대, 상담자를 찾아온 내담자는 사례 A와 같다고 하자. 그래서 상담자는 '이 사람은 좀 힘들 것 같다.'라는 감을 잡았다고 하자. 상담자가 내담자에게 "기분이 어떻습니까?"라고 몇 번을 물어봐도 자신의 실감을 말하지 못한다. 이 경우에 키슬러의 연구 결과를 알고 있는 상담자라면 좀 힘들 것 같다고 상담의 난항을 예감하게 될 것이다.

즉, 상담한 테이프로부터 '세그먼트'를 만들어 EXP 평정을 통해서 앞에서(제4장의 사례 A)와 같은 *Pk 3, Mo 2*(01 2.25)라는 결과를 얻었다고 하자. 이 결과는 키슬러의 연구에 의하면 '성공예측군' 보다 더 낮은 결과다. 이 경향이 다음 상담에서도 계속되었다면 상담자는 이런 상황을 어떻게 판단해야 할 것인가.

딱 잘라서 결론 내린다면, 이런 사례는 사양하는 것이 최선이라고 생각할지도 모른다. "당신의 문제는 상담으로는 성공할 수 없을 것 같습니다. 당신의 문제는 상담에 적합한 문제도 아니며, 치료비만 낭비될 것이 틀림없으며, 내게도 시간만 낭비될 것이기 때문에…… 그만두는 것이 어떻겠습니까."라고 말이다.

실제로는 이런 비정하고 무책임한 상담자는 없으리라고 보지만, 키슬러의 연구 결과를 맹목적으로 신봉하게 되면 이런 가능성도 있을 수 있다고 생각할 수 있는 것이다. 그러나 상담자는 '상담'이라는 전문직 의식에 철저한 나머지 '인간미'도 느낄 수 없는 하나의 상담 기술자로 전락한 프로페셔널리즘professionalism에 빠져서는 안 된다.

이런 점을 생각할 때 키슬러나 젠들린 등의 연구 성과는 'EXP가 낮은 경우에는 어떻게 하면 좋은가, 어떤 방법이 있는가를 제시하지 않으면 안 된다'는 큰 숙제를 안고 있다고 생각할 수 있다.

이와 같은 과제를 풀기 위해 결국 젠들린은 다음 장에서 소개할 '초점 만들기focusing'라는 기법을 고안해 낸 것이다. 이는 '실감'에 깊게 접하여 실감 속에 담겨 있는 지혜를 해방시키는 기법이다. 여기서는 EXP척도의 평정처럼 '성공군과 난항군을 쉽게 식별할 수 있다'는 인상을 주어서는 안 된다. EXP척도는 '검사'와는 다르다. 예컨대, 어떤 한 종목의 신체검사처럼 3.5 이하일 경우는 실패(불합격), 3.5 이상일 경우는 통과(합격)라는 식으로 판단할 수는 없다.

앞 사례의 평정 해설에서 '이대로 진행하면' 성공할 것 같다든가 '이대로 진행하면' 성공하기 어렵다고 기술했지만 실제로는 상담자란 모든 노력을 다해서 내담자를 실감에 가깝게 접할 수 있도록 도와주는 촉진자facilitator의 역할을 해야 하기 때문에 '그대로' 외면하거나 방치하는 경우란 거의 없다.

사례 A의 경우에도, 상담자가 '자기일치'의 태도로 내담자를 앞에다 두고 느끼고 경험한 것을 부정하거나 왜곡하지 않는 상태에서 "당신이 어떻게 느끼고 있는지 내게 전해 오지를 않습니다. ……잠시 말하는 것을 멈추고 자기 내면에서 어떻게 느끼고 있는지를 생각해 보았으면 합니다."라고 말하기만 해도 EXP의 수치는 달라질 가능성은 있다고 생각한다.

또한 내담자가 상담자의 '인성 변화의 촉진 조건(카운슬링 마인드)'을 어떻게 인지하고 있느냐에 의해서 내담자의 EXP는 달라질 가능성도 있다. 요컨대, 상담자가 전혀 공감해 주지 않을 경우에는 내담자는 '실감'에 접하기가 어려울 것이며, 이로 인하여 자신의 실감을 정확하게 상징화하고 언어화하기도 어려울 것이다. 그러나 상담자가 내담자의 처지가 되어 공감적으로 이해해 줄 수 있다고 내담자가 인지할 때는 체험과정척도 평정기준표(제4장) 단계 4나 5에 해당하는 화법을 사용할 것이라고 추정할 수도 있다.

그러나 치료자(듣는 사람)의 공감·무조건의 긍정적 배려·자기 일치의 태도를 내담자(말하는 사람)가 어떻게 인지했느냐는 내담자의 EXP 수준과는 무관계였다고 하는 실험 결과도 있다. 요컨대, 공감적으로 경청하든 하지 않든 상대말을 쉽게 '실감'할 수 있는 사람은 실감을 잘 했으며, 그렇지 못한 사람은 실감을 잘 하지 못했다.

이 점은 로저스의 '가설'과 젠들린의 '가설'의 접점을 찾는다는 점에서 매우 중요한 과제이기도 하며 앞으로 연구가 필요하다. 마음의 실감에 접하는 능력은 '인간관계'에 의해서 촉진되느냐 아니면 인간관계보다 개인적인 특성이나 스킬에 의하느냐의 문제점에 대해서는 앞으로 더 많은 연구가 필요하다.

마음의 변화 과정에 관심을 돌린다

EXP척도를 가지고 평정 연습을 많이 하게 되면 좋은 점이 있다. 그것은 자기도 모르는 사이에 일상생활에서 상대자의 마음이나 상담에서 내담자의 마음의 흐름의 과정을 이해하는 능력이 발달된다는 점이다. 왜냐하면 EXP척도에 준해서 내담자의 표현을 이해하다 보면 부수적으로는 말의 내용보다는 '마음의 진행'에 관심을 돌려 그 메시지를 들을 수 있게 되기 때문이다('경청'에 대해서는 제9장에서 설명할 것이다.).

예컨대, EXP척도를 모르는 사람이 사례 A를 상담하게 되었다고 하자. 이 경우에 그녀는 '그를 교활하다'고 생각하고 있다. 그래서 상담자는 사례 A를 어떻게 이해하며, 상담 기록에 어떻게 기재할 것인가? 사례 A에서는 이 점이 주제가 되어 있기 때문에 상담자가 내담자의 말을 액면 그대로 이해하게 되면 '그녀는 그를 교활하다고 느끼고 있다'고 이해할지도 모른다. 그러나 이것은 '마음의 변화 과정'이 아니라 '마음의 내용'인 것이다.

만약에 상담자가 EXP척도에 대한 지식이 있다면 사례 A는 단계 2나 단계 3에 해당하는 내용이라는 것을 알게 될 것이다. 또한 이런 화제로 단계 4나 단계 5를 지나 단계 6에 이르게 되면 사례 B와 같이 상당히 내용이 달라지게 될 것이라는 점을 예상할 수 있을 것이다. 때문에 '그는 교활하다'란 아직도 불완전한 개념이며 그 배후에는 좀 더 그 사람의 개성적인 실감이 있을 것이라고 이해하게 될 것이다. 이런 점에서 상담자는 '그 사람은 교활하다'라는 '마음의 내용'보다는 앞으로 어떻게 펼쳐질 것이며, 어떻게 진행해야 할 것인가 하는 '마음의 변화 과정'으로 관심을 돌려야 한다.

상담에서는 이와 같은 관점이 매우 중요하다. 예컨대, "저 사람은 우울하다."라고 말했다고 해서 '저 사람은 지금도 우울한 상태에 있다'라는 내용을 판단하는 것이 아니라 그 '우울'이란 무언가 미완 상태가 완성되어 가는 과정의 한 국면이라는 점에서 보는 이해다. 우리가 '실감'한다는 것은 '마음의 과정'(삶을 지향하는 과정, 문제 해결을 지향해 가는 과정)의 한 국면인 것이다. 친구가 '배가 고프다.'고 말했다고 해서 '그 친구는 배고픈 사람이다'라고 이해한다는 것은 그 친구를 잘못 이해한 것이다. 이렇듯 단편적인 이해가 아니라 좀 더 '과정적인', 말하자면 '동적'인 이해, 요컨대 '저 친구는 공복 상태를 해결하기 위해 식당으로 가는 과정에 있는 사람이다'라고 이해하는 것이 그 친구를 올바르게 이해하는 방법이라는 것이다.

통상 우리가 남의 말을 듣고 나서 그 사람의 마음의 내용에 접할 때, 우리는 그 사람의 심적 과정의 한 국면만을 듣고 이를 근거 삼아 상대를 이해한 것처럼 생각할 경우가 많다. 그렇지만 마음의 동적인 변화 과정에 눈을 돌렸을 때 우리가 '이해하고 있다'고 생각한 상대는, 실은 고정적인 이해를 넘어서 무언가를 지향하고 있는 모험의 동적인 과정일 수도 있고, 동적으로 변해 가고 있는 미지의 '과정'의 도상에 있다는 것을 알게 될 것이다.

이런 점에서 사람이 말하는 '내용'이란 언제나 이미 그가 말한 내용 이상의 '과정'과 연결 지어 이해하지 않으면 안 된다. 상담의 실증 연구에서 과정 개념process concept이란 상담의 효과 연구 outcome study에서 내담자의 변화 과정은 상세하게 관찰·개념화하며, 실증적으로 검토하는 데 있어서 과정 연구process study로서 큰 의미를 갖는다.

상담심리학에서는 현상을 '정적'인 실체로서 정의하는 '내용 개념content concept' (젠들린은 이를 뉴턴적 개념Newtonian concept이라고 하였다.)[2]보다는 현상의 '동적'인 변화와 과정적 측면을 사실대로 나타내고 관찰 자료를 조직화하는 데 도움이 되는 '과정 개념'이 더 중요하다.

---

2) Eugene T. Gendlin, *Experiencing and the Creation of Meaning*, New York: The Free Press of Glencoe, 1962(paperback edition, Northwestern University Press, 1966.) p. 30.
젠들린에 의하면 심리학에서 뉴턴적인 개념이란 인간 개인을 '물things'-그 내용은 정의되어 있다-로 구성되어 있다는 것이다. 퍼스낼리티는 그와 같은 내용의 구성물이며 역동적인 이론은 그 내용들 사이에 역학 관계를 설정한다. 경험과 인식은 중립적인 그릇이며, 내용은 그 개인 '속'에 또는 그 사람의 경험 '속'에 있다는 것이다. 무의식은 또 하나의 중립적인 그릇이다. 내용이 의식 '안에' 있든 무의식 '안에' 있든 이것들은 이미 결정되어 있는 것, 완전히 형성되어 있는 것이며, 의식 '하도록 되어 있음'으로 해서 이들의 성질이 영향을 받는 일은 없다고 보고 있다. 그러나 체험 과정은 전개념적이어서 이미 정의된 내용으로 구성되어 있지는 않다. 그것은 과정이며, 활동이며, 기능이며, 어떤 정물靜物, static things이 들어 있는 자루는 아니라는 것이다. 이런 점에서 무의식이라고 가정된 정적靜的인 내용을 연구한다거나 가정된 힘의 장force-field의 관계를 연구한다고 하는 것은 너무도 한정되어 있다는 것이다.

06

포커싱의 실제

포커싱의 창안자 젠들린에 관하여

포커싱은 자신의 내면에 있는 또 한 사람의 자기를 위해 감정과 신뢰 관계를 갖고 좋은 경청자가 되기 위한 수단이다. 이런 생각을 하게 된 것은 우리 몸 안에는 다양한 지혜가 숨어 있고 이를 들어 주기 바라는 감성이 있기 때문이다. 즉, 우리에게 '신체화된 인지embodied cognition'(신체성과 지성 및 감각은 일체화되어 있다.)와 신체화된 마음embodied mind이라는 것이 있기 때문이다.

이런 점에서 우리가 내적 체험(감성)과 신뢰 관계를 맺고 몸이 가지고 있는 지혜에 귀를 기울인다면 우리 몸의 감성은 인생을 어떻게 살아가면 좋은지, 보다 자기다움을 발휘하려면 무엇이 필요한지, 무엇에 가치를 두며 무엇을 믿으면 좋은지, 무엇이 기분을 상하게 하며, 어떻게 하면 이를 치유할 수 있는지 등 다양한 지혜를 가르쳐 준다.

포커싱은 이와 같은 것들을 위한 심리학적인 자기원조의 기법 self-help skill이며 체감을 사용하여 자기의식self-awareness을 촉진시켜 마음을 치유해 가는 과정이다.

포커싱(초점 만들기)의 창안자 유진 젠들린은 1926년 12월 25일 오스트리아 빈에서 태어나, 12세까지 빈에서 성장했다. 그 후 미국으로 이주하여 시카고 대학교에서는 찰스 모리스Charles William Morris(1901~1978) 밑에서 철학을, 칼 로저스Carl Ransom Rogers(1902~1987) 밑에서는 심리학을 사사하였다.

특히 그는 실존철학을 수학하였으며, 청년기에는 현상학자로서의 길을 갈 것을 다짐했다고 한다. 그 결과 1950년의 석사논문[1]에서는 비합리주의적인 생의 철학Lebensphilosophie의 창시자 딜타이Wilhelm Dilthey(1833~1911)의 '정신과학적인 인간 이해'를 위해 발표한 『정신과학 서론Einleitung in die Geisteswissenschaften』(1983)에 매료되어 자연과학적인 인간 이해의 '문제점'에 대하여 논할 만큼 인간의 '현상학적 세계phänomenologische Welt'를 중시하였다.

젠들린은 일찍이 『정신과학 서론』에서 강조하고 있는 인간의 내적 체험innere Erfahrung을 근거로 한 정신과학Geisteswissenschaften과 인과관계를 설명하는 자연과학을 구별한 점, 인간을 오성존재Verstandeswesen로만 파악된 전통철학의 주관을 비판하고 충동·감

---

1) Eugene T. Gendlin, Whilhelm Dithey and the problem of comprehending human significance in the science of man, Unpublished MA Thesis, Deparment of Philosophy, Univerisity of Chicago, 1950.

정·의지에 의해 지배되는 정신력의 총체Totalität der Seelenkeräfte(체험-표현-이해)를 강조한 점에 공명한 것이다.

이 점에서 젠들린의 철학적 배경에는 심리학은 정신과학의 기초가 되어야 한다고 본 딜타이의 '정신과학적 심리학Geisteswissen-schaftliche Psychologie' 또는 '이해심리학Verstende Psychologie'의 사상이 내재하고 있음을 엿볼 수 있다.

이렇듯 딜타이의 영향을 받은 젠들린은 1958년에 「상징화에 있어서 체험 과정의 기능The Function of Experiencing in Symbolization」으로 시카고 대학교에서 철학박사 학위를 받았다. 특히 시카고 대학교에서 의미 있었던 것은 자신의 철학이론을 심리학 영역에서 제대로 실천하고 있는 사람을 만나게 되었다는 점이다. 그 사람은 바로 후일 그에게 학문적인 영향을 주게 되는 칼 로저스였다.

그는 스승인 로저스의 시카고 시대(1945~1957)와 위스콘신 시대(1957~1963)에 걸쳐 로저스의 공동 연구에 참여하여 시카고 시대는 『심리치료법과 인성 변화Psychotherapy and Personality Change』(1954)를, 위스콘신 시대는 그의 처녀작 『체험 과정과 의미의 창조Experiencing and the Creation Meaning』(1962)를, 또한 분열병 환자에 대한 연구인 '위스콘신 프로젝트'를 통해서는 철학과 심리학의 관계에 대해 심혼을 기울여 집필한 『치료적 관계와 그 영향The Therapeutic Relationship and Its Impact』(1967)이라는 대표적인 연구를 남겼다.

뿐만 아니라, 실존철학을 배경으로 한 그의 독특한 사고의 산물인 '체험 과정 심리치료법experiential psychotherapy'을 펼치기도 하였다. 그러나 그의 '체험과정이론'[2])과 이 이론이 로저스에 미친 영향에 대해서는 그 인식과 평가에 있어 다소 미흡한 점도 없지 않다.

특히 1963년에는 미국심리학회American Psychological Association(APA)의 심리치료 부분의 전문지 『심리치료법: 이론과 연구와 실천Psychotherapy: Theory, Research and Practice』을 처음으로 만들어 냈고, 1976년까지 편집을 맡아 왔으며, 그의 학술적 공헌이 높이 평가되어 1970년에는 APA로부터 임상심리학 부문의 '우수심리학 심리치료상Distinguished Award in Psychology and Psychotherapy'이라는 전문직상을 수상하였다. 그리고 2000년에는 포커싱 연구소와 더불어 인간성 연구 부문의 상을 받았고, 2010년에는 심리학에 대한 탁월한 이론적 · 철학적 문헌으로 최고상을 받았으며, 2008년에는 오스트리아 빈 시의 빅토르 프랑클가 재단Viktor Frankl Family Foundation으로부터 빅토르 프랑클상Victor Frankl Prize을 받았다.

특히 1970년대에는 젠들린과 시카고 대학교의 대학원생을 중심으로 '포커싱 경청법focusing listening'을 배우고자 하는 시카고 지역사회 사람들로 만들어진 '체인지스changes'라는 단체는 상호 간의 인간적 성장을 지원할 수 있다는 점에서 지역사회로부터 각광을 받기도 했다. 또 젠들린은 내담자가 자각의 한계점limitation in awareness이나 체험의 가장자리에서 '에지로 사고한다

---

2) Eugene T. Gendlin, Values and the process of experiencing, In A. R. Mahrer (Ed.), *The goals of psychotherapy*, New York: Appleton-Century Crofts, 1967, pp. 180-205.

thinking at the edge(TAE).'3)고 하는 것을 들어 주고 도와줌으로써 내담자의 효과적인 촉진자가 될 수 있다는 자신의 철학을 창조적인 사고 영역에 응용하는 연구 업적을 남기기도 하였다.

이 밖에도 후기에 집필한 그의 철학 논문 「프로세스 모델 process model」4)에서는 현상을 정적靜的인 실체로서 정의하는 내용 개념(또는 뉴턴적 개념)과는 달리 현상의 동적인 과정적 측면을 말하는 '과정' 개념의 중요성을 주장한 점으로 보아 젠들린은 역시 실존철학에 기반을 둔 심리학을 추구하였다고 볼 수 있다.

그는 1998년의 포커싱 국제회의 석상에서 "나는 철학자이지만 심리치료라는 옆길을 돌아서 오고 말았다. 불과 40년 동안이었지만……." 이라고 지난 날을 후회하지 않는 회고의 일단을 말한 바 있다. 그의 농담 섞인 말에서도 알 수 있듯이 그의 심리치료의 기저에는 철학적인 관점이 깔려 있다. 역시 철학자로서의 젠들린다운 본심이 드러나고 있는 것을 엿보게 한다.

젠들린의 철학과 사상

젠들린의 사상은 현상학이나 실존철학자들(후설Edmund Husserl,

---

3) Eugene T. Gendlin, Introduction to thinking at the edge,. in the Folio, Vol 19 No 1, 2004, pp. 1-8.

4) Eugene T. Gendlin, A process model,. Unpublished manuscript. 1996. (In eight parts, 422 pages),

하이데거Martin Heidegger, 사르트르Jean Paul Sartre, 비트겐슈타인Ludwig Wittgenstein 등)의 사상을 계승하면서도 이들을 넘어서려는 정신에서부터 출발하고 있다. 실존주의자나 현상학자는 다음과 같이 주장한다.

인간의 '체험' 그 자체는 과학적으로 환원시킬 수가 없는 대상이다. 삶의 과정이란 이론이나 도식 이상의 것이다. 인간의 체험은 정적靜的으로 고정시킬 수는 없다.

'체험'은 개념의 틀로 포착할 수도 없고 과학적으로 환원시킬 수도 없는 것이라면 우리는 이를 정확히 기술할 수 없다는 것인가? 또는 역으로 각 개인이 자의적으로 아무렇게나 말할 수 있는 것이 아닐까? 그렇다면 체험 기술의 정확성의 근거를 어디서 찾아야 할 것인가? 젠들린은 이와 같은 물음에 대하여 다음과 같이 말하였다.

표현된 언어만으로는 그 표현이 체험을 정확히 기술한 것인지의 여부를 확인할 수단은 못된다. 좀 귀찮은 일이기는 하지만 체험은 그것이 표현된 순간에 미묘한 기미를 예감케 함으로써 새로운 체험이 되어 변하게 된다. 요컨대, 표현 행위에 의해서 언어와 체험 사이에 상호작용이 일어나게 된다.

그러나 이런 상호작용의 과정에는 정확하게 정해진 국면이 있다. 그것은 표현 다음에 지속적으로 일어나는 정확한 변화의 과정 그 자체가 기술記述의 정확성의 근거가 된다. 자신의 체험을 정확하게 표현했느냐 못했느냐는 사전을 뒤져서 말의 의미를 알게 되는 것이 아니라 그 말에 의해서 언어와 체험에 상호작용이 일어나서 그 결과 얻어지는 가슴이 메고 폐부를 찌를 만큼의 신체 감각의 변화로 알게 된다.[5]

유럽의 근대철학에서는 인간의 인식은 '개념 장치conceptual apparatus'를 통해서 입력된 것만 파악할 수밖에 없으며, 그 밖의 것, 즉 '감각기관을 통해서 느낄 수 있는 것'은 기껏 혼돈밖에 없다고 생각하였다. 그러나 젠들린은 이를 부정하고 다음과 같이 말하였다.[6]

우리의 신체 조직 체계가 매우 정밀하게 조직되어 있는 것처럼 '신체 감각bodily sensation'을 통한 외계와의 상호작용에도 정확한 질서 order가 있다. '신체감각'에는 혼돈이 있을수가 없다. 이와 같은 관점에서 젠들린은 환경이 어떻게 해서 우리의 인식의 세계에 들어와 우리가 여기에 어떻게 대응하느냐, 요컨대 감지할 수 있는 것이 어떻게 기능하며, 전개되는가를 제시한 것이다.

---

5) Eugene T. Gendlin, *Experiencing and creation of meaning*, New York: Free Press, 1962. (Paperback Northwestern University Press, 1996)

6) Eugene T. Gendlin, The Wider Role of Bodily Sense in Thought and Language, In M. Sheets-Johnstone (Ed.), *Giving the body its due*, Albany: State University of New York Press, 1992, pp. 192-207.

'진리'란 한 국면을 정적으로 잘라 내서 얻어지는 것이 아니다. 상호작용의 동적인 과정이야말로 '진리'인 것이다.

젠들린은 종래의 개념 장치, 즉 과학적인 '환원론'이나 그 대극점에 있는 전포괄적인holistic 모델의 그 어느 쪽도 부정하지 않는다. "우리는 컴퓨터의 은혜도 생태학의 은혜도 받고 있다. 진리는 하나만은 아니다."라고 말한다.

우리가 노력해서 지금까지 쌓아 올린 방법론을 부정하는 것이 아니라 여기에 새로운 방법을 첨가할 것을 제안한 것이다. 한 사람 한 사람이 실제로 느끼게 되는 변화의 과정을 근거로 한다면 여러 가지 진리는 있을 수 있다고 본 것이다. 젠들린의 사상은 어디까지나 인간 중심, 더욱이 그것도 내용 중심의 인간이 아니라 생동적인 과정으로서의 인간을 철저하게 존중하고 있다고 말할 수 있을 것이다.[7]

상호작용의 과정에 대해 착안하여 내용이 아니라 여기서 나타나는 '질서'를 제시한 젠들린의 철학은 다양한 분야에 응용할 수가 있다. 그가 로저스와 공동 연구를 하면서도 자신의 철학을 심리치료의 영역에 응용하여, 실증 연구를 통해서 증명된 변화의 과정을 심리치료를 넘어서 누구나 사용할 수 있는 매뉴얼로 만든 것이 자기 원조self-help의 기법으로서의 '포커싱'인 것이다.

---

7) Eugene T. Gendlin, *A philosophical car for focusers*, Unpublished manuscript, 1999.

포커싱의 이론

심리치료의 연구에서 로저스가 '경험experience(=감각적 내장적 경험 sensory and visceral experience)' 및 '자기 개념과 유기체적 경험의 일치, 즉 자기일치self-congruence'의 용어로 인성의 변화를 붙잡으려고 한 것과는 달리 젠들린은 '체험 과정experiencing'의 '추진carrying forward' 이라는 개념을 도입하였다. 체험 과정이란 지금-여기서 느낄 수 있는, 가슴이 벅차오른다거나 마음이 개운치 않은 상태와 같이 직접 검토해 볼 수 있는 '느낌'이다. 이것은 이미 개념화된 내용의 집합에 의해 성립되는 것은 아니며 개념화되기 이전의 체험의 흐름인 것이다.

이와 같은 체험의 흐름 속에는 풍부한 의미가 들어 있어서 체험의 흐름으로부터 언어와 이미지 등이 상징화되어 감으로써 인성의 긍정적인 변화를 보이게 된다고 본 것이다. 이렇듯 젠들린은 인간이란 자기 내면에 숨어 있는 '내용content'으로서만 존재하는 것이 아니라 환경과의 상호작용에 기반을 둔 '과정process'으로서 살며, 과정으로서의 감정이나 체험을 끊임없이 갖고 살게 된다는 '인간관'을 가지고 있다.

젠들린은 종래의 인성론에서 말하는 '내용 모델content model' '억압 모델repression model'로는 인성 변화의 과정을 설명할 수 없다는 것을 지적하고 내담자 중심 치료만이 아니라 모든 치료 이론에 적용할 수 있는 변화의 과정으로서 포커싱의 과정을 제시하고 있다.[8]

---

8) Eugene T. Gendlin, A Theory of Personality Change, In Worchel and Byrne (Eds.), *Personality Change*, New York: Wiley, 1964, pp. 100-148.

이 과정에는 다음과 같은 네 가지 국면이 있다.

- 개념적으로는 명료하지 않지만 느낄 수 있는 것과 감각의 의미를 직접 대조가 가능하다(direct reference).
- 몇 가지 국면의 상징화와 전개가 가능하다(unfolding).
- 마음에 짚이는 사안이나 문제가 떠올라 넓게 적용할 수 있다(application).
- 느낌의 변화와 이동이 가능하다(referent movement).

젠들린은 로저스와 더불어 심리치료의 성공 요인에 관하여 적극적으로 연구하였다. 그중에서도 분열병 환자의 연구였던 '위스콘신 프로젝트'는 장기간에 걸친 대규모의 연구였으며, 여기서 그는 독자적인 치료 이론을 펼쳤다. 특히 '체험과정척도'를 사용한 연구에서는 체험 과정이 심리치료법의 성공과 관계가 있다는 결과를 얻기도 했다.

또한 그는 계속적인 연구를 통해 심리치료에 의해서 체험 과정을 받아들일 수 있는 능력이 길러진다라기보다는 오히려 체험 과정을 받아들이는 능력은 '심리치료의 전제조건'이라는 것을 알게 되었다. 여기서 힘을 얻어 '체험 과정'을 수용할 수 있는 능력이 낮은 내담자에 대해서 '심리치료'를 보다 효과적으로 하기 위한 기법으로 연구 개발된 것이 '포커싱'이다.

포커싱의 발견

앞에서 이미 젠들린의 '철학과 사상', '포커싱의 이론'이 시사하고 있는 바와 같이 포커싱은 지적인 측면에서 본다면 그의 철학(실존철학 · 현상학)에서 나왔다고 젠들린도 말했다. 그러나 일찍이 그는 인도 간디Gandhi Mahatma(1869~1948)의 종교사상의 근본인 아힘사ahimsa(비폭력 · 불상생의 계)와 청교도Puritan의 일파인 퀘이커 파Quakers의 영향, 자신의 유대적 전통의 영향도 받았음을 고백하였다. 그러나 포커싱 발견에 이론적인 뒷받침이 되어 준 것은 그의 철학적인 처녀작 『체험 과정과 의미의 창조Experiencing and the Creation of Meaning』(1962)였다.

여기서 그는 유의미한 것이지만 아직 언어화되어 있지 않은 경험과 개념 · 논리 · 과학적 연구와의 관계를 논한 철학적 이론에서, 체험 과정이 어떤 형태로 상징화되어 표현된다는 것이 자신을 이해하는 데 필수적이라고 보았다. 또한 자기가 한 경험이 자신에게 있어서 어떤 의미를 가지는가를 이해하는 과정, 즉 경험 속에서 의미를 창조해 가는 과정이 자기를 만들어 주게 되고, 변화 발전시켜 주게 된다고 본 것이다.

1958년 시카고 대학교에서 받은 학위의 논문도 「상징화에 있어서 체험 과정의 기능」이었다는 점에서 포커싱 발견에는 이와 같은 철학적 영향이 컸음을 이해할 수가 있다. 그러나 직접적으로 포커싱은 성공적인 심리치료법에 대한 조사 연구를 통해서 얻어졌다. 그것은 사실 젠들린은 1960년대 초부터 시카고 대학교와 위스콘신 대학교에서 15년이란 장기간에 걸친 실증적인 공동 연구로 '치료 관계의 영향'과 '왜 심리치료에서 효과가 있는 사람과 효과가 없는 사람이 있는가'라는 문제, 치료에 성공적인 환자의 결정적인 요인은 치료자의 기술이 아니라 환자가 마음으로 체감한 것을 밖으로 어떻게 표현하느냐에 있을 것이라는 가설에 대한 검증이었다.[9]

젠들린과 동료 연구자들은 먼저 수백 가지 치료 장면의 녹음테이프를 검토하였다. 때문에 각각 다른 수많은 치료자와 내담자의 치료 상담도 첫 회부터 최후 세션까지 전 과정을 녹음했다. 그리고 치료자와 내담자에게 그 치료가 어느 정도 성공했는가를 묻고, 별도로 심리검사를 해서 유효한 변화가 있었는가 없었는가를 측정했다.

여기서 상담자의 '응답'과 내담자의 '응답' 그리고 개별적으로 실시한 심리검사 '결과' 이 '세 가지' 모두의 평점이 일치한 것만을 연구 자료로 채택했다. 그 결과 녹음테이프는 성공한 사례와 실패한 사례의 두 집단으로 분류되었다.

다시 연구자들은 테이프를 비교하여 성공과 실패의 차이를 결정해 주는 것이 무엇인가를 조사했다. 먼저 두 집단의 테이프에서 치료자 부분을 들어 보았다. 상식적으로는 치료자의 방법 여하

---

9) Eugene T. Gendlin, J. Beebe, J. Cassens, M. Klein, & M. Oberlander, Focusing ability in psychotherapy, personality, and creativity, In J. M. Shlein (Ed.), *Research in psychotherapy* (Vol. 3), Washington, D.C.: American Psychological Association, Paperback edition, 1969, pp. 217-238.

에 의해서 치료의 성공·실패가 결정된다고 생각하게 된다. 분명히 성공한 치료는 치료자가 보다 공감적이며 보다 솔직하고, 보다 수용적이며, 보다 날카로운 재기가 있기 때문이라고 생각하기 쉽지만, 그러나 실제 연구에서는 치료자의 행위로부터 '유의미한 차이'는 볼 수가 없었다.

어느 테이프에서나 치료자들 대부분의 말을 들어 보면 대체로 치료자는 최선을 다한 편이었다. 그래도 호전되어 가는 내담자도 있는가 하면 그렇지 못하는 내담자도 있었다. 다음에 연구자들은 테이프의 내담자 부분을 들었을 때 무언가 매력적이며 중요한 점을 발견하였다. 그것은 치료가 성공적이었던 내담자와 실패했던 내담자에게는 차이가 있었다는 사실이다.

그리고 그 차이는 처음 1, 2회의 세션에서 내담자 부분을 듣기만 해도 치료의 성공을 예측할 수가 있다는 것을 발견했다. 즉, 내담자가 말하는 것을 들어 보면 치료가 최종적으로 성공할 수 있을지의 여부를 말할 수 있게 되었다. 그렇다면 연구자들이 테이프를 듣고 나서 치료가 성공할 수 있을지 없을지를 '예측prediction'할 수 있게 해 준 것은 무엇이었을까?

그들이 발견한 것은 다음과 같은 것이었다. 치료가 성공적이었던 내담자는 상담 중 어딘지 모르게 말하는 것이 '차분하고' '말이 좀 분명치 않으며' 그때그때 느끼고 있는 것을 표현할 말을 찾기 시작한다는 것이다. 즉, 그 테이프를 듣게 되면 다음과 같이 말하는 것을 이해할 수 있다는 것이다. 예컨대, '글쎄요, 무엇이라고 할까요. …… 마치, 이 근처에 있는 것 같습니다만 ……

그것은 …… 저 …… 그것은 …… 화가 나 있다는 것과는 다르며 …… 좀 그렇습니다.' 때로는 느낌을 몸으로 느낀다고 말하는 내담자도 있다. 예컨대, '그것은 가슴 쪽에 무엇이 있는 것 같다.'든가 '위 부위가 무언가 이상한 느낌이 듭니다.'와 같은 표현이다.

요컨대, 성공한 치료자의 내담자들은 상담 과정에서 직접 몸으로 느끼고 있는 체감을 말로 표현하기 어려운 막연한 '신체적인 의식body awareness'을 체험하였다. 이와는 반대로 상담이 성공적이지 못했던 내담자들은 상담을 시작해서 끝날 때까지 말이 막히는 데가 없이 말하였다. 이런 사람은 '머리로 생각하는 수준'에 머물러 있기 때문에 직접 몸으로 느끼지를 못한다.

이런 상태에서는 치료자가 문제에 대해 아무리 다양하게 분석하고, 설명하고, 생각하고, 눈물을 흘려도 결국 치료는 성공하지 못했다. 여기서 유진 젠들린은 치료를 성공과 실패로 나눌 수 있게 된 이 차이를 어떻게든 기법으로써 가르칠 방법을 발견하고자 결심하였다.

젠들린은 치료자로서 그냥 수수방관만 하고 어떤 내담자는 성공하고 어떤 내담자는 실패하는 상황을 그대로 두고만 볼 수는 없었다. 그는 어떤 사람에게나 도움이 되는 사람이 되고자 생각했다. 그리하여 강력하고도 효과적으로 마음을 치유할 수 있는 기법을 가르칠 방법을 발견하였는데, 그는 이 방법을 '포커싱'이라고 이름하였다.

처음에 그는 포커싱을 단지 심리치료의 개선에 유용한 방법으로만 생각하였다. 그러나 그 후 사람들은 그 이외의 목적으로 포커싱을 가르쳐 주기를 바라게 되었다. 즉, 심리치료법 대신 자기원조self-help의 기법으로 사용한다든가, 어떤 의사 결단을 내리려고 할 때나 창조적인 일의 계획 수립creative projects에 도움이 되게 하는 것이 목적이었다.

이와 같은 그동안의 실증적인 연구의 결실로 젠들린은 1978년 『포커싱Focusing』이라는 제목의 책을 출판하게 되었으며, 이 책은 수십만 부나 팔릴 만큼 포커싱에 대한 관심을 높였다. 그리하여 젠들린은 수많은 포커싱 워크숍을 열게 되었을 뿐만 아니라 세계 여러 나라에 확산되어 있는 포커싱 애호가들의 네트워크를 지원하기 위해 포커싱 연구소를 설립했다.

다행히도 포커싱은 사람들이 태어날 때부터 몸에 내재되어 있는 생득적인 기능이기 때문에 발견된 것이지 발명된 것은 아니다. 다만, 그것은 사람들을 바람직한 방향으로 변화시켜 주고 있는 것을 관찰하는 가운데 발견되었을 뿐이다.

우리는 인생의 순간순간마다 자신이 어떻게 느끼며, 그 의미 감각을 알 수 있는 능력을 가지고 태어났다. 그렇지만 거의 대부분은 어린 시절부터 또는 문화의 영향을 받아 상처받거나 소외받은 경험 때문에 신체나 감정에 대한 신뢰를 상실한 채 살고 있는 것이다. 이런 점에서 우리는 잃어버린 생득적인 능력을 찾아주기 위하여 '포커싱을 재학습re-learn focusing'할 필요가 있음을 절감한다.

1) 젠들린의 6단계 포커싱[10]

1단계: 공간 정리

꾸밈이 없는 진정한 자기 자신으로 되돌아가 무거운 마음의 짐을 내려놓고, 문제 '속'으로 들어가지 않으며 문제 '곁'에 있으면서 감정과 문제와 적당한 마음의 거리를 두고 좋은 관계를 맺도록 노력하라. 이는 몸과 마음의 감수성boday-mind reçeptivity을 촉발시켜 줄 수 있는 적극적인 심신의 자세set를 갖추는 데 도움이 되기 때문이다.

또한 복잡한 감정을 변화시키며 느낌의 의미를 얻는 출발점이된다. 그리고 자기 안에 있는 또 한 사람의 자기를 위한 따뜻한 경청자가 되어라. 왜냐하면 당신의 내면에는 평가받지 않고, 비판받지 않고, 조언받지 않고, 빈틈없이 경청해 주기를 바라는 '느낌'의 부분이 있기 때문이다. 마치 소중한 친구를 만났을 때 안부를 묻듯이 기분은 어떠한지, 현재의 생활은 어떠하며, 무엇이 가장 문제인지를 물었을 때 거기서 어떤 반응이 나오는지 기다리기 바란다.

결코 서두르지 말고 몸으로 느끼면서 그 느낌 속에서 천천히 그 의미를 의식하기 바란다. 이때 무언가 마음에 걸리는 것이 있을 때는 문제 속으로 말려 들어가지 않도록 마음을 다스리기 바란다. 요컨대, 마음에 걸리는 문제와 자기와의 사이에 가깝지도

---

10) Eugene T. Gendlin, *Focusing*, Second edition. New York: Bantam Book, 1981, Pocket Books, pp. 38-71.

멀지도 않는 적당한 거리(공간)를 두기 바란다.

그리고 나서 또 다른 무언가를 느낄 수 있는가를 물어보자. 이럴 때도 마음에 떠올랐던 문제를 큰 것이든 작은 것이든, 중요한 것이든 사소한 것이든, 조금 뒤로 물러나서 적당한 거리에서 그것들이 무엇인지 구체적으로 느껴 보도록 하자. 이때도 잠시 기다렸다가 느끼기 바란다. 역시 이때도 몇 가지 반응이 떠오를 것이다.

젠들린이 말하는 '공간 정리cleaning a space'란 이렇듯 복잡한 느낌의 짐을 내려놓고 어질러진 공간을 정리하듯이 문제(내면)에 말려들지 않고 적당한 심리적 거리를 두고 '체감bodily sense'에 집중할 수 있도록 준비하는 단계다. 또는 자기 몸의 자극에 감응하는 말초신경인 수용체proprioceptor의 감각이 깨어 있도록 감각의 민감성이 기능할 수 있도록 준비하는 의미도 있다. 요컨대, 공간 정리는 자기 내면에 있는 감정의 흐름에 집중할 수 있도록 준비하는 과정이다.

2단계: 문제에 대해 느낀 의미 감각

이 단계에서는 그동안 마음에 늘어놓았던 문제들 가운데서 개인적으로 마음에 걸려 가장 초점 삼아 보고 싶은 것을 하나 선택하라. 이때도 선택된 문제 속으로 들어가지 말고 좀 떨어져서 무언가를 깊이 느껴 보게 되면 바로 언어화할 수 없는 복잡성을 느끼게 될 것이다. 그리고 복잡한 느낌을 일괄해서 느껴 보게 되면, 마음에 걸리는 것이 무엇인지 전체적인 문제에 대한 자신의 기분이 어떠한 것인지 그 느낌을 발견하게 될 것이다.

이 점에서 이 단계는 포커싱의 가장 특색 있는 중심 단계다. 즉, 이 단계는 자신이 느낀 바를 적절한 말로 표현하기 전의 개념 이전의 '느껴진 의미' 또는 '의미 있는 느낌'을 탐색하는 단계다. 바꿔 말한다면 '전개념적 체험 과정preconceptual experiencing'의 단계다. 앞에서 말해 왔던 '실감'의 단계를 말한다.

요컨대, 젠들린이 말한 '펠트 센스felt sense'의 단계이며, 어떤 의미를 갖고 있는 신체 감각이며, 당신에게 전달하려는 의미 있는 메시지가 담겨 있는 감각 느낌의 단계다. 때문에 느낀 의미 감각이 무엇인지, 어떻게 생겼는지를 알기 위해서 자신의 신체 반응에 대한 느낌을 좀 더 구체적으로 섬세하게 느껴 보도록 하라. 예컨대, '불안'이라면 무엇이 자신을 가장 불안하게 하는지, 어떤 분위기를 느끼게 하는 불안인지, 실제의 감촉에 집중하여 어떤 촉감의 불안인지, 그 정도는 어느 정도인지, 신체 감각으로는 어떻게 느껴지는지 등 느낌을 다양한 관점에서 구체화시켜 보도록 한다. 이로 인하여 다음 단계에서 이미지나 단어로 표현하기 어려운 감각의 느낌을 집중적으로 탐색하면서 새로운 단어나 느낌이 떠오르는지 살펴보도록 한다.

3단계: 단서의 발견

이 단계는 전 단계에 이어서 의미 감각의 '느낌'을 언어로 표현할 수 있는 적절한 언어나 이미지를 탐색하는 단계다. 때로는 의미 감각의 느낌의 분위기에 따라서는 의성어나 의태어(톡톡·펄펄·찐득찐득·철철 등), 그림 같은 것도 상관없다. 이 단계에서 중요한 것은 감각 느낌에 가장 잘 맞아떨어지는 단어나 이미지의 '단서handle'를 발견하는 데 있다. 그렇다고 해서 느낌에 억지로 단어나 이미지, 그림 같은 표현 수단을 맞추려고 해서는 안 된다. 감각 느낌 그 자체의 본질에서 일어나는 변화에 맡기는 것이 좋다.

때문에 가장 중요한 것은 서두르지 않아야 한다는 점이다. 그리고 분석하려는 것도 금물이다. 당신이 발견해야 할 것은 감각을 통해 '느낀 의미의 핵core of the felt sense'이며 '그 전체의 핵심crux of all that'이다. 그것은 의미 감각 느낌 전체의 핵심에서 나오는 특질이 필요하기 때문이다. 그러나 적합한 단서를 찾는 데에만 정신을 쓴 나머지 자기 몸이 느끼고 있는 것을 놓칠 수도 있다는 것을 명심하라.

4단계: 단서와 의미 감각 느낌을 서로 대조한다

의미 감각의 느낌과 이를 표현하는 용어(또는 이미지 · 그림) 등을 몇 번이고 마음속에서 그것들이 서로가 잘 어울리는 것인지를 검토해 보는 단계다. 요컨대, 느낌과 단서가 서로 잘 들어맞는다고 느껴지는지, 그리고 서로가 공명할 수 있는 느낌을 다시 가져 보기 바란다. 만약 이때 순간적으로 '바로 이것이다!'라고 의미 감각이 변화하게 되면 그 변화에 초점을 맞추기 바란다.

이런 현상을 '느낌의 전환felt shift'이라고 한다. 이런 현상이 발생하면 지금까지 걱정되던 문제에 대한 새로운 발상의 문이 열려서 해방감을 가져다주며 몸의 이완도 수반하게 된다.

감각 느낌의 전환이란 의도적인 포커싱을 하지 않아도, 사람들이 창의적인 두뇌를 짜낼 경우에도 있을 수 있다. 예컨대, 무언가 문제 해결의 방법을 찾아내기 위해 의미 있는 시행착오를 반복하는 과정에서 '아, 알았다! 바로 이것이다!'라고 깨달을 경우처럼 기실 이런 현상은 EXP척도 평정 기준 '4단계(제4장)'와 같은 것이다.

감각 느낌과 단서의 매치가 만족스러울 때는 잠시 동안 이를 몸으로 느끼는 것이 중요하다. 이때의 느낌은 단서를 체크하고 매치했다고 하는 의미보다는 자신의 몸이 지금 변화하고 있다는 데 더 큰 의미가 있다. 이 변화와 해방감이 진행되고 있는 한 그대로 두는 것이 좋다. 이 시점에서 서두르기보다는 해방과 변화를 체험하기 위하여 1~2분 정도의 시간을 갖는 것이 중요하다.

5단계: 물어보기

단서를 이용하여 다음과 같은 질문을 통해서 의미 감각 느낌에게 그 핵심을 이루고 있는 것이 무엇인가에 대해 물어본다.

- 의미 감각 느낌 가운데서 무엇이 '단서' 같다고 봅니까?
- 이 '단서'의 느낌은 무엇을 필요로 하고 있다고 봅니까?
- 이 '단서'의 느낌이 내게 무언가를 가르쳐 주고 있다고 본다면 그것은 무엇일까요?
- 단서의 발견에서 가장 안 좋았던 것에는 무엇이 있습니까?
- 의미 감각을 의식하려면 무엇이 필요한지요?

중요한 것은 묻고 난 다음이다. 묻고 나서는 두뇌로 생각하지 않고, 즉 두뇌상의 이해를 강요하지 않으면서 '의미 감각'으로부터 무언가 새로운 것, 이해의 수준에는 없는 것이 떠오르는 것을 기다리는 마음가짐이다.

그것은 두뇌로부터 나온 응답과 의미 감각으로부터 나온 응답은 다르기 때문이다. 두뇌적인 답은 매우 빨라서 젠들린은 이를 '사고의 쾌속열차rapid trains of thoughts'라고 표현했다. 이런 심적인 상황에서는 감각 느낌과의 접촉을 직접 할 수가 없기 때문에 지나가는 것들은 그대로 두고 다시 한 번 단서를 이용해서 감각 느낌에 접촉해서 물어야 한다.

포커싱 가운데서 매우 중요한 수순의 하나는 '자유 문답식 질문open question'으로 묻는 형식이다. 그러나 질문은 하지만 의식적 사고 과정을 거쳐서 답하려고 하는 생각은 삼가야 한다. 이 점은 매우 중요하다. 왜냐하면 머리를 써서 나오는 답과 감각 느낌에서 나오는 답은 다르기 때문이다.

만약 의식적 사고 과정을 통해 답할 수 있는 것이나 답이 정해져 있는 질문을 하게 된다면 어떻게 되겠는가? 결과적으로는 자신이 묻고 자신이 답하게 되는 '수사적 질문rhetorical question'이 되어 버린다. 의미 감각 느낌에 대해서는 이런 식으로 질문해서는 안 된다. 감각 느낌에 물을 때는 남에게 물었을 때처럼 묻고 나서 기다려야 한다.

6단계: 받아들이기

초점 만들기 과정에서 감정의 흐름과 상징과의 상호작용이 어떤 의미 감각을 느끼게 하고 감각의 전환이 찾아오더라도 그것이 무엇이든 환영하여야 한다. 그리고 당신의 체감bodily sensation이 당신에게 말하는 것이 '무엇이든' 이를 기쁘게 생각하는 태도를 가져야 한다. 이로 인해 아직 문제는 해결되지 않았지만 긴장이 풀리고 느낌a feeling이 좋아진다면 이는 매우 의미 있는 '감각 전환'이다. 체감이 어떤 말을 걸어온다는 것은 하나의 '전환'이며 최종적인 결론은 아니라도 문제 해결의 일보 전진으로서 의미 있는 변화다.

체감으로부터 오는 '몸의 메시지body-message'를 친절하게 받아들이려는 생각을 하게 되면 또 다음이 찾아오게 된다. 그리고 다음에 찾아오는 변화의 단계에 기쁜 마음으로 따라가게 되면 다시 여기에 이어지는 어떤 변화가 일어나게 된다.

한 가지 문제에는 한 가지 감정만이 아니라 다양한 감정을 수반하기 마련이다. 이 다양한 감정은 초점 만들기를 통해서 다양하게 변화된다. 때문에 처음에 초점이 있던 감정에만 매이지 말고 문제와 관련된 다른 감정의 변화에 대해서도 주목해야 한다. 이때 느낌의 변화가 작아서 만족하지 않더라도 이를 소중하게 받아들이고 발전시켜 가는 태도가 필요하다.

우리가 '받아들이기receiving'라는 태도를 가질 수 있게만 되면 포커싱을 통해서 느낄 수 있는 것은 무엇이든 그것이 당신을 압도하지는 못한다. 체감의 전환을 통해서 나타난 것들은 그것이 무엇이든 환영하면서도 그것들과 좀 거리를 둘 필요가 있다. 당신은 어떤 전환이라도 그 '안in'에 있을 것이 아니라 그 '옆next'

에 있어야 한다. 옆에 있을 수 있는 공간(심리적 거리)은 당신의 몸이 편안해지고 나서 바로 만들어진다.

때로는 감각 느낌의 내용이 두뇌를 통해 이해한 것과 너무도 차이가 크다고 하여 실망한 나머지 수용에 대한 저항이 일어날 때도 있으나, 몸을 통한 실감에는 거스를 수 없는 의미가 있기 때문에 일단 받아들여서 자기가 느낀 것을 음미하는 것이 좋다.

포커싱을 순조롭게 했다 할지라도 단 한 번의 포커싱 세션으로 문제를 완전히 처리하기란 불가능에 가까운 일이다. 문제에 따라서는 수십 회, 수백 회의 단계를 반복할 필요가 있을지도 모른다. 그래서 수개월이 걸릴 수도 있다는 마음의 여유도 필요하다.

때문에 서둘지 말고 하루에 할 수 있는 것만큼만 하고 나서 완전하게 문제 해결은 안 되었지만 이를 중간 단계의 호전 상태로 보고, 이 변화된 상태로 현실 생활을 해 가면서 앞으로 어떤 변화가 일어날지를 보려면 시간이 더 필요하다고 느긋하게 생각하지 않으면 안 된다. 그리고 초점 만들기의 단계와 밖으로 나아가서 행동해 보는 단계가 번갈아 행해지는 경우도 많으며, 이 점은 서로에게 도움이 된다는 것을 알아두는 것이 좋다.

초점 만들기를 시도했을 때 극적인 결과를 얻지 못하더라도 실망해서는 안 된다. 다른 어떤 기법도 마찬가지여서 연습은 필요하다. 또한 오랫동안 스며든 응어리진 마음과 고질적인 나쁜 몸의 습관이니 자신을 향해 스스럼없이 말해 버리는 습관 같은 것을 극복할 필요도 있다. 이와 같은 어려운 일을 처리하는 데는 시간이 걸린다는 것을 이해하는 일은 필수적이다. 요컨대, 포커싱이란 기본적으로는 자기이해와 자기치료의 기법이다.

2) 포커싱이 아닌 것[11]

앞에서 설명한 바와 같이 '포커싱은 자기를 설득하는 과정이 아니다Focusing is not a process of talking at oneself.'라는 점이다. 요컨대, 밖에서 말을 거는 것이 아니라 자기 내면으로부터 나오는 반응을 겸허하게 들어 주는 데 있다. 설득이나 자기 징벌은 굴절된 우월감의 표현이며, 결코 바람직한 변화를 가져오게 할 수는 없다.

그리고 '포커싱은 분석의 과정이 아니다Focusing is not an analytic process.'라는 점이다.

자기 분석을 통해서 나오는 말은 정확성을 내세우고 있지만 비판적이고 부정적이며 비관주의적일 수밖에 없다. 포커싱은 여기에 반해서 낙관적이며 장차 변할 수 있다는 긍정적인 '기대감'에서 희망적이다. 왜냐하면 포커싱은 문제를 분석하는 대신 '전체'에 대한 의미 있는 감각에 접하여 신체적 느낌의 전환을 통해 일어나는 것을 중시한다. 그것은 '그런 신체의 지혜that body-wisdom'를 이용하여 여기에 주의를 집중하게 되면 또 다른 지혜가 다음의 신체 전환과 더불어 나타나기 때문이다.

젠들린은 사람들이 자신의 '마음과 몸의 과정mind-and-body

---

11) Eugene T. Gendlin, *Focusing*, pp. 75-80.

processes'에 대해서 알고 있는 것은 거의 없다고 말한다. '왜why' 보다는 '무엇what'이 일어났는가에 대하여 훨씬 확신을 가지고 말할 수 있다. 많은 사람이 이런 체험을 했을 것으로 본다. 아직 포커싱을 해 본 일이 없다면 10분 정도 지금 자기가 직면하고 있는 문제의 무언가를 마음속에 떠올려 보기 바란다.

또한 '포커싱은 단순히 신체 감각body sensation만이 아니다 Focusing is not a mere body sensation.'라는 점이다.

자기가 느낀 의미 감각felt sense이란 문제에 대한 신체감각의 느낌이나 또는 어떤 근심거리나 상황에 대한 감각의 느낌이다. 이 감각의 느낌이란 의미에 관계가 있는 신체적인 느낌이다. 그러나 자기 인생의 어떤 측면과도 관계가 없는 순수한 육체적인 감각이라면 이것은 포커싱이 아닌 것이다. 자기 인생이나 생활이 어떠한지를 자신에게 물어보게 되면 즉시 의미 있는 감각의 느낌을 얻게 될 것이다.

'포커싱은 배로 느끼는 것에 접하는 것만은 아니다Focusing is not just getting in touch with gut feelings.'라는 점이다.

포커싱의 과정에서 신체적인 감각이 아무리 풍부하다 할지라도 이로부터 아무런 의미를 느끼지 못한다면 의미 있는 감각을 했다고 볼 수가 없다. 당신은 어떤 문제에 관계가 있는 뚜렷하고 강한 느낌을 받아 본 적이 있을 것이며, 이런 일이 몇 번이고 반복되었던 일이 있을지도 모른다. 특히 그 느낌이 되풀이해서 일어날 때는 그럴 만한 이유가 있기 때문에 이상할 것도 없다.

감각 느낌이란 처음에는 광범위하고 명확하지도 않아서 느끼기가 힘들고 불쾌감이라는 덩어리의 느낌이 든다. 의미 있는 감각 느낌을 만들려면 일상적으로 친숙한 감정으로부터 좀 떨어져 볼 필요가 있다. 감각 느낌이란 범위도 넓고 강도에 있어서 약하며 포괄적이어서쉽게 받아들일 수가 있다.

당신 몸은 이렇듯 문제 느낌의 전체를 떠맡고 있는 것이다. 이 경우에 감각 느낌의 단서가 되는 질적인 용어quality-word는 다분히 문제에 대해서는 그다지 설명되지 않는 용어이기 쉽다. 오히려 자신에게만 딱 맞는 용어(또는 이미지)이기 쉽다. 예를 들면, '괴롭다' '끈적거리다' '안달하다' 등의 용어다. 그러나 이와 같은 용어들은 아직 명료하지 않은 감각 느낌의 질quality을 받아들이는 것을 도와준다는 것도 알아 둘 필요가 있다.

집단 형태의 포커싱
─공간 정리

포커싱은 개인적인 감정의 흐름과 이미지나 상징과의 상호작용의 개인적인 과정이기 때문에 집단 형식으로는 어려운 것으로 생각하기 쉽다. 그러나 2박 3일 정도의 소집단(8명) 형식의 집중적인 집단 체험을 통해서 포커싱을 해 볼 수도 있다.

다음에 소개하는 것은 한 포커싱 전문가가 시도했던 사례다.

이 '집단 포커싱'의 목적은 참가자의 개인적인 '성장 체험'을 검토하는 데 있었다. 첫날은 서로 인사를 나누고 충분한 휴식을 취하며 저녁 식사를 한 다음, 편안한 마음으로 내적인 자기와 인사를 나누고 주변 문제와 심적인 포커싱의 첫 번째 단계인 자기 자신으로 돌아가라. 즉, 어질러진 주변 공간을 깨끗이 정리하여 심적인 '간극 만들기making a space'를 하게 한다. 이 집단에서 '간극 만들기'는 크레용과 도화지를 사용하여 만들도록 하였다.

이 경우에 참가자들은 자신의 내면을 향해서 '최근에 내가 어떻게 살고 있는가?' '지금 나에게는 무엇이 가장 큰 문제인가?'를 자신에게 물어보면 어떤 반응이 나오는지 몸으로 그 의미를 느껴 보게 하고, 이 실감이 갖는 '질quality'을 크레용으로 도화지에 그려 보게 된다. 참가자들의 그림은 저마다 색상이나 모양이 달리 표현되기 마련이다. 이때 참가자들은 충분한 시간을 갖고 자기감정을 마음껏 나타내야 하기 때문에 진지한 태도로 내면에서 느낄 수가 있는 근심거리에 대한 실감을 그림으로 표현하게 된다.

한 가지 근심거리의 표현이 끝나면 참가자들은 그 그림을 어디에 둘 때 마음이 편안해질 것인지 그 장소를 찾기 위해 마음을 쓰게 한다. 무릎 위에 놓고 있는 사람, 실내 벽에 붙여 놓고 있는 사람, 에어컨 위에 놓아 둔 사람, 그림을 꾸깃꾸깃 뭉쳐서 공처럼 만들어 벽을 향해 던지는 사람도 볼 수 있었다고 한다.

이렇듯 저마다 심적인 '간극'을 만드는 과정에서 참가자들은 다양한 양상을 보였다. 심지어 우는 사람도 있었다. 어떤 사람은 어릴 적부터 부모와 원만한 관계가 아니어서 부모와의 사이에 괴로웠던 생각을 그림으로 표현한 것을 실내 한구석에다 두려고 했을 때 문득 아버지가 옛날에 나를 위해 말해 준 것이 새삼 생각이 나서 울컥 울음을 터트리는 사람도 있었다.

요컨대, 문제와 간극을 둔 느낌의 표현을 통해 잠시라 할지라도 돌아가신 아버지의 애정이 마음 깊은 곳에 묻혀 있었다는 것을 이제야 알게 되어 후회하는 눈물을 보이는 사람도 있었다고 한다.

이런 사람들의 눈물은 아마도 이 세상에 계시지 않는 아버지의 그때 그 말의 깊은 뜻을 이제 알게 되어 생존 시에 헤아리지 못한 자신의 어리석음과 참회의 눈물이었을 것이다.

회화를 이용한 포커싱

첫 날의 '심적인 간극'을 만들고 난 다음 날 포커싱의 방법에 대한 설명이 있었다. 참가자들은 두 사람이 짝이 되어 차례로 포커서focuser와 경청자listener의 역할을 교대하면서 포커싱에 들어 갔다. 그동안 그린 여러 장의 그림 가운데서 포커싱을 진행하고 싶은 한 장의 그림을 골라 이 그림에 대한 '의미 감각'을 느껴 갔다. 그리고 짝의 상대가 된 사람이 지켜보는 가운데 그림에서 '단서'를 발견하고 마음속에 있는 어떤 미지의 느낌으로부터 메시지를 받을 수 있도록 '물음'을 던졌다.

나는 나로서 살고 싶다

30대 초반의 주부 K씨는 5년 전 남편과 사별하였다. 남편은 교통사고로 아내와 어린 자식을 남겨 놓고 세상을 떠나고 말았다.

K씨가 포커싱을 통해 표현한 그림은 어딘지 모르게 그녀의 마음 한구석을 차지하고 있는 완고하고 냉정한 어린 자식과의 관계를 나타내 주고 있는 듯 산뜻한 느낌을 주지 못한 그림이었다.

그 그림은 그해 봄 초등학교에 입학한 지 얼마 안 된 사내아이 와의 관계를 나타내 주고 있었다. 누가 보아도 그녀가 그린 그림 은 어딘가 남편 대신 이 가정을 지키기 위해서는 빈틈없고 강인 한 어머니가 되어야 한다고 생각하여 아이와의 관계에서도 상쾌 하며 정감을 느낄 수가 없는 인상을 느끼게 한다.

그녀의 감각 느낌인 체감bodily sensing이 주는 의미sense에는 여 러 복합적인 요소가 교차되어 있었지만, 그중에서도 이 날은 복 부에서 가슴으로 '진흙투성이의 점토 같은 것이 뚫고 올라온다.' 는 느낌의 체험이었다. 이때 짝의 상대(경청자)는 K씨에게 "진흙 투성이 같은 느낌은 어디로 가고자 합니까?"라고 물어보았다. "앞이었습니다. 앞으로 가고자 합니다." "그것은 당신에게 무엇 을 말하고 있습니까?"라고 경청자가 묻는 순간, 그녀는 속으로 말을 하기 시작했다. '좀 더 아이의 응석을 받고 싶다. 꾸밈없는 있는 그대로의 아이를 사랑하고 싶은 기분을 억제해 왔단다!'

이것이 그녀의 최초의 '감각 전환'이었다. 남편이 죽고 나서 그녀는 어머니라는 역할을 강박적이리만큼 의식하며 살아왔다. 그렇지만 지금은 좀 더 자연스럽게 아이를 사랑하고 싶은 그런 자신을 발견하게 된 것이다.

이와 같은 변화는 너무도 단시간(20분 이내)에 일어났기 때문에 K씨가 처음에 그린 그림에 표현되고 있는 걱정거리에 대해서 포커싱을 해 보기로 했다. 그것은 그녀에게는 매우 마음에 두고 있는 실감이었다. K씨는 항상 미망인으로 살고 있는 자신이 '짓눌려 있고 갇혀 있다.'는 느낌이어서 그것은 자기다운 생각이 안에 갇혀 있고, 마치 '바다에 가라앉아 있는 돌'과 같은 느낌이었다.

그렇지만 K씨는 이런 실감을 그대로 갖고 있지 않으면 불안하다는 생각이 그녀를 괴롭게 했다. 다행히 그녀는 자기가 그린 그림을 보면서 그림을 그릴 당시의 감정 상황을 회상해 보게 될 때 문득 새로운 '긍정적 감정'의 전환이 일어난 것을 알게 되었다. 그것은 처음에 느꼈던 감정으로부터 매우 적절한 이미지가 생각났기 때문이다.

우리는 적극적·능동적으로 의미 있는 이미지에 관여함으로써 그 이미지와의 대화를 통해서 새로운 의미 있는 감각을 체험하는 것이 이미지 속의 인물에 관여하고 있는 자기도 더불어 변하게 된다는 것을 알아야 한다.

젠들린도 칼 융Carl Jung의 '적극적 이미지법active imigination(=능동적 상상법active daydream)'을 포커싱에 사용할 수 있다는 것을 말하고 있다.[12] 즉, 내담자에게 몸에 관심의 초점을 만들도록 하여 여기에 감각의 느낌이 왔을 때는 이 감각 느낌으로부터 이미지가 떠오르는 것을 유도함으로써 이를 포커싱 중심 심리치료(자

---

12) Eugene T. Gendlin, *Focusing-Oriented Psychotherapy*, New York: Guilford Press, 1996, pp. 170-171.

율훈련법autogenic training, 계통적 탈감각법systematics desensitization에 의한 심리치료)에 활용할 수 있다고 보았다.

이렇듯 기발한 이미지가 떠올라 왔을 때 상대 짝은 이에 능동적으로 반응할 수 있도록 그 이미지가 체감으로는 어떠한가를 물었을 때 잠시 표정이 밝아짐과 동시에 놀랍고 감동한 듯 '앗!' 하고 무언가 기발한 착상을 발견한 듯 감탄의 소리를 내며 웃음을 보였다.

K씨는 자기가 그린 그림을 보면서 그 상황을 몸으로 느껴 볼 때 그 감각은 가슴 부위의 말랑말랑한 상태가 터질 것 같은 느낌이었다. 이때 경청자로부터 가슴 부위 느낌에 대한 질문을 받고 나서 K씨는 말랑말랑했던 가슴이 '뻥하고 터지는' 상태가 이미지 속에 떠올라 왔다. 이윽고 K씨는 '앗!' 하고 소리를 질렀다. 그리고 웃었다.

'깨뜨리고 싶었습니다! 깨뜨려서 그 속에 있는 것을 떠내려가게 하고 싶었습니다.' '내 몸에 그런 정경이 떠올랐습니다.' '생각하고 있는 것을 모두 하고 싶습니다.' '시댁과의 관계를 생각해서 나를 억제하지 않으면 안 된다. 그러면서도 나로서는 억제하며 살고 있다는 속셈이었지만 마음속에는 씩씩하고 야무진 미망인의 탈을 벗어 던지고 싶습니다.' '내가 나로서 살고 싶다는 마음이 꿈틀거리고 있었습니다.' '이런 감정이 내게 이렇게 있었다는 말인가.' K씨는 자신도 놀라는 가운데 이런 마음의 메시지를 발견히 었디.

한 달 후 K씨를 만나 보았다. 그녀는 세션을 가진 잠시 후 온몸이 훈훈한 것을 느끼게 되었다고 한다. 아이와의 관계도 한층 자유롭게 되었고 아이가 귀엽고 사랑스러울 때엔 자신도 모르게 솔직하게 이를 느끼고 체험할 수 있게 되어 있었다. 더욱이나 큰 행동의 변화는 없지만 '씩씩하고 야무진 미망인이 해야 하는 굴레를 벗어 던지고 싶다.' '내가 나로서 살고 싶다.'라는 생각이 자신의 마음속에 있다는 것을 알게 된 것만으로도 '나는 너무도 편안한 마음을 가진 사람으로 달라졌다.'는 것을 말해 주었다.

순진성을 지키며 살고 싶다

집단 포커싱에 참가한 주부 B씨는 이 모임에 참가했을 때 남편은 출장 중이었다. 때문에 그녀는 아이를 친정어머니에게 맡길 수밖에 없었다. B씨는 아이를 외할머니에게 맡기기는 했지만 마음 한구석에는 어머니를 힘들게 한 것은 아닐까 해서 마음이 개운치 않았다. B씨는 이것이 마음에 걸려 이 상황을 몸으로 느끼게 되니 가슴이 멍하고 암흑의 터널 같은 것이 있는 것처럼 실감되었다.

이 경우에 가슴으로 느낄 수 있는 실감에 대해 '아이와 친정어머니에 대한 실감이 B씨에게 '무언가를 말해 주고 있는 것이 있다면 그것은 무엇일까요?' B씨의 파트너인 나는 그 실감에 대하여 물어보았다. 그러자 '더욱 어머니로서 정신 차려야겠다.'라는 생각이 떠올라 왔다는 것이다. 이때 경청자listener(포커싱에서는 상담자를 리스너 또는 가이드라고 한다.)였던 나는 방해가 되었다고 느꼈다. 그러나 내가 생각할 때 '보다 더욱 굳은 의지로 힘을 내십시오.'

'정신 차리지 못한 내가 나쁜 사람입니다.' 등의 내용은 대부분의 경우 실감으로부터 얻은 순수한 메시지는 아니다. 그것은 포커싱에서 말하는 초자아superego의 공격적이며 비평적인 부분이다.

임상심리학을 연구하는 사람들은 이 부분을 마음의 내면에서 발견하고 있다. 프로이트는 이를 '초자아'라고 하였거니와 젠들린은 '내면의 비판자the inner critic'라고 하여 자신을 비판하는 자책적인 부분으로 보았다.[13) 누구나 비판적이고 부정적인 초자아에 걸리게 된다면 대부분의 경우 자책적인 결론밖에 나오지 않을 것이라고 본 것이다.

예컨대, '역시 내가 나빴다. 내가 좀 더 정신 차렸더라면'이라는 식이 되어 버린다. 사람이 무언가에 대해서 말하고 있을 때 이 부분을 발견하는 것은 비교적 간단하다. 그것은 딱딱한 분위기나 또는 자책적인 분위기 때문에 '○○○이어야 했었다.' 든가 '○○○이 아니면 안 된다.'라는 어미가 따르기 때문에 쉽게 알 수 있다.

---

13) ibid., pp. 248-249.

젠들린은 치료자로서 알아 두어야 할 '초자아의 특징the super-
ego's manner'을 체험 과정의 관점에서 다음과 같이 지적하고 있
다.[14]

① '나를 향해서at me'와 '나로부터from me'라는 차이: 초자아는 '나
를 향해서' 권위자처럼 설교하고 비판하며 몰아세운다. 위에서 아
래로, 밖에서 안으로 향해서 공격적이다.

② 초자아의 부정적인 톤과 파괴적 태도: 초자아의 소리는 규탄하고
추궁하는 검사의 소리와 같이 불합리하고 부정적이며 파괴적이다.

③ 초자아는 사실에 어둡다 : 초자아는 상황과는 관계없이 거의 습관
적으로 자기비판적이다. 초자아에 상황에 관한 정보가 없는 것은
초자아로부터 의미 있는 감각을 느끼는 채널이 없기 때문이다.

④ 초자아의 비판은 단순하다 : 이 경우의 내담자는 자기가 '오직 게
으르기 때문이다.'라든가 '오직 두려워하기 때문이다.' 등과 같은
생각을 하기 쉬우며, 초자아는 상황의 복잡성을 전혀 고려하지 않
는다.

⑤ 초자아는 매우 같은 공격을 되풀이한다 : 초자아가 사용하는 말은
상황에 따라 가려 씀이 없고 싫증날 만큼 다 알고 있는 것들이다.

⑥ 초자아는 윤리적이 아니다 : 프로이트는 초자아를 '양심'이라고 봤지
만 초자아는 엄밀히 보아 윤리관과는 구별해야 한다. 예컨대, 당신
이 누군가에게 상처를 입혔다고 하자. 이 경우에 초자아는 당신을
비난하며 죄책감을 갖게 할 뿐이다.

그러나 이 단계는 사람이 지켜야 할 행동의 윤리 단계는 아니다.
다만, 그 사람의 윤리관에 초자아가 혼재되어 있을 뿐이다. 윤리적

---

14) ibid., pp. 249-252.

으로 의미가 있는 것은 다음 단계다. 즉, 초자아의 공격을 받고 나서, 상대에 미안한 생각이 들어 사과를 하고, 사과의 뜻으로 응분의 성의 있는 표시를 할 수 있는 방법을 생각해 낼 경우 이것이야말로 윤리적이다.

⑦ 초자아에는 친숙한 분위기가 있다 : 초자아로부터의 메시지에는 이와 같은 특징이 있기 때문에 그것이 초자아로부터 온 것으로 생각하기 쉽다. 그러나 초자아는 이와 같은 메시지를 표면에 나타내지 않고 공격할 때도 있다. 이와 같은 경우에는 초자아에 의한 공격이라고 생각하기 쉽다. 그러나 내담자가 포커싱에 익숙해지면 뚜렷한 메시지가 있든 없든 초자아 공격의 영향을 알게 된다. 초자아는 몸 안에서 두근거리며 무거운 느낌, 위축되는 느낌, 에너지가 빠져나가는 감각으로 느끼게 된다. 친숙한 방법으로 몇 번이고 반복하게 되는 성질이 있을 때 그것은 초자아이며, 이에 반하여 포커싱적인 과정은 신선하며 독특하다.

앞에서 말했던 B씨의 체험도 비판자(초자아)가 해야 할 일인 '좀 더 정신 차려 열심히 살지 않으면 안 된다.'라는 공격적이며 책임추궁적이다. 이런 경우 거의 대부분의 사람은 독자성이 없는 자책적인 결론에 이를 것은 자명한 일이다. 이런 비판을 피할 수 있는 유일한 발상인 의미 있는 감각 느낌으로부터의 메시지를 마음으로부터 느끼고 이해하려면 비판자로서의 초자아를 내려놓는 것이 그 수단이 될 수 있다.[15]

---

15) ibid., Chapter 19. Moving the superego aside, pp. 247-248.

B씨의 파트너는 눈에 보이는 테이블 서랍을 가리키면서 "……하지 않으면 안 된다든가 ……하여야 한다고 말하는 당신의 너무 엄격한 부분은 이 테이블 서랍 속에 잠시 동안 넣어 둡시다."라고 말했다.

B씨는 이 말을 수긍하는 뜻으로 가볍게 고개를 끄덕이며 테이블 서랍을 보면서 숨을 내쉬며 비평자(초자아)로부터 거리를 두었다. 그러고 나서 다시 한 번 감각을 느껴 보았다. 역시 가슴에서는 무언가를 느낄 수가 있었다. 그러나 그 느낌은 터널 같은 느낌은 아니었다. 조금 따뜻하면서 마음이 개운치 않은 느낌이었다. 이때 파트너는 "그 느낌이 당신에게 무언가를 전해 주고 있는 것이 있다면 그것이 무엇일까요?"라고 다시 한 번 물어보았다.

그 순간 B씨는 웃기 시작했다. 내용이 무엇인지 알 수는 없지만 감각의 전환이 일어난 것처럼 보였다. 무언가 큰 변화가 일어난 듯 'OK!~' 하며 웃고 있는 것이었다. '좀 쑥스럽다'고 생각한 듯 웃고나서 B씨는 느낀 바를 말해 주었다.

"전혀 생각하지도 않았던 것이 떠올랐기 때문에 우스웠습니다." "떼를 쓰고자 하는 자신이 보였습니다." B씨는 '응석 부리고 싶은 어린이 같은 부분을 억제하고 있다.'는 것을 느끼게 된 것이다. 이 점은 비판자와는 180도 다른 시각에서 자신을 보는 태도라고 볼 수 있다.

머리로는 '정신 차리지 않으면 안 되고, 어머니에게 폐를 끼쳐서는 안 된다.'고 하는 방향이 주어져 있었지만 감각 느낌은 자기 자신이 '어머니에게 응석 부리고 싶어 하고 있다.'는 것을 깨닫게 해 준 것이다. 이렇듯 '머리'를 통해서 알 수 있는 것과 '감각 느낌(실감)'을 통해서 알 수 있는 것은 질적으로 차이가 있다는 것을 알게 해 준 것이다.

1개월 후 B씨를 만나게 되었다. 그동안의 세션을 되돌아볼 때 그것은 마침 남편이 출장 중이었기 때문에 심리적으로 너무 긴장한 나머지 '매사에 빈틈없도록 정신 차리지 않으면 안 된다'라고 생각하기 쉬운 시기였다. 그러나 B씨는 그 전부 터 제대로 인생을 '즐기지 못한' 자신을 알고 있는 터였다. 이번 세션에서는 그동안 '순진성을 해방시키는 일을 잊어버리고 있었던 것'을 깨닫게 되어 이제 마음이 편안해졌다고 말해 주었다.

세션이 끝난 후 B씨는 자유로운 시간을 소중히 생각하며 아이와 천진난만하게 시간을 보내는 등 '즐겁게 산다'는 것이 소중하다는 것을 실감하면서 살아가고 있는 것 같다. 지금의 그녀에게는 사람이 '순진성을 살리며 산다'는 것이 개인적 성장의 한 방향이란 것을 자신의 실감이 가르쳐 준 것이다.

나를 내가 긍정할 수 있다

그림을 그리면서 문제에 말려들어 가지 않고 적당한 마음의 거리나 '간극'을 만들고 있을 동안에 지난날의 희미한 아버지의 애정을 회상하며 갑자기 눈물이 쏟아진 주부 L씨의 경우를 생각해 보자.

부모와의 관계는 40대가 된 지금에도 그녀에게는 그렇게 좋은 편은 아니다. 따라서 그녀가 그런 부모에 대한 실감(감각의 느낌)의 표현도 어둡고 검은 빛깔의 소용돌이었다. 파트너와 함께 그림의 소용돌이를 보고 이로부터 메시지를 이해하려고 하였으나 이것이 순조롭지 않았다. 즉, 신체적인 실감으로서의 의미를 느낄 수가 없었다. 그래서 L씨는 초조해지기 시작했다.

때문에 몸을 통한 실감은 순조롭지 않았다. 밤이 되어도 L씨의 신체적인 실감은 나타나지 않았다. 그래서 그날 밤은 잠도 이루지 못했다. 누군가와 대화를 나누고 싶어서 집단 포커싱에 참가한 사람과 아침 해가 뜰 무렵까지 대화를 나누었다. 이 무렵에야 L씨의 그림에 그려진 소용돌이는 '막다른 골목길'처럼 실감되었다.

같이 대화를 나누었던 사람이 "그 막다른 골목길은 L씨에게는 휴게소 같은 것이 아닐까요."라고 말해 주어서 다소 안도하는 표정이었지만 소용돌이로부터 받은 느낌의 표정은 변하지 않았다. 즉, '감각의 전환'은 일어나지 않았다.

다음 날 L씨의 경청자는 문제가 크다고 생각하여 단 한 번으로 변화시킬 수는 없어도 거대한 소용돌이도 노력하면 제어가 가능한 정도는 될 수 있지 않을까 하는 희망을 가지고 L씨의 포커싱에 들어갔다.

경청자는 "소용돌이 그림을 보고 신체적인 실감은 어떠합니까?"라고 감각의 느낌에 대해서 물어보았다. 그랬더니 "가슴에서부터 복부에 이르기까지 무언가 무거운 철판이 들어가 있는 것 같아서 아무것도 느낄 수가 없습니다."라고 분명하게 느낌을 말했다.

이런 반응이란 실은 '느낄 수가 없는 것'이 아니라 가슴에서부터 복부에 걸친 차갑고 단단한 철판 같은 느낌에서 벗어나지 못한 것을 말해 주고 있다.

앞에서도 말한 바와 같이 자기 인생의 어느 측면과도 관계가 없는 순수한 육체적인 감각에만 머물러 있는 것은 의미 있는 감각의 느낌은 아니다. 이런 '유착 상태에서 벗어날 수 없다'는 것은 이미 순수한 실감은 아니다. 머리를 써서 유착 상태를 제거하고자 하지만 그것이 뜻대로 안 되는 것이다. 왜 '제거'하지 않으면 안 되는가. 그것은 머리가 이를 불쾌한 것으로 인지하고 있기 때문이다. J씨는 이 문제 때문에 마음의 부조화가 일어나고 있는 것이다. 이것이야말로 J씨에게는 최대의 문제다.

이런 경우에는 자신의 두뇌의 힘만 믿고 감각을 '전환'시키려고 하면 할수록 더 어려워진다. 결과적으로는 부조화만 크게 만들어 줄 뿐이다. 중요한 것은 처음에 느끼는 몸의 메시지body message'가 불쾌하고 만족스럽지 않아도 여유 있는 마음으로 온유하게 대하고 거리를 두어 기다리는 마음으로 감각의 변화를 믿으며, 부정적인 감각의 편견을 버리고 '몸의 지혜body wisdom'를 믿는 긍정의 태도가 필요하다. 즉, 자신의 '마음과 몸의 과정mind-and-body process'에 대해 신뢰하고 긍정하는 태도가 필요하다.

이런 경우에 두뇌의 편이 되어 달라붙은 것을 '제거'하려고 하면 할수록 제거할 수 없게 된다는 것이 눈에 다 보인다. 이는 부조화를 크게 할 뿐이다. 감각 느낌이 불쾌하다는 편견을 없애고 감각 느낌에도 상냥하게 대할 수 있게 되는 것이 중요하다.

그래서 L씨의 파트너는 다음과 같이 응답하였다. "그 말은 아직도 처음에 느꼈던 느낌—차갑고 딱딱한 느낌—에 그대로 붙들려 있다는 말이군요." "……예." 하며 L씨는 응답하였다. 이 순간 나도 뜻밖이라고 생각했지만 마음의 부조화가 간단히 해소될 기미를 보이기 시작했다. "예."라고 대답할 수 있는 L씨는 이미 '자신의 감각이 차가운 철판에 밀착되어 있는 느낌을 제거하고 싶다.'라는 생각(두뇌의 관점)을 보류하고 '밀착되어 있고자 했던 감각 느낌' 편에 서 있는 것에 익숙해져 있는 것이었다.

옆에 있던 짝이 "달라붙어 있고 싶다는 것인가요?' 라고 감각 느낌에 말한다면 어떡할까요?"라며 일관해서 감각 느낌의 편이 되었다.

L씨는 자기 내면에서 이렇게 말할 때 감각 느낌이 변하기 시작했다. 차갑고 딱딱했던 느낌이 좀 따뜻하고 부드러운 것을 느끼게 했다. "이러한 변화가 L씨에게 무엇을 말해 주고 있나요?"라고 파트너는 물었다. 잠시 침묵이 있고 나서 놀라는 표정으로 '어~!' 하며 이상하다는 듯이 놀랐다. '앗!' 하면서 빙긋이 웃었다. 그리고 겸연쩍은 표정으로 "좋아졌습니다!"라고 말하는 것이었다.

갑자기 이렇게 상황이 달라진 것은 L씨가 의식적 사고 과정에 의해 답을 찾으려고 한 시도를 억제하고 느긋한 마음으로 좋은 느낌이 떠오를 때까지 기다렸기 때문이다. 그 결과 갑자기 남편에 대한 애정을 가슴으로부터 느끼기 시작했다. L씨는 "긍정적으로 생각합니다. 그동안 잘도 버티어 왔습니다."라고 하면서 울기 시작했다. 그 눈물은 고통의 눈물은 아니었다. 자기를 치유하고 정화할 수 있는 따뜻한 눈물이었다.

이렇게 해서 L씨에 대한 포커싱 세션은 끝났다. 이때 파트너의 감상은 황홀한 꿈을 꾼 것 같은 기분이었다고 말하였다. 이 변화는 꿈과도 같아서 두뇌상의 이론으로 이를 완전히 해석할 수는 없지만 좋은 꿈에서 깨어난 아침과도 같은 아름답고 훈훈한 느낌이 남아 있었다. 그리고 암암리에 무언가가 달라진 것도 느끼게 되었다.

1개월 후에 L씨를 만나게 되었다. 그녀의 아버지는 딸을 긍정하는 일은 전혀 없었다고 한다. L씨에게서는 이런 일이 가장 괴로웠다. 이런 부녀 관계의 영향인지 그녀는 자신을 긍정할 수가 없었다. 이 때문인지 아버지에게나 남편에게도 자기 주장을 잘할 수가 없었다.

이번 포커싱 체험에서 L씨는 분명하게 자신을 긍정할 수 있게 된 자기가 있다는 것을 발견하게 되었다. 생각해 보니 거대한 암흑의 소용돌이 같은 것도 정을 가지고 다가가니 사실 그것은 자기를 긍정하는 짙은 장미 빛깔의 하트였다는 것을 알게 되었다. 이 자기 긍정의 감정은 남편의 지지에 의해서도 힘을 얻을 뿐만 아니라 남편을 사랑하고 있는 자기를 확인하게 하였다.

이를 계기로 L씨의 인생은 조금씩 변하기 시작했다. 처음으로 남편에 대해 자기 주장을 할 수가 있었다. 자기 의견이 타당하다는 자신이 섰을 경우에는 전과는 달리 남편을 설득하여서라도 목적을 달성할 수도 있게 되었다. 그리하여 마음에서 우러나는 의미 있

는 감각의 느낌을 통해서 일상생활에서도 자기 긍정이 가능할 정
도로 변했다.

충분한 의미 감각을 위하여

사람은 누구나 자기가 느낀 것을 언어화하는 내용 이전에 구
체적인 나름대로의 느낀 바 '체험 과정'을 거치게 된다. 이 체험
과정은 언어나 개념이 아니라 앞으로 무한히 언어화하고 상징화
할 수 있는 어떤 '의미 감각의 느낌felt sense'인 것이다.

'상징'이란, 인간의 의식적·무의식적인 의미 작용의 소산이
기도 하지만 그 능력은 인간의 기본적 능력이며, 또한 언어 사용
은 '말을 하는 사람homo loquens'으로서의 인간의 본질적 특징이
라는 점에서 생각해 볼 때, 만일 체험 과정의 '상징화'와 '언어
화'가 어렵고 힘들 때는 누구나 전문 상담 같은 도움을 찾게 될
것이다.

어떤 사람은 인생이나 생활문제에 대한 느낌부터 시작하여 체
감을 통해서 무언가를 느끼게도 된다. 또 어떤 사람은 신체감각
에서부터 시작하여 여기서 느낌의 이미지가 파생하여 다시 이
느낌의 감정적인 톤을 느끼게 되고, 또 그 느낌이 자기의 인생이
나 생활의 무엇에 대한 것인가를 알 수 있게 된다는 것처럼 진전
될 수도 있을 것이다([그림 6-1]).

[그림 6-1] 펠트 센스의 네 가지 측면: 느낌이 살아서 다가올 때

기실 포커싱 세션이란 '살아 있는 감각 느낌'을 이미지화, 개념화, 언어화하는 과정이다. 그러나 이 과정이 막혀서 순조롭지 않을 때가 있다. 그렇지만 이렇게 되는 것은 내담자(포커서)가 아무것도 느끼는 것이 없어서가 아니라 느끼고는 있는데 너무 단조롭고 불완전해서 그럴 수도 있다.

'충분한 감각 느낌full felt sense'이란 너무 단조로워서 무언가 결여된 것을 보완하기 위해 돕는 모델이다. 이 모델에 관하여 포커싱을 중심으로 국제적인 활약을 하고 있는 앤 와이저 코넬Ann Weiser Cornell(1949~)은 '충분한 감각 느낌'은 신체감각body sensation, 감정적 특질emotional quality, 이미지 또는 상징적 표현imagery or symbolism, 인생, 생활과의 관련 또는 스토리life connection or story라는 네 가지 측면이 포커싱 세션을 진행함에 따라서 점진적으로 그 네 가지 측면의 느낌이 보완되어 감으로써 얻을 수가 있다고 보고 있다.[16]

우리는 여기서 다음 세 가지 교훈을 얻게 된다.

첫째는 이들 네 가지 방법의 어느 측면에서부터 포커싱을 시작해도 좋다는 것이다. 신체감각만이 유일한 시작은 아니다.

둘째는 세션이 막힐 때 가이드(상담자)는 네 가지 측면 가운데서 감각 느낌이 어느 측면에서 왔으며, 무엇이 결여되어 있는가에 대해 유연하게 받아들여야 한다는 점이다. 그리고 결여된 측면을 끌어내어 보다 충분한 감각 느낌의 단서로서 소중하게 대해야 한다.

셋째, 포커싱은 심리치료에서 그러나 이에 못지않게 중요한 것은 신체감각, 감정적 특질, 이미지 또는 상징적 표현, 생활과의 관련 또는 스토리 등 이들 감각 느낌의 네 가지 측면의 통로를 통해서 결여되고 있는 측면을 '유도invite' 한다는 것도 완전한 포커싱을 위해서 필요하다는 것을 명심하지 않으면 안 된다.

이런 점에서 포커싱은 한정된 한 기법이라기보다는 모든 심리치료의 기법을 보다 효과적으로 사용하는 데 도움을 준다는 것에 의미가 있다. 그래서 임상치료에 있어서는 여러 가지 방법과 병행해서 사용하는 경우가 많다.

---

16) A. W. Cornell & B. McGavin, *The Radical Acceptance of Everything: Living a Focusing Life*. Berkeley, CA: Calluna Press, 2005, p. 241.

07

포커싱의 근저에
있는 것

자기 내면에서 느끼게 되는 특별히 의미 있는 신체적 감각인 마음의 실감이란 어떻게 해서 일어나게 되는 것일까? 그것은 단순히 앞에서 이미 설명했던 포커싱의 매뉴얼에 따라서 기계적으로 실시한 결과라고만 말할 수는 없을 것이다. 우리가 간과해서는 안 될 것은 매뉴얼대로는 나타나기 어려운 '마음의 자세mental set' 같은 것이 개인적인 마음의 실감의 변화를 촉진시켜 주고 있다는 점이다. 이 장에서는 이 점에 관해서 '구체성' '간극성' '정감성'을 중심으로 생각해 보기로 한다.

구체성을 갖는다

이째히어 사람은 불안에 떨게 되며, 어떤 상황에서 긴장하게 되며, 절망하게 되는 것일까? 이들 문제는 이론만으로는 설명도 안 되고 풀 수가 없기 때문에 사람들은 심리치료 전문가를 찾게 된다. 때로는 치료전문가도 알 수 없는 경우도 많다.

이런 상황에서는 자칫 말을 억지로 끌어다 붙여서 이치에 맞도록 하려는 견강부회 같은 잘못을 범하기 쉽다. 예컨대, 치료자가 "이 이론에서는 이 문제를 이렇게 보기 때문에 당신의 경우는 여기에 해당된다."라고 설명해 주면 이 해석이 진실인지 아닌지 확실히 알지도 못한 채 애매모호한 상태에서 믿어 버리고 싶어진다.

또는 "지역적인 환경이 좋지 않습니다."라든가 "어린 시절의 부모 자식 관계에 문제가 있었기 때문입니다." "어려서부터 불안할 때면 사람들로부터 주목받고 싶어 했던 응석에 대한 욕구가 남달리 강했습니다." 등 이런 말을 듣게 되면 무엇을 믿어야 할지 말지 잘 모르게 될 것이다.

이와 같은 경우에 포커싱이 심리치료에 크게 기여한 점은 '타당성의 근원'을 제시했다는 점이라고 볼 수 있을 것이다. 즉, 그 타당성은 '몸을 통한 실감'과 '몸이 알고 있는 것(몸의 지혜bodily wisdom)'을 분명하게 했다는 점이다. 일반적인 통념은 사람들의 생활에 깊은 영향을 주며 목표 달성에 도움을 주는 것은 그 사람의 지식·기술·가치관·노력만을 생각하게 되지만 신체적인 느낌이나 깨달음과 의식 같은 내적 자각도 중요한 영향을 준다. 예컨대, '부모 자식 관계'라 할지라도 언어나 이미지로는 표현할 수 없는 신체감각으로써 느끼는 내적 감각에 있어서는 포커싱의 과정을 통하지 않고서는 몸이 말하고자 하는 것이 무엇인지 알 수가 없을 것이다.

포커싱에서 몸을 통해 사실대로 느끼는 실감이란 사고나 언어,

또는 다른 어떤 별개의 정보의 영향을 받아서 되는 것은 아니며 오직 구체적인 몸의 감각을 통해서 나타난다. 상담이나 치료에서도 구체적으로 체험하는 의미 있는 몸의 실감은 무엇이 치료의 타당한 방향성인가를 시사해 주게 된다. 예컨대, 불안 때문에 고민하고 있는 경우, '그 불안은 실감으로서 어떻게 느끼고 있습니까?' '그 불안이 당신에게 주는 메시지가 있다면 그것은 무엇입니까?' 등과 같이 내담자가 구체적으로 느끼고 있는 반응에 따라서 상담을 진행시켜 간다면 불안을 극복하여 살아갈 수 있는 길을 가르쳐 주는 것이 되기 때문에 이것도 포커싱의 한 특징이라고 볼 수 있다.

마찬가지로 한 내담자가 "나는 너무 욕심을 부려 일한 나머지 지쳐 있다고 생각합니다."라고 말했을 때 상담자는 이를 믿게 될 것인가. 이 경우에도 몸의 실감이 그 타당성을 말해 줄 것이다. 내담자가 "너무 과로한 것 같습니다."라고 말하면, 상담자는 "너무 과로했을 경우에 몸이 어떤 반응을 하게 됩니까?" "무언가 납득이 가며 수긍이 가는 명확한 실감을 느낄 때가 있습니까?" 등 그것의 옳고 그름은 신체 내부에서 느끼게 되는 실감(감각 느낌)에 비추어서 검토해 볼 수 있다.

이렇게 하는 동안에 처음에 말한 실감은 몇 번이고 수정되거나 보다 구체적으로 특성화되기에 이른다. 요컨대, 내담자가 처음에 말한 '너무 과로했다'는 느낌보다는 남을 위해 노력하고 있는 느낌으로 보다 구체화되어 가면서 내담자와 상담자는 상호 간의 두뇌로는 알 수 없었던 진정한 마음의 메시지에 접근해 갈 수 있다.

간극을 두고 살아간다

포커싱의 또 하나의 특징은 '간극space'에 대한 사고방식에 있다. '간극을 둔다'는 점에 대해서는 이미 앞에서 설명한 바와 같이 무언가 마음에 걸리는 것이 있을 때는 여기에 정면으로 직면하거나 얽매이지 않는다는 것이다. 그렇다고 해서 근심과 걱정거리의 실감을 피하고 완전히 잊어버리라고 하는 것과는 다르다. 예컨대, 화가 나 있는 내담자의 경우라면 상담자는 "좀 더 화가 풀릴 때까지 이를 충분히 표출하십시오."라고 말하지는 않을 것이며, 반대로 "심신을 이완시켜 화를 진정시키십시오."라고 말하지도 않는다. 직면도 아닐 뿐만 아니라 회피도 아닌 '간극(심리적 거리)을 둔' 마음의 자세를 갖도록 할 때 포커싱을 만들게 된다.

이 점은 상담치료의 실제에서 매우 흥미 있는 문제를 던져 주고 있다. 요컨대, '문제 해결'이란, 문제를 해결하여 문제를 완전히 제거하는 것을 말할 수도 있고, 또는 문제가 있어도 조용하고 냉정하게 마음을 가다듬어 침착하게 문제를 직시할 수 있는 마음을 갖는 데 있다고 말할 수도 있고, 아니면 무거운 마음의 짐을 내려놓고 심재좌망心齋坐忘의 상태를 만드는 것을 말할 수도 있다.

이렇듯 해결방법의 기로에서 어떤 문제 해결도 하지 못한 채 인생의 고뇌를 체험하고 있는 내담자도 많다. 만약에 문제를 해결해 가는 것이 심리치료의 목적이 아니라고 본다면 자기가 안고 있는 고뇌를 적당한 마음의 거리를 두고 냉정하게 자신을 직시할 수 있는 마음을 만드는 것이 심리치료의 역할이라고 볼 수도 있을 것이다. 요컨대, '문제'를 해결해야 할 대상으로 볼 것인가, '여유 있는 마음으로 문제를 옆에다 두고 더불어 공존해야 할 것'으로 보느냐에 있다.

포커싱의 매뉴얼을 보면 매우 흥미 있는 것은 ① 1단계의 공간 정리(간극을 둔다)도 앞에서 말한 후자의 사고방식에 기반을 두고 있으며, ② 2단계부터의 지침도 '문제 해결형' 사고가 중심이 되고 있다는 것을 알 수 있다. 이 점은 '간극을 둔다'와 '간극을 두고 생각한다'의 차이라고도 볼 수 있을 것이다.

이 차이는 젠들린의 방법을 수학해 온 치료자들 사이에도 ①의 '간극을 두다.'에 역점을 두는 치료자와 그 이후의 문제 해결을 지향하는 노력에 역점을 두는 치료자도 있다는 것을 알게 되었다. 또는 사례와 세션에 따라서 어디에 중점을 둘 것인가를 바꿔 가는 치료 형태도 볼 수 있게 되었다.

복잡한 경제 사정으로 가정이 붕괴 직전에 직면한 주부 P의 경우, 그녀는 '불안신경증anxiety neurosis'으로 진단받을 만한 상태에서 정신건강의학과를 찾았다. 병원을 찾은 것은 복잡한 사정을 이해하게 되면 가정 붕괴를 막을 수 있을 것이라는 한 가닥 희망을 갖고 있었기 때문이었다. 이 사례에서는 정신과 전문의가 처방하는 정신 안정제를 사용하는 약물치료와 병행하여 심리치료로서 '간극을 둔다'는 방법을 사용하기로 하였다.

먼저 눈을 지그시 감고 심신의 긴장을 풀고 마음을 편하게 하고나서, 지금 자신의 내면의 느낌이나 걱정거리를 좀 거리를 두고 떠올려 보면서 이에 수반하는 감각을 느끼며 하나씩 하나씩 적당한 그릇이나 장소에 놓아 두도록 하였다. 약 45분 정도 이와 같은 '이미지 작업imagery work'을 하게 하였다.

가정주부 P씨의 경우, '간극을 둔다'에서 처음에는 어떤 특징이 있었다. 그것은 어떤 심각한 문제이든 가벼운 걱정거리든, 이를 '코카콜라 병에 넣어서 코카콜라 마개를 막는' 이미지 작업이었다. 그렇지만 어떤 문제든 가리지 않고 코카콜라 병에 넣는다는 것은 하나하나문제의 심각 정도나 경중을 충분히 느낄 수 없다는 약점 때문에 자신의 내면세계에 대한 내적 '둔감성'을 보이고 있는 것처럼 생각할 때도 있었다.

그렇지만 여섯 번째 상담에서는 '코카콜라 병이 깨진다'는 이미지 체험이 일어났다. 그것은 자신이 걱정하고 있는 문제의 실감은 병에 넣어 둘 성질의 것이 아니라는 것을 실감했기 때문이다. 이때부터는 보다 친절하게 하나하나의 근심거리로부터 심리적 거리를 두게 하는 상담이 이어졌다.

여기서 여덟 번째 상담 기록을 보기로 한다(〈 〉안은 상담자의 질문, →는 간극을 두기 위한 절차의 교시).

- 기분이 개운치 않다. 〈그것은 어떤 느낌입니까?〉 무겁고 어두운 느낌 → 함석 그릇에 넣는다. ➡ (➡ 기호는 간극을 둔 것에 대한 확인과 그 후 그 밖의 걱정거리가 의식에 떠올라 오는 것을 기다리도록 유도하는 교시.)
- 우울한 느낌 → 도자기로 만든 그릇에 넣는다. ➡

- 심장이 두근거린다. 〈심장이 두근거리는 것을 생각하고 있는 자신의 느낌은?〉 흠칫흠칫하고 있다. → 돌로 만든 그릇에 넣는다. →

- 여윈 것이 마음에 걸린다. 〈어떻게 마음에 걸리는지요? ……살이 빠진 자신에 대한 느낌은?〉 성에 차지 않는 느낌. → 함석 그릇에 넣는다. →

- 남편이 돌아오지 않는다. 〈돌아오지 않을 때면 어떤 생각이 듭니까?〉 박정한 느낌. (울기 시작한다). 〈그런 느낌에 말려들어 가지 않도록 하면서, '참 무심한 사람이로구나.' 하는 정도로 보아 넘긴다면 어떡할까요.〉 → 옹기 그릇에 넣는다. →

- 외로운 느낌 → 옹기 그릇에 넣는다. → (다른 근심거리가 떠오르지 않기 때문에 심신의 이완을 다시 말하고서 끝낸다.)

이렇듯 앞에서 말한 불안신경증 주부 P씨의 치료 과정에서는 심한 근심거리에 매여 있는 감각으로부터 적당한 거리를 두는 것을 중심으로 진행시켜 갔다. 18회 세션을 가질 무렵에는 심장의 두근거림이나 불안 증상은 거의 없어지고, 정신과 의사와 상담하여 정신안정제의 투여를 중단하고 세션 간극을 격주로 바꾸었다. 이렇게 하여 24회 세션 무렵 P씨는 취직도 하게 되었고, 치료 과정을 끝내게 되었다.

정신분석의 창시자였던 프로이트는 신경증neurosis 치료에 관하여 말하기를, 신경증의 '증상'이 '일반인의 고뇌common human misery'로 변할 때 치료는 끝나게 된다는 것을 말한 바 있다. 이 사례의 종결도 바로 그와 같은 경우다.

우리가 인생을 살아가다 보면 항상 좋은 일만 있으라는 법은 없다. 상황에 따라 불의의 각종 문제에 직면했을 때 잠시 자기 자신으로 되돌아가 냉정과 평정平靜을 되찾아 '문제'에 말려들거나 피하지도 않고 불안과 분노나 후회에도 휘둘리지 않는 여유 있는 마음으로 문제에 대해 자신이 느끼고 있는 감각 느낌의 의미가 무엇인지 자기 내면으로부터의 소리를 들을 줄 알아야 한다. 이 정도로 취직도 하고 사회생활도 불편함 없이 할 수 있게 되었을 때 그것은 질환이 아닌 것이다.

이 점은 미국의 실존주의적 심리치료법의 선구자인 롤로 메이Rollo May(1909~1994)가 말했던 신경증적 불안neurotic anxiety과 정상적 불안normal anxiety(실존적 불안existential anxiety)의 차이와 같다. 인간이란 한 사람 한 사람이 스스로가 독자적인 존재방식을 결정할 자유를 갖는 존재이기 때문에 운명적인 사건이나 선택과 결정의 결과에 책임을 져야 하는 현실에 직면했을 때 느껴야 할 현실적이며 실존적 불안은 병적인 현상이 아니라 인간적 성숙을 위한 고뇌라고 보면 될 것이다.

정감을 살린다

포커싱의 근저에는 어떤 느낌a feeling을 체험할 수 있는 포커서의 정감성이라는 것이 있다. 포커싱에서 중시하고 키우려고 하는 것도 바로 이런 다정하고 우아한 마음씨 그 자체일 것이다.

로저스의 상담이론에서 말하는 효과적 상담의 세 가지 조건인 자기 일치self-congruence, 무조건의 긍정적 배려unconditional positive regard, 공감적 이해empathic understanding도 내담자와의 친밀감과 신뢰감rapport이나 부드러운 정감을 느낄 수 있는 관계를 쌓아 가는 데 필요하다. 이런 '정감' 있는 분위기 속에서 내담자는 심적인 긴장이나 구속에서 벗어나 신뢰와 공감 속에서 자기 자신을 소중하게 생각하면서 적극적으로 상담에 참여할 수 있게 된다.

포커싱에서는 이와 같은 관점이 더욱 강조되고 있다. 왜냐하면 이와 같은 관계 속에서 상담자와 내담자는 서로가 친밀감과 신뢰감을 줄 수 있는 '정감'이 가는 분위기를 접하게 될 뿐만 아니라 내담자는 자신이 내면에서 느끼는 의미 감각이나 내면적인 체험 전반에 걸쳐서 정답게 접할 수 있는 처지에 놓이기 때문이다.

이와 같이 '정감'이 넘친 내적인 관계가 형성되어 감으로써 자기가 자신의 상담자가 되어 간다는 것은 포커싱에 있어서는 큰 의미를 갖는다. 그것은 자기 안에 상담자와 내담자의 관계가 형성되어 가면 잠재적인 창조성이나 지혜가 서서히 나타나게 되기 때문이다.

그러나 이와 같은 일이란 문화에 따라서는 생각보다 매우 어려운 일일 수도 있다. 예컨대, 유교 문화의 경우 겸손이 지나쳐서 자기 자신에 대한 긍정적인 감정 표현에 인색할지도 모르며 자기도 모르게 순간적으로 자기 내면을 부정하는 경우도 있을 수 있기 때문이다. 그 결과 소중한 내면의 의미 있는 감각에 대한 느낌도 말살될 수 있다.

불안으로 인해 잠을 이루지 못할 경우에는 술이나 정신안정제를 이용하는 것이 당연지사로 되어 있는 요즘 생활문화에서는 자신의 내면에 대한 친근감이나 신뢰감은 결핍되어 가고, 의미 있는 감각 느낌이 둔화되어 간다는 것은 깊이 반성해야 할 점이라고 본다. 예컨대, 대부분의 통념으로 보아 불안 같은 것도 무조건 없애는 것이 먼저라고 생각하기 쉬운 대처방식도 건전한 태도라고는 볼 수 없을 것이다.

그러나 더 큰 것을 잃어버린다는 것을 알아야 한다. 왜냐하면 자기 내면에서의 부드러운 정감과 신뢰의 결핍 속에서는 의미 있는 감각의 느낌에 포함되어 있는 잠재적인 '창조성'이나 '지혜'가 메시지로서 떠오를 수가 없기 때문이다. 이런 경우의 결과란 실망도 크고 인생도 변하지 않는다. 다만, 오늘도 불안하고 내일 또한 불안하게 될 뿐이다.

불안이든, 긴장이든, 우울이든, 이것들은 있어도 좋다. 더욱이 인간이기에 피할 수 없는 정상불안normal anxiety이나 실존적 불안 existential anxiety은 긍정적으로 받아들일 필요가 있다. 불안이란, 자신의 존재 또는 인간이 자기와 동일시하려고 하는 어떤 가치가 위험에 노출되었을 경우에 발생하는 인간에게 있어서 볼 수 있는 근본적인 반응 양식human being's basic reaction이다.[1]

무조건 불안을 두렵게 보아서는 안 된다. 불안은 무언가를 우

----

1) R. May, *Man's Search for Himself,* New York: Norton & Company, Inc., 1953, p. 23.

리에게 가르쳐 주려 하고 있다. 때문에 환영해야 할 것이다. 우리는 무엇을 느끼고 어떻게 느끼느냐에 따라서 얻는 메시지도 달라진다. 때문에 우리가 이런 불안·긴장·우울과 싸우는 일이야말로 근본적인 대처도 아니며, 무의미한 것이다. 여유 있고 정감 있는 마음으로 이들을 직시하기 바란다. 그러면 메시지를 줄 것이다. 메시지의 의미는 받는 사람에 따라서 그 울림이 클 수도 있고 작을 수도 있다.

자기 안에 있는 어린이 같은 순수성

포커싱을 가르치는 사람들은 '내면적인 정감성'이 결여된 상태에 있는 사람들에 대해서 관심을 가지고 관찰한다. 포커싱이 순조롭게 진행되지 않을 때에 가장 많이 발견되는 문제점도 어린이 같은 내면의 무구한 순수성의 결여라고 본다.

이런 경우에 자신의 내면세계는 자기 안에 있는 귀엽고 사랑스러운 어린이와 같다는 것으로 상상해 보는 것이 도움이 될 것이다. 의미 있는 감각 느낌과 같은 '실감'도 마음속에 있는 귀엽고 천진한 어린이와 같다. 어린이가 투덜대는 경우도 이에 맞서지 않고 이를 소중하게 다루어 보라. 투덜대는 어린이에게 "이놈아! 잠자코 있어!"라고 위협한다면 어떻게 될 것인가? 어린이는 점점 큰 소리로 올 것이다. "그치지 못할끼!"라고 위협하면 할수록 어린이는 소리 내어 울거나 반항하게 될 것이다. 위압적인 방법은 도움이 안 된다. 오히려 역효과일 경우가 많다.

이와 마찬가지로 누구나 긴장하고 있을 경우에 자신을 향해 "절대로 긴장해서는 안 된다. 긴장하지 말라."라고 위협하면 할수록 오히려 더 긴장해 버리게 된다. 위압적인 방법이 부적절하다면 어떤 방법이 있는 것일까?

무시해 본다. 이 방법도 위압 이상으로 냉담해서 거리감을 더 갖게 한다. 그래서 어린이는 계속 투덜대며 마음은 꼬이게 될 것이다. 그 결과 둘 사이 관계는 더 어렵게 되고 말 것이다.

'속임수'라는 방법도 있을 것이다. 투덜대고 있는 어린이에게 아이스크림을 사 주면 일시적으로는 투덜대는 것을 멈출지도 모른다. 그러나 그 효과도 일시적이다. 이는 세간에서 말하는 일종의 '스트레스 발산'과도 같다. 사람들 가운데는 기분이 울적해서 마음이 가라앉아 있을 때 화려한 쇼핑을 하거나 여행을 한다든가 노래방에 가서 노래를 한다든가 하면 일시적으로 침울한 상태에서 벗어날 수는 있을 것이다. 그러나 그 효과는 대부분 일시적이다.

그 이유는 간단하다. 쇼핑을 하고, 여행을 해도 객관적인 자기 인생의 상황은 아무것도 달라지는 것이 없기 때문이다. 무언가가 달라지지 않으면 안 된다. 무엇을 어떻게 바꿀 것인가는 침울하게 '실의에 빠져 있는 실감' 그 자체가 알고 있다.

그러기에 투덜대고 있는 어린이를 온정으로 감싸며, 어깨를 다독거리고, 눈길을 맞추기도 한다. 그리고 어린이가 무엇을 말하려고 하는가를 진지하게 들으려고 노력도 하며, 또한 매우 중요한 무언가를 말해 주어서 고맙다는 것도 말한다. 그 결과 어린이는 무언가를 말해 줄지도 모른다. 여기서 중요한 것은 어린이가 말해 줄 때까지 공감적 이해와 긍정적 배려의 심정으로 어린이 옆에 있어 준다는 점이다.

이렇게 해서 의미 있는 감각의 느낌에 다가가 접해 볼 수가 있다. 이는 매우 간단할 것 같지만 연습이 좀 필요할지도 모른다. 왜냐하면 많은 사람이 타인에 대해서는 친절하게 대하는 반면, 자신에 대해서는 자책하고 냉대하거나 괴롭히며, 경시하고 싫어하는 경향이 있기 때문이다.

'또 이런 실수를 하고 말았다.' '내 인생은 끝났다.' '이젠 내가 싫어졌다.'라든가 '그런 말은 하지 않았더라면 좋았을 것이다.' 등 밤새 후회하며 자책하거나, 또는 사실을 축소시키거나 위장하여 '별로 대단한 일도 아니다.'라고 실재의 실감을 부정하거나 속이며 생활하는 사람도 있다. 이와 같은 자신에 대한 잘못된 관계는 백해무익한 태도다. 이런 굴절된 자신에 대한 생각과 태도를 고치지 않는 한 스트레스와 불안에서 벗어날 수가 없을 것이다.

체험적 자세와 심적 내용

인간은 경험을 통해서 학습하고 성장하며, 이 경험은 우리의 인식과 지식(의미)의 원천으로서 우리에게 매우 중요한 의미를 가져다준다. 이 점에서 '체험 과정'은 사람이 살아가는 데 중요한 측면의 하나라고 볼 수 있다. 상담심리학에서도 이 문제는 매우 중요한 의미를 갖는다고 본다.

여기서 중요한 것은 경험의 주체가 어떤 마음가짐으로 체험을 하느냐다. 예컨대, 자신을 무능하고 못난 사람으로 보는 부정적인 자기 정체감에 빠져 있는 사람이라면 객관적으로는 아무리 좋은 환경이어도 환경과의 상호작용은 그렇게 적극적인 것이 못되므로 체험의 질과 양도 부정적이고 만족할 만한 것이 못될 것이다.

이런 발상을 하는 사람이라면 워크숍에 참여하여 무리해서 자기 내면을 보거나 감각 느낌에 다가가려고 생각하게 되면 역시 싫은 점을 발견하게 되어 싫은 체험을 하게 될 것이다. 그렇다면 과연 '내면'에는 '혐오스러운 것'이 정말로 가득 차 있단 말인가?

이 문제를 검토하기 위해서는 '체험적 자세experiential stance'라는 중요한 측면을 생각해 볼 필요가 있다. 그것은 사람이 마음속에서 무엇을 발견하느냐는 그가 어떻게 마음에 접근하느냐의 '자세'에 의해 좌우된다고 하는 측면이다. 예를 들어 생각해 보자.

A와 B라는 두 친구가 신록의 계절 5월의 어느 날 여행을 떠나게 되었다. A는 화가이며 B는 시인이었다. 버스로 시골 농촌 앞을 지나갈 때 멀리 푸른 능선을 따라 펼쳐지는 비단 같은 푸른 잔디에서 무리를 지어 풀을 뜯고 있는 소들, 5월의 따뜻한 햇볕을 쬐며 한가로이 쉬고 있는 무리, 갓 태어난 송아지들이 눈에 들어왔다. 정말로 보기만 해도 평화롭고 아름다운 광경이었다.

객관적으로나 지리적으로는 동일한 대상이지만 여기서 두 사람이 체험하는 현상학적 인식은 전혀 다를 수 있다. A는 한 폭의 그림으로 옮긴다면 구도와 색조를 어떻게 하면 좋겠다고 생각할 것이며, B는 이 대상을 통해서 시의 제목과 시상을 구상해 보게 될 것이다.

이 차이의 원천은 무엇일까? 그것은 이 광경을 어떤 마음으로 보느냐라는 두 사람의 스탠스에 있다. 그 결과 '느껴진 의미felt meaning'와 '체험된 의미experienced meaning'도 달라지기 마련이다. 이 문제는 더 중요한 의미를 갖는다. 그것은 '체험된 의미(느껴진 의미)'의 차원이란 모든 인식 가운데서 중요한 기능을 하기 때문이다.

광복 후 우리나라 교육에 지대한 영향을 준 미국의 진보주의 교육철학자 존 듀이John Dewey(1859~1952)는 인식 활동 가운데서 느끼게 되는 '의미'에 의해서 수행된 역할에 대해 다음과 같이 말하고 있다.[2]

"의미에 대한 '감정'은 우리가 정신적으로 무엇을 추론해 갈 때 길잡이가 되어 준다."

듀이가 말한 것은 우리가 경험에 의해서 얻은 의미의 차원이 모든 인식 가운데서 중요한 기능을 한다는 것을 잘 지적한 말이라고 본다. 그러기에 그는 『경험과 교육Experience and Education』(1938)에서 "교육은 경험의(of) 경험에 의한(by), 경험을 위한(for) 것

---

2) John Dewey, *Experience and Nature*, La Salle, Ill.: Open Court Publishing Co, 1925, p. 229.

이다."라고 말한 것이다.

또한 '교육은 생활이다Education is life.'라는 생활교육을 '경험의 계속적인 재구성continuous reconstruction of experience'의 과정으로 본 그의 경험론적 교육관도 젠들린이 중시한 체험된 의미, 느껴진 의미와 맥을 같이 하고 있다.

마찬가지로 포커싱의 방법으로 자기 내면을 관찰할 때, 자기 내면의 마음에 들지 않는 것이 있다고 믿고 있을 경우에는 사실과는 다르게 마음에 들지 않은 체험을 하게 될 것이다. 또한 무서운 것이 있다고 믿고 있을 경우에는 무서운 체험을 하게 될 것이다.

때문에 '포커싱이나 심리치료에서는 자기 성격의 안 좋은 부분을 치유한다.' 라는 인식을 가지고 시작해서는 안 된다. 처음부터 이런 인식을 가지고 심리치료에 임하게 되면 자신이 싫어지는 것은 당연한 일이다. '싫은 것'의 이면에 있는 '긍정적이며 풍요로운 것'을 재발견하는 일이 중요하다. 그러기 위해서 필요한 것은 자신에 대한 소중함과 다정함이다. 또는 자기 수용self acceptance과 자기 존중self esteem이며, 진정한 자기authentic self, 자기 신뢰self trust를 갖는 일이다.

체험 과정의 가장자리에 귀를 기울인다

제6장에서 포커싱의 발견을 도왔던 연구에서, 치료가 만족스럽게 진행되었던 내담자는 세션 과정에서 말하는 속도가 '느리며' 음

절도 '분명치 않고' 그때 그때 그 자리에서 느끼고 있는 무언가를 표현하기 위한 '말을 모색한다grope for words……' 는 것을 말했다.

여기서 중요한 것은 내담자가 체험하고 있는 이와 같은 시간을 성의 있게 경청하고 힘을 북돋워 주면 내담자의 변화 과정을 매우 효과적으로 촉진시키는 상담치료자가 될 수 있다는 점이다. 이와 같은 계기를 젠들린은 체험의 가장자리edge of experience[3]라고 보았다.

그러나 어쩌면 거의 모든 내담자는 현재 자기가 느낀 바를 표현할 수 있는 가장 적절한 말을 찾고 있는 시간이 얼마나 중요한 의미가 있는지는 모를 것이다. 이보다는 성급하게 쉽게 머리에 떠오르고, 설명하기 쉬운 쪽으로 생각이 옮아갈 수도 있을 것이다. 이 경우에 내담자는 상담자의 도움을 받아서 자기 내면에 있는 심층적인 감정의 의미를 느끼며 함께할 수 있다. 예컨대, 내담자가 "내가 생각하기에는 그것은 무언가 부정적인 느낌으로 생각됩니다. 내가 느끼기에는 ……딱 무엇이라고 말하기가 어렵습니다만 …… 안에 벽이 있는 것 같습니다. 아닙니다. 그것도 아닙니다. 그것은 ……그것은 ……잘 모르겠습니다. 지금으로서는 좀 애매해서 아무래도 내가 저항을 받고 있는 것 같습니다."라고 말했다고 하자.

이런 경우라면 상담자는 어떻게 응답하는 것이 좋을까? 여기서 앞에서 말한 내담자의 처음과 끝의 두 표현을 생각해 보자.

---

3) A. W. Cornell, *The Power of focusing: A practical guide to emotional self-healing.* CA.: Oakland, New Harbinger Publications, Inc. 1996, pp. 93–94.

'내가 생각하기에는 그것은 무언가 부정적인 것처럼 생각됩니다' 와 '아무래도 내가 저항을 받고 있는 것 같습니다'에 있어서 '생각됩니다' 라든가 '있는 것 같습니다' 라는 생각이나 추정이라는 용어는 통상적으로 잘 쓰는 용어이기 때문에 그렇게 중요하지 않으며, 오히려 중간 부분에 있는 것이 중요한 의미가 있다. 왜냐하면 중간 부분의 표현은 가장 적절한 표현을 찾기 위해 이 방법 저 방법으로 감각 느낌에 직접 닿아 있기 때문이다.

기실 한 감각 느낌에 지속적으로 머물러 있기란 그렇게 간단한 일은 아니다. 그 가치를 신념을 가지고 믿지 않는 한 애매한 것을 소중하게 생각하기란 힘든 것이 당연한 일이다. 그러나 상담자가 도와주어야 할 부분은 바로 이 부분이다.

다음과 같은 상담자의 응답은 어느 경우나 포커싱의 관점에서 내담자의 체험 과정을 심화시키는 데 도움이 된다.

'안에 벽이 있는 것 같으며, 그렇지만 그것도 아니라고요.'

'좀 애매한 것을 느낀다는 말이군요.'

'무언가 당신을 제지하거나 어쩌면 당신을 급하게 차단하는 무언가가 있군요.'

'뭔가 말하기 곤란한 느낌을 그대로 느끼고 있다고 보아도 될는지요.'

여기서 처음 세 가지 응답은 경청listening이나 반영reflection이며, 마지막 응답은 내담자가 느끼는 부분에 머물러 있도록 넌지시 제안하고 있는 것이다.

요컨대, 상담자가 내담자의 체험의 '가장자리'를 반영해 주면 내담자는 '가장자리'에 머물러 있게 된다. 이와는 달리 '그것은 무언가 부정적인 것처럼 생각됩니다.' 와 같은 응답은 내담자의 포커싱을 촉진시킬 수 없게 된다. 왜냐하면 상담자가 지적이나 분석적인 표현으로 반영하게 되면 내담자는 포커싱의 과정에 전념할 수 없게 되어 포커싱을 촉진시킬 수 없기 때문이다.

우리가 가장자리로 생각하고 가장자리에 귀 기울인다고 하는 것은 체험을 통해서 직접 얻은 언어나 개념은 그 이외의 방법으로는 표현할 수 없는 체험의 중요한 국면을 자신 있게 말할 수 있다는 것을 말해 주고 있다.

와이저 코넬의 포커싱

앤 와이저 코넬Ann Weiser Cornell이 포커싱을 처음으로 접하게 된 것은 1972년이다. 1972년에 그녀는 시카고 대학교 언어학과 대학원생이었다. 수개월 전에 연인과의 갑작스러운 괴로운 결별을 겪고 난 다음, 그녀의 의식에는 떠오르지 않는 심층에 무언가 큰 덩어리 같은 것이 움직이고 있는 것을 느끼게 되었다. 그래서 그녀는 자기 마음의 보다 깊은 부분을 알 수 있는 방법을 찾으려고 결심했다.

이 무렵 시카고 대학교에는 로저스의 제자 젠들린 교수(시카고 대학교, 1958)가 포커싱이라는 심리치료 기법을 일요일마다 야간에 커뮤니티 센터에서 가르쳐 주고 있었다. 여기에는 '체인지스 Changes(focusing listening을 배우기 위해 젠들린과 시카고 대학교 대학원생을 중심으로 시카고 지역사회인들이 형성한 모임)'라는 모임이 있었는데, 코넬은 이 모임에 친구를 따라가 처음으로 포커싱을 접하게 되었다. 처음 이 모임에 가 보았을 때는 매우 매력적이기도 하였으나 좀 답답한 점도 느꼈다. 그래도 매력적이었던 것은 포커싱이야말로 자신이 찾고 있는 것이었기 때문이었으며, 답답했던 것은 처음이라 좀 어렵게 다가왔기 때문이었다.

그렇지만 그녀와 친구들은 젠들린에게 배운 대로 열심히 한 결과 포커싱의 본질을 알게 되었다. 그 후 포커싱은 코넬의 인생의 반려로서 그녀 인생의 변천을 같이 하게 되었다. 1975년 시카고 대학교에서 언어학 박사학위를 받고, 잠시 몸담았던 퍼듀 대학교 (1975~1977)의 언어학 교수직을 떠나, 1980년 젠들린의 요청에 의해 포커싱 워크숍의 스태프로 참여하게 되었다. 이후 1983년부터는 캘리포니아, 버클리로 집을 옮겨 자택에 포커싱 센터를 개설하여 포커싱 교육과 트레이너를 양성하는 등 심혈을 기울였다. 한편 1994년에는 인본주의 심리학회 회장President of the Association for Humanistic Psychology으로서도 활약하였다.

지금 그녀는 포커싱을 중심으로 하는 혁신 이론가의 일인자로서 국제적으로 활약하고 있다. 그녀는 "포커싱은 내게 많은 선물을 주었다. 생각지도 못한 영적인 통로spiritual opening까지 받았다. 포커싱은 나의 인생이라는 직물 속에 들어가 짜여 있다."라고 그동안의 소회의 일단을 말하였다.

〈표 7-1〉은 코넬이 1998년 '10차 국제 포커싱 컨퍼런스'에서 발표한 자료를 소개한 내용이다. 극히 압축된 통상적인 개요이지만 독자의 포커싱에 대한 이해를 돕기 위해 소개한다.

〈표 7-1〉 코넬의 포커싱 과정(Cornell, 1998) [4]

자신에게 말할 때의 언어	해 설
'몸 안을 느껴 보자.'	• 몸에 관심을 돌린다. 먼저 주변부를 느끼고 나서 중앙부로 마음을 돌린다. 이때 신체 부위의 이름을 말하는 것도 도움이 된다. 요컨대, 팔, 발, 등, 목, 가슴, 위, 배 등.
'무엇이 지금 걱정되는지?' 또는 '그 문제를 생각하면 어떤 느낌이 드는지?'	• 관심 부위에 있는 것을 느껴 보거나 불러 보며 무언가의 반응을 기다린다. 또는 특정한 문제에 관심을 기울여도 좋다.
'지금 느끼고 있는 것에 "안녕하신지요."라고 말을 걸다.'	• 나타난 반응을 인정하는 작업에 들어간다.
'느끼고 있는 것을 어떤 식으로 표현하는 것이 제일 좋을까요.' '그 표현을 몸에 환원시켜 확인해 보자.' '지금-여기서 이것에 동조해도 괜찮을는지.'	• 신체적인 감각이든, 이미지든, 기분이든 생활과 관련된 것이든, 무엇이든 표현해 본다. • 말이나 이미지 같은 표현을 몸으로 되돌려도 좋은지 잘못된 것인지, 또는 부분적으로는 좋지만 좀 더 좋은 점이 있는지를 확인한다.
'그 옆에 앉아서 관심을 가지고 바라보라.'	• 더불어 같이 있다(being with).
'상대방으로서는 어떻게 느꼈고 이해했을까'	• 듣는 사람이 된다-이해한다/물어본다/무엇일까 궁금한 마음으로 기다린다.
자신에게 물어보자. '감각에도 기분이나 마음이 있는 것일까.' '무엇이 그렇게 기분이나 체감을 표현하는 말이 되는 것일까.'	• 자유롭게 답할 수 있는 질문(단 '왜' '어떻게'는 안 됨)을 해서 상대가 말을 하기 쉽게 해 준다.

4) A. W. Cornell, 10th International Focusing Conference, 1998, 배포 자료.

'내게 가장 전하고 싶은 것은 있는 것일까.'	
'무엇이 필요한 것일까?'	
'모든 것이 잘되어 간다는 것이란 어떤 느낌일까.'	
'그래요. 알았다고 알려 주자.'	• 감각으로부터 알려 주는 것을 정확히 받는다.
'슬슬 끝내도 좋은지 그 여부를 느껴 보자.'	• 끝낼 수 있는 시점을 찾아본다.
'또다시 돌아온다는 것을 알리자.'	• 이제부터 앞으로 지속될 내적인 관계를 맺기 위한 인사말이다.
'체감을 통해 보여 준 감정의 흐름과 상징과의 상호작용에 대해서 감사하다는 말을 하자.'	• 사의를 표한다.

다음은 한 워크숍에서 있었던 코넬의 교시guiding와 포커서의 마음의 흐름을 검토해 본 것이다.

몇 사람의 참가자가 지켜보는 가운데서 40대 여성 Y씨는 코넬의 실연에서 포커서가 되고 싶다고 손을 들었다. Y씨는 때때로 포커싱 전문가와 포커싱을 해 왔던 터라 초심자는 아니었다. Y씨는 수년 전 암수술을 받았으며 최근에는 재발하지 않을까 하는 예기불안anticipatory anxiety 같은 마음을 써 왔다.

때문에 20년 이상 해 왔던 일을 앞으로 계속할 수 있을 것인가 말 것인가를 망설이게 된 시점에까지 오고 말았다. 사실은 그렇지 않아도 하고 있는 일이 마음에 드는 부분과 고통스럽게 느낀 부분이 있어서 일을 계속할 것인가 하는 문제에 대해 결단을 내리지 못해 망설이고 있는 중이었다.

코넬의 방법에서는 '간극을 만든다'는 것은 필요한 경우 이외에는 하지 않지만 Y씨와 코넬의 포커싱에서는 갑자기 이 큰 문제부터 시작했다.

Y씨는 "나의 지금의 첫 번째 문제는 지금까지의 생활방식을 바꾸지 않으면 안 된다는 것입니다. 이것은 내게는 매우 큰 문제이기도 하고 두렵기도 합니다. 지금 이대로는 매우 힘듭니다."라고 말하기 시작했다.

일반적으로 포커싱에서는 문제의 내용보다는 마음의 진행에 초점을 만들어 가야 하기 때문에 내용을 자상하게 말해 줄 것을 기대할 필요는 없다. 코넬도 여기서는 이 이상 내용을 듣고자 바라지도 않았다. '생활양식을 바꾼다.'고 하는 것은 어떤 것인가, 이런 점에 대해서는 빈틈없이 들을 필요는 없다. 중요한 것은 정보 수집보다도 포커서가 감정의 진행과 정다운 관계가 만들어져서 의미 있는 감각 느낌으로부터 새로운 지혜가 나타나게 하는데 있었다.

"지금 말하고 있는 동안 신체적인 느낌은 어떠한지 떠오르는 것이 있습니까?"라고 코넬도 '몸'에다 초점을 만들어 갔다.

"가슴 전체가 긴장되어 괴롭습니다."

"지금 그 상태의 느낌과 오직 같이 할 수 있는 시간을 가져 보십시오."라고 코넬은 천천히 정다운 어조로 이끌어 갔다. 고통스럽기 때문에 여기서 벗어나기 위하여 무언가 하지 않으면 안 된다든가, 왜 이렇게 고통스러운가를 생각하기보다는 '오직 감정의 진행과 같이 있는 관계와 시간'이 더 중요하다고 본 것이다.

코넬의 이와 같은 말은 Y씨에게는 자기가 느끼고 있는 실감과 같이 있어 주는 모종의 강한 정다움의 표현이었다. 고통스러워하고 있는 사람에 대해서 아무것도 해 주지 못하고 아무것도 말하지 못하더라도 '그저 같이 있는 시간'을 갖는다는 것만으로도 포커서에게는 큰 힘이 되어 준다. 코넬은 바로 이런 관계를 Y씨의 내면에 만들려 하고 있는 것이다. 잠시 Y씨는 눈을 감고 침묵에 잠긴다.

"지금은 느낌이 어떠합니까?"

Y씨는 "기분을 말한다면 무언가가 시작될 것 같은 느낌이 듭니다. 괴로운 느낌이 조금 편안해지고 있습니다."라고 말했다.

"무언가 시작될 것 같다고요?" 코넬은 물었다.

"무언가 준비가 된 것 같은 느낌입니다." Y씨는 몸의 실감으로부터 어떤 '메시지'를 받기 시작했다는 것일까?

"그 부분에 준비가 되어 있다는 말이지요. 그렇다면 메시지를 받았습니다라고 말해 보면 어떨까요." 코넬은 메시지를 놓치지 말고 단단히 붙잡도록 가이드했다.

"준비가 되어 있습니까라고 자기가 자신에게 말하고 있는 것 같은 생각이 들었습니다."

실은 Y씨의 마음은 준비가 안 되어 있었다. 그런데도 자신에게 타이르려 한 것이다. 이것은 '신체적'인 느낌으로부터의 메시지가 아니라 '두뇌'를 통한 일방적인 지시일 가능성이 보였다. 여기서 코넬은 다음에 어떻게 했을까?

"그렇다면 이 점에 대해 몸은 어떻게 반응하고 있습니까?" 코넬은 '두뇌'에서 '몸의 느낌'으로 초점을 리딩 인leading in해 보았다.

Y씨는 "잠깐 기다려 주십시오!"라고 말하고 있는 것 같았다. 요 컨대, Y씨의 머리에서는 인생을 바꿀 준비를 촉구하고 있는 것 같지만, 몸은 '잠깐 기다려 달라'고 말하고 있는 것이다.

코넬은 "잠깐 기다려 달라고 말하는 부분과 함께할 시간을 가 집시다."라고 말했다.

준비가 되어 있지 않은 마음을 재촉하거나 나무랄 필요는 없 었다. 같이 있는 것도 중요하다는 것을 가이딩하고 있는 것이다.

잠시 침묵이 흘렀다.

코넬은 다시 말한다. "이제는 어떤 실감일까요.…… 그것에 대 해서 공감적으로 정다운 관심을 가지고 함께하기를 바랍니다."

"무언가 두렵습니다."라고 Y씨는 말했다.

"두려운 것은 알고 있습니다. 그 부분에 대해서 말해 보면 어 떨까요."라고 코넬은 말했다.

포커싱에서는 두려운 부분과도 다정한 관계를 만들어 가는 것 이 중요하다. 두려워할 필요는 없다든가, 두려워하는 것은 못난 짓이다라는 등 부정적으로 생각할 필요는 없다고 본 것이다. 이 어서 코넬은 "그리고 매우 친근한 감정으로 무엇이 두려운지 말 해 줄 수 있다면 듣고 싶습니다."라고 가이드했다.

잠시 침묵이 흘렀다. 그리고 나서 Y씨는 "지금의 느낌을 말한 다면 울고 있는 것 같은 느낌입니다."라고 말했다.

코넬은 "아주 정답게 그 느낌이 당신으로부터 무엇을 필요로 하고 있는가를 들어 보고 싶습니다."라고 말했다.

코넬은 두려워하고 있는 Y씨의 마음의 부분이 무엇을 바라고 있는지 느껴 보도록 가이드했다. 이와 같은 도움은 Y씨의 생각하는 '머리'와 두려워하고 있는 '마음' 사이의 소통을 촉진시켜 Y씨의 내면에 다정한 관계를 만들어 주기 위한 것이었다.

Y씨는 "두려워했던 부분이 내게 안기고 싶다고 말하고 있는 것 같습니다."라고 말했다.

"그렇습니까?"라고 코넬은 말했다.

"그렇지만 지금의 나에게는 그것에 도움을 줄 만한 여유가 없습니다. ……그 힘이 없습니다."

두려워하고 있는 Y씨의 느낌은 Y씨에게 안기고 싶어 하고 있는 것이다. 그렇지만 Y씨는 그것을 알아줄 수가 없다는 것이 문제인 것이다. 매우 안타까운 처지에 이르게 되었다.

코넬은 여기서 "안아 줄 힘이 없는 부분에 대해서 생각해 봅시다."라고 말한다. 이 방법은 코넬이 잘 쓰는 방법이다. 요컨대, 마치 자기 집에 친구가 찾아왔을 때는 가볍게 인사말을 나누는 것처럼 말이다. 그것은 힘이 없는 자기 안에 있는 어린이를 나무라지도 않고 대립도 하지 않으며 결코 무리하게 요구하지 않는 친절한 인사 같은 것이다.

잠시 침묵이 지난 후 코넬은 계속한다.

"그래서 힘이 미치지 못한 부분이 당신에게 무언가를 말해 줄 수가 있을까요."라고 Y씨에게 말했다.

"그 부분도 힘이 되어 주었으면 좋겠다고 말하고 있습니다."라고 Y씨는 말했다.

코넬은 "도와줄 것인가 말 것인가를 묻지 말고 힘이 되어 주기를 바란다는 것은 알고 있어요라고 말해 봅시다."라고 말했다.

코넬은 어떻게 하면 힘을 가질 수 있는가와 같은 이론지향적인 화제가 되어서는 안 되며 수용하는 태도가 필요하다고 말했다.

Y씨는 갑자기 "지금 몸과 기분이 아주 짙은 안개 속에 가라앉아 있는 것 같은 기분이 듭니다."라고 말했다.

"그 기분이 참 좋은 느낌입니까?" 코넬이 말했다.

그 기분이란 차분하게 안정된 이미지인지, 무언가 우울한 느낌인지 정확한 뉘앙스는 Y씨 자신밖에는 모를 것이다.

"좀 알겠습니다. 천천히 가라앉는 느낌입니다."라고 Y씨는 말했다.

코넬은 "그 상태의 느낌을 음미해 봅시다."라고 말했다.

Y씨는 "큰 덩어리가 녹아서 무엇이라고 할까…… 밝은 전구 같은 것이라고 할까, 그런 이미지를 갖게 됩니다."라고 말했다.

짙은 안개에서 밝은 전구의 이미지로 달라진 것이다. 어찌하여 이렇게 이미지가 달라지는 것인가? 그것은 두뇌만으로는 알 수가 없다.

코넬은 다시 "전구와 같이 있는 것이 좋을지도 모릅니다. …… 아니면 전구의 이미지에 물어보는 것이 좋을지도 모릅니다. 무언가 보여 줄 것이 있는지도 모르겠습니다."라고 말했다.

Y씨는 "그럴까요. (미소를 띰) 안심해도 좋습니다라고 말하고 있는 것 같습니다. ……처음에 느꼈던 어두운 공포심은 사라지고 지금은 전구 빛 밝은 곳에 편안하게 앉아 있는 느낌입니다."

라고 말했다.

Y씨의 두뇌는 그동안 힘이 없는 마음에 대해서 준비를 재촉하고 있었다. 그러나 마음은 그 준비가 되어 있지 않은 상태였다. 그렇다면 왜 준비를 재촉하는 것일까? 그것은 두뇌도 힘이 없기 때문이다. 여기서 말한 '전구'는 두뇌도 마음도 아닌 좀 더 깊은 '지혜'를 갖고 있다. 뜻밖에도 '안심해도 좋습니다.'라고 말한 것이다. 그것은 Y씨의 마음의 심층부로부터의 안심해도 좋다는 메시지인 것이다.

코넬은 "세션이 끝난 후에도 편안한 느낌이 그대로 지속된다면 참 좋겠습니다. 편안한 느낌이 지속될 수 있도록 마음에 물어보는 것이 좋을지도 모릅니다."라고 말했다.

코넬은 이런 편안한 느낌이 일상생활에서도 지속될 수 있도록 하기 위한 기색이 있는지 없는지, 일상생활과 안심감의 가교가 있는지 없는지를 탐색하였다.

"……지금의 내 마음은 아주 조용한 상태입니다."라고 말한 Y씨에게는 아직 뚜렷한 가교는 발견하지 못했지만 지금은 평정 상태의 기분이라는 매우 만족스러운 심리적 공간 속에 있는 것을 발견하였다.

코넬은 이어서 말했다. "여기서 세션을 끝내도 좋은 시점인지 무언가 더 말하고자 하는 것이 있는지, 끝내도 좋은지를 신체적인 느낌에 물어봐 주십시오."

그러나 Y씨는 "눈을 감고 잠시 생각에 잠긴 후, 즉시 이 상태로 되돌아갈 수 있기 때문에 좋다고 생각합니다."라고 말하였다.

코넬은 끝으로 다음과 같이 말했다.

"이런 지혜를 가르쳐 준 자신의 몸에 감사를 표한다면 어떨까요. 그리고 나서 끝냅시다."

이렇듯 코넬은 충분한 시간을 가지고 Y씨의 내면에서 일어난 의미 있는 특별한 느낌의 과정과 마음의 간극을 존중하면서 세션을 끝냈다.

세션은 끝났지만 Y씨의 내면에서는 내적인 소통이 일어나기 시작하였다. 기실 그것은 Y씨에게는 반가운 변화의 '시작'이었다.

Y씨는 이 워크숍이 끝난 다음 날 중국의 돈황敦煌으로 여행을 가게 되었다. 이 여행에서는 코넬과의 세션에서 만들어진 내적 관계는 그대로 지속될 수 있었다. 비행기에서 고비사막을 내려다 볼 때 지상의 잿빛과 파란색이 섞여 너무도 깨끗하게 보이면서 갑자기 자기도 모를 묘한 느낌이 왔다.

생각해 보니 그것은 세션 때 경험했던 '밝은 전구 빛'의 이미지였다. 푸른 사막과 푸른 하늘이 '녹아서 하나로 합쳐져서' 어디까지가 하늘이며 어디서부터가 사막인지 알 수 없는 신비로운 영감의 상태였다.

Y씨는 이렇듯 포커싱을 통해서 체험한 이미지는 자신을 넘어선 외부 대상에게까지 확대되어 있었다는 것을 알게 되었다. 요컨대, Y씨는 자신의 내면과 외면이 융합된 체험에 감동하면서 여행은 너무도 즐거웠다.

Y씨는 여행에서 돌아온 후 이번에는 다른 가이드를 통해 포커싱을 다시 시작했다. Y씨가 처음 코넬을 통해서 포커싱을 할 때 암재발의 걱정 때문에 가슴이 답답하고 고통스러운 예기불안 같은 것을 실감하게 된 것은 이제 와서 생각해 보니 Y씨보다도 Y씨 내면에 있는 느낌이 '더 위력을 가지고 있었기 때문이다.' 라는 것을 알게 되었다.

이제는 고통스럽고 불쾌했던 느낌은 배제해야 할 대상이 아니라 '의지가 되는 느낌'으로 달라졌다. 전에는 방어적이고 의지도 매우 쇠약하였지만 지금은 더불어 사이좋게 지낼 수 있는 느낌을 갖게 되었다. 또한 가슴과 배도 따뜻해졌고 늠름하리만큼 자신에 대해 긍정적인 정체감도 가질 수 있게 되었다. 요컨대, '느낌의 변환'이 일어난 것이다.

이렇듯 Y씨는 중국 여행과 두 번째의 포커싱을 통해서 자신의 내면의 심층으로부터 메시지를 받기 시작한 것이다.

'두려워하지 마십시오.' '당신은 씩씩합니다.'라고.

Y씨의 내면에 있는 힘은 Y씨 자신이 상상하고 있었던 것보다는 훨씬 더 강했던 것이다. 그리고 이와 같은 느낌은 Y씨의 내면적인 '연상작용association'을 촉진시켜 주었으며 신비스러울 만큼 체력을 키워 주었고 생활에 활력소를 가져다주었다.

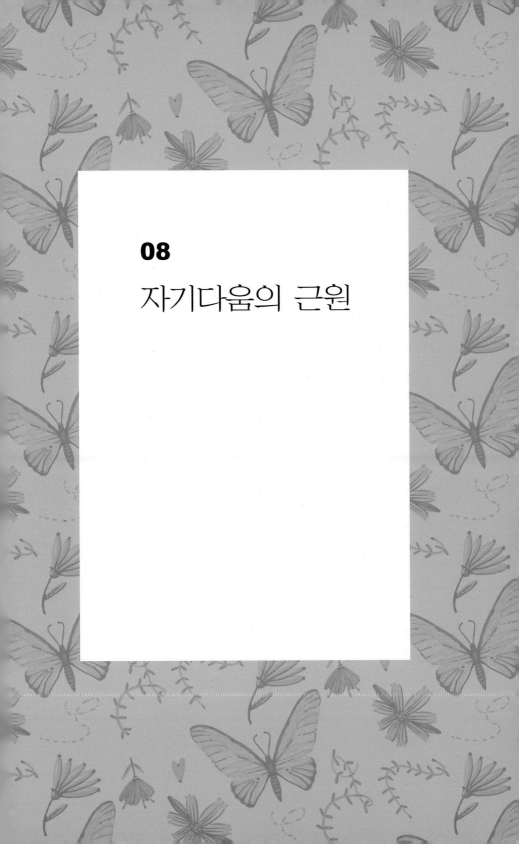

08

자기다움의 근원

앞에서 보아 온 여러 가지 사례에서 심신의 적극적인 감수성에 의해서 의미 있는 '마음의 실감'을 느낌으로써 유용한 지혜와 개인적 성장의 계기가 될 수 있는 체험을 하게 된다는 것을 알았다. 그렇다면 '실감', 즉 의미 있는 감각의 느낌이란 어떤 점에서 지혜를 가지고 있는 것일까? 그리고 '두뇌'와 '몸의 실감'을 서로 다른 대극 개념처럼 표현해 왔지만 '두뇌'란 과연 어떤 의미를 가지고 있는 것일까? 이 장에서는 이와 같은 이론적인 측면을 주로 젠들린의 '체험 과정 이론'을 중심으로 검토해 보고자 한다.

'몸'을 어떻게 이해할 것인가

우리는 습관적으로 '몸'이라는 말을 듣게 되면 의학이나 운동 경기에서 말하는 '신체'를 연상하게 된다. 이와 같은 통념은 우리가 살아온 '심신이원론'의 문화가 그렇게 만들어 놓은 것이다. 그래서 신체는 다양한 종류의 조직적 메커니즘에 의해 움직이게 되는 기계적인 '물체'와 같다고 생각하게 되었다.

일찍이 철학자 데카르트Renè Descartes(1596~1650)는 주체로서의 '나'는 물체가 아니라는 것을 증명하였다. 손발이나 몸통 같은 '신체'는 물체이지만 주체로서의 '나'는 물체는 아니라고 본 것이다. 이와 같은 '신체화되어 있지 않은 나'란 정말로 존재하는가, 아니면 환상인가. 데카르트는 신체화될 수 없는 '나'는 존재할 수 있다고 생각했다. 그렇지만 심신 관계의 메커니즘은 충분히 해명되지 못했다. 이 문제는 심신 문제로서 철학적으로도 그 해결을 시도했다.

근대과학은 신체를 '물체'로써 연구하여 '나'의 영역, 즉 마음이나 심혼의 영역이 신체 안에 들어가 있다는 발상은 하지 않았다. 몸은 메커니즘에 지배되고 있기 때문에 마음이나 심혼과 별개라고 보는 것이 심신이원론이다.

아직도 이와 같은 이원론적인 발상을 가지고 생활하고 있는 우리에게 있어서는 사고하고, 지각하고, 인지하고, 느끼고 하는 것은 '마음'이며 몸과는 무관한 것이라고 생각하기 쉽다. '몸'은 마음속에 있고, 마음은 몸 속에 있으며, 마음은 본디부터 신체화되어 있다는 말이다. '몸이 알고 있다.'는 말은 듣기만 해도 이해하기 어렵고 신기하게 들릴지도 모른다.

그러나 이미 프란시스코 바렐라Francisco Varela(칠레 태생의 생물학자·인지과학자), 에반 톰슨Evan Thomson(현재 토론토 대학교 철학교수), 에리노어 로쉬Eleanar Rosch(현재 캘리포니아 대학교 인지심리학교수) 등에 의해 『신체화된 마음*The embodied mind*』(1991)에서 '지각은 행동이라는 것을 단적으로 보여 줄 수 있는 '신경기반'이 발표되었고, 이미 젠들린도 "펠트 센스는 머리로 하는 경험 mental experience이 아니라 몸으로 하는 경험physical experience이다"라고 말한 바와 같이[1] '신체지로서의 사고' '신체화된 인지 embodied cognition'에 대한 이론이 발표됨으로써 몸이 알고 있다는 말도 이제는 생소한 말은 아니다.

심신이원론에 대한 이론 연구가 진전되어 마음이나 심혼과 같은 '자아'의 영역까지도 신체생리학적인 메커니즘으로 해명하려고 하는 물질주의적인 '일원론'도 등장하였다. 그러나 분명히 신체에는 많은 인체생리학적인 메커니즘이 있는 것은 틀림없다 할지라도 신체를 갖는 우리의 '생명'이 신체생리학적인 메커니즘 그 자체라고 보는 주장은 우리의 실감으로 볼 때 회의적이다.

요컨대, 우리의 신체적인 생명이 화학적 반응의 연쇄에 지나지 않다고 보는 것은 이해하기 어렵다. 또한 감각·지각·사고·희로애락·의지 같은 심적인 현상을 대뇌에서 발생하는 물리적 과정에 지나지 않다고 본 20세기 중엽에 심뇌동일설mind-brain identity theory을 제창한 스마트John Jamieson Carswell Smart, 암스트롱David Malet Armstrong 같은 미국, 호주의 철학자들에 의한

---

1) Eugene T. Gendlin, *Focusing*(first edition), New York: Everest House, 1978; Pocket Books, New York: A Bantam Book, 2007, p. 37.

주장도 이해하기 어려운 일원론이다.

특히 몸과 정신의 관계를 연구하는 '심리철학'에서는 '존재하는 모든 것은 물질적인 것이며, 의식과 같은 비물리적 속성도 물리적인 것으로 환원된다.'고 보는 이론도 제기되었다. 요컨대, '정신이 뇌에 수반된다'는 '수반supervenience'의 이론도 있다. 이른바 심적 현상은 물적 현상에 수반하는 현상으로 보는 수반 현상설 epiphenomenalism이다. 이런 시각에서는 뇌라는 물리적 기반 없이 순수한 심적 존재가 육체를 움직인다고 믿는 것은 마술을 믿는 것과 같다고 생각하게 되었다.

때문에 이런 생각을 가지고 있는 사람은 신체와 정신의 관계는 철학적 문제가 아니라 과학적 경험으로 밝혀진다라고 보고, '뇌가 손상된 환자를 보면 정신이 신체에 의존한다.'는 사실을 알 수 있다고 말하기도 한다.

그래서 '수반'을 강조하는 사람, 뇌에 수반된 현상이 정신이고 의식이라는 관점, 즉 의식이든 무의식이든 뇌의 상태에 의해 좌우된다고 하는 것은 의식을 중요시하기 때문에 뇌에 더 관심을 가져야 한다라고 말하기도 한다.

물리주의를 내세우고 있는 이론은, 신체(물질)를 강조함으로써 이성이나 의식을 무시한다는 비판을 받기도 하지만, 사실은 물질적인 것을 정신적인 것보다 더 중요하게 여겨서가 아니라 의식을 중요시하기 때문에 뇌에 더 관심을 가져야 한다고 보는 것이 물리주의라고 설명한다.

그러나 1930년대 중반을 전후하여 해석학적 또는 실존주의적 현상학의 운동이 고조되고 그 영향이 심리학 · 정신의학 · 사회학 · 언어학에게까지 미치어 철학을 우리의 '생활세계Lebenswelt'의 실제 경험으로부터 생각하려는 '현상학적 철학phänomenologische Philosophie'이 대두하였다.

'생활세계'란 후설Edmund Husserl(1859~1938)의 현상학 개념의 하나로서, 그는 『유럽과학의 위기와 선험적 현상학Die Krisis der Europäischen Wissenschaften und die Transzendentale Phänomenologie』(1936)에서 유럽 과학문화의 위기는 근대과학의 객관주의로부터 연유하였음을 반성하고 생활세계란 단순한 이론적 세계나 정신적 세계의 개념이 아니라 모든 문화적 상대성을 관통하고 있는 의미 형성의 궁극적 기반(보편적인 차원에서의 직접적인 감각적 경험의 세계, 일상적인 세계)이며 부단히 변전變轉하고 있는 역사적인 사회과학, 기술의 성과로 유입된 유동적으로 침전되고 있는 문화적 환경 세계로 보았다.

후설의 이런 생활세계 개념은, 철학의 임무는 일체의 지식의 원천인 '주관–객관', '물–심', '물자체–현상'의 분리 이전의 '순수경험(사고 · 감정 · 의지의 투입작용introjektion에 의함)'으로 돌아가 여기에 근거한 '자연세계 개념'을 강조하고 철학을 과학적으로 접근하려는 실증주의나 물심이원론을 배척한 독일의 철학자 아베나리우스Richard Avenarius(1848~1896)의 사상적 영향을 받은 것이다.

특히 후설의 후기 철학의 영향을 받은 현상학자들 가운데서 프랑스의 철학자 메를로 퐁티Maurice Merleau–Ponty(1908~1961)

같은 사람은 『지각의 현상학La Phenomenologie de la Perception』 (1945)[2])에서 전통적 심리학설을 비판하는 한편 즉자an sich(en soi)/ 대자für sich(pour soi)의 관점에서 '즉자적卽自的 물체'도 '대자적對自的 의식'도 아닌 '지각하는 신체', 실증적 객관성으로나 구성적 주관성으로도 환원시킬 수 없는 순수하게 지각되는 세계와 나와의 관계 접점인 지각 현상을 중심으로, '제1부 신체'에서 지각을 할 때 신체가 맡고 있는 역할을 주제로 논하고 있다.

즉, '물심이원론'의 관점을 배제하고 '신체'가 주체 그 자체이며, 주체로서의 '자아'는 데카르트 철학에서 말하는 것과 같이

----

2) 메를로 퐁티는 그의 주저 『지각의 현상학』(1945)을 주 논문으로, 『행동의 구조La Structure du Comportement』(1943)를 부 논문으로 학위를 받음으로써 학문적 명성을 세웠다.
『지각의 현상학』은 제1부 신체, 제2부 지각되는 세계, 제3부 대자적 존재와 세계 내 존재 3개의 부로 구성되어 있으며, 이는 심리학의 영역에서 게슈탈트 이론이 대립관계로 보았던 경험주의와 주지주의를 극복하고, '지각 행위 속에 몸을 두고' 주체와 신체와의 생활세계 관계'에 대해 현상학적으로 기술한 것이다.
『행동의 구조』에서는 종래의 자극으로부터의 반응이라는 일방적 인과관계의 시각에서 행동을 생각하는 고전적인 반사이론을 비판하고 요소론적·기계론적인 사고방식을 배격하였으며 게슈탈트 이론을 수용하면서 자극과 반응의 전체적 상호 관련을 강조하였다.
이런 전체관적 관점에서 파블로프Ivan Petrovich Pavlov(1849~1936)의 조건반사이론conditioned reflex theory을 검토하여 자극의 원자론적 선입견이 무비판적으로 이론 속에 들어 있는 것을 지적하고 동일한 자극도 상황에 따라서 다른 의미를 갖는다는 것을 밝히고 있다. 또 게슈탈트 이론Gestalt theory 그 자체에서 생물학적 게슈탈트, 심리학적 게슈탈트를 물리적 게슈탈트로 환원하는 것도 잘못된 과학주의에 지나지 않으며, 물질·생물(생명)·정신의 세 가지 질서는 각각 다른 방식으로 게슈탈트의 본성, 통합의 구조를 보이고 있다고 설명하고 있다. 이런 관점에서 심신의 이원성은 실체적인 것이 못되며, 상호작용하는 화학적 구성 요소의 한 덩어리로써의 신체 생물과 생물학적 환경과의 변증법으로써의 신체, 사회적 주체와 구성 요소의 한덩어리로써의 신체, 생물학, 생물학적 환경과의 변증법으로써의 신체, 사회적 주체와 집단과의 변증법으로써의 신체가 있으며, 마음이완 게슈탈트의 과정에서 확립된다고 보았다.

신체와 유리된 것이 아니라고 말한다. 신체를 '주체'이며 '의식'이라고 본 것이다.

여기서 그는 신체가 맡고 있는 역할의 의미는 생리학적 설명이나 고전심리학의 설명으로는 불충분하며 신체는 경험에 근거해서 신체 도식을 형성하고 있기 때문에 신체 각 부분의 의미와 가치를 전체적 통합의 관점에서 이해해야 한다고 보았다. 신체는 언제나 어떤 '의미'를 표현하고 있음과 동시에 예술적 작품에 비유할 만한 통일성을 가지고 있다는 것이다.

언어의 의미가 언어 그 자체와 불가분의 관계에 있는 것처럼 신체는 스스로 보여 주며 스스로 말한다고 보았다. 신체는 최초로 세계와 우리와의 채널을 만들어 주며, 실존 전체의 표현인 동시에 신체를 통해서 사물을 지각하고 상대를 이해한다는 것이다.

이와 같은 관점에서 '몸'은 주체 그 자체이며 주체로서의 '나'는 데카르트의 철학에서 말하는 것과도 같이 신체와 유리된 것은 아니라고 주장한 것이다.

상담에 종사하고 있는 사람이라면 이 점을 잘 알게 될 것이다. 예컨대, 어떤 내담자가 자신의 의식(나)으로는 긴장하고 있지 않은 것처럼 생각되지만 어떤 상황이나 계기에 자기도 모르게 소리가 높아져 버리거나 어깨에 힘이 들어갈 때가 있다. 이런 경우를 어떻게 생각하는 것이 좋을까?

심신이원론에서는 신체화되어 있지 않은 '주체'는 '긴장할 필요가 없다'고 판단하여 이 메시지를 몸에 보내고 있는데도 몸이 긴장되었다고 하자. 그렇다면 신체에 보내는 메시지 전달에 '이상'이 생겼거나 신체에 '이상'이 생겼다고 생각할 수 있을 것이다. 그러나 만약에 신체 그 자체를 '의식'이라고 생각해 본다면, 주체로서의 신체는 '긴장할 필요가 있다'는 것을 주장하게 될 것이며, 시야가 좁은 두뇌는 그것을 들을 수 없는 상태에 있다고 볼 수도 있을 것이다.

분명히 신체는 두뇌가 알지 못하는 미묘한 온도 변화나 기상조건의 변화도 감지하고 '예측 판단해서' 여기에 대응하여 몸을 조정할 수 있다. 또한 신체는 두뇌가 알지 못하는 곳에서 '상황'의 미묘한 뉘앙스까지도 감지하여 놀라운 판단도 하게 된다. 예컨대, 우리가 차를 운전할 때는 하나하나를 '판단'해서 신체에 명령을 내리고 있는 것은 아니다. 순간순간 구심적인 지각신경과 원심적인 운동신경의 기민한 '협응coordination'에 의해서 심신이 통째로 전체 통합적으로 운전하고 있는 것이다.

몸이 많은 지혜를 가지고 판단하는 '주체'라고 한다면, 우리는 이것을 '자기 안에 있는 미지의 어떤 존재' '내적 자기' '또 한 사람의 나'로 이름을 붙일 수도 있으며, 이 방법이 더 이해하기 쉬울 것이다. 그것은 좁은 두뇌의 의식보다도 넓은 의식이 '몸 안'에 있기 때문이다.

사실 우리는 몸을 떠나서 의식의 존재를 생각할 수는 없을 것이다. 사람들 사이의 끊임없는 심적 교섭을 통해서 다양한 사회생활이 펼쳐지지만 이는 결코 의식과 의식과의 사이에서 직접 행해지는 것이 아니라 반드시 직간접적인 신체적 표현을 통해서 행해지고 있는 것이다.

우리가 언어에 의해서 사상을 교환하며 표정에 의해서 감정을 전파하는 경우를 생각해 보자. 예컨대, 신체적 표현이라 할지라도 무언가를 미리 표현해야 할 의식 내용이 있어서 그것을 의지적으로 신체를 통해서 표현한다고 볼 것이 아니라 양자는 동시에 일어나는 활동의 양면이며, 의식적으로는 명료하지 않던 것이 무의식적인 신체 표현에 의해서 보완되는 경우도 있다.

결코 의식과 신체는 분리시켜 생각할 수 있는 대상은 아닌 것이다. 심적 활동은 의식적 경험과 신체 활동의 양면 위에서 펼쳐진다. 그래서 우리는 이 사실을 '정신 신체적 과정psychophysical process'이라고 하며, 심적 활동의 주체로서의 인간을 '정신신체적 유기체psychophysical organism'라고 한다.

의식의 밝은 측면과 어두운 측면

지금까지의 서술에서 '두뇌'(정신·의식)와 '몸'(활동)이라는 두 가지 측면이 서로 대치되고 있는 것처럼 표현하였지만 엄격히 말한다면 정확한 표현은 아니다. 왜냐하면 두뇌와 몸은 각각 다른 시각에서 검토하지 않으면 안 되며 '정신신체적 유기체'로서 의식과 신체는 유기적인 관계를 갖고 있기 때문이다. 그러기에 우리는 심적 활동의 정신적 영역을 '의식consciousness'이라고 한다.

일찍이 윌리엄 제임스William James(1842~1910)는 전체관적·기능주의적 착상에서 '의식의 흐름stream of consciousness'과 '사고의 흐름stream of thought'을 강조하고 "심리학은 정신생활의 현상과 조건의 과학이며 의식 상태 그 자체의 기술과 설명의 과학[3]이다."라고 정의한 것이다. 그러기에 그는 의식의 생활적 기능을 중시하여 기능주의 심리학functionalism의 길을 열었으며, 심리학은 '무엇what'을 문제 삼을 것이 아니라 '왜why'를 문제 삼아야 한다고 본 것이다. 이렇듯 그는 인간의 의식을 프래그머티즘의 관점에서 본 것이다.

그러나 이토록 중요한 의식활동의 '명암'에는 정도의 차이가 있다. 즉, 적극적인 지각의 대상에 대한 의식의 초점이 되고 있는 측면과 이와 같은 의식의 배경이나 주변에 수반하는 미세한 감정적 측면(주변 의식 전체를 말하지 않는다)이 있다. 전자는 주의의 초점이 되는 가장 밝은 측면(식심, 識心, Bewusstseinspunkt)이며, 후자는 달무리(월훈, 月暈)와도 같은 주변의식marginal consciousness, 즉 의식의 가장자리fringe of consciousness와 같은 희미하고 어두운 측면이 있다.

예컨대, 우리가 백화점에 가서 물건을 살 경우 사고자 하는 물건에 대해서는 관심을 갖고 생각하기 때문에 그 물건에만 의식이 집중되고, 주변에 있는 물건은 관심의 대상이 아니기 때문에 시야에는 들어와 있지만, 필요한 물건에만 주의가 집중되어 그

---

[3] W. James, *The Principles of Psychology*, 2 Vols, NY: Henry Holt, 1890, paperback edition, Vol. 1, New York: Dover Publications, Inc., 1950, p. 1.

주변에 있는 다른 물건은 희미하고 어렴풋하게밖에는 의식 영역에 들어오지 않는다.

　그러나 '몸'은 어두운 면까지도 감지하고 있다. 예컨대, 강의실에서 교수가 학생 K군의 질문에 열심히 설명하고 있을 경우에는 K군의 주변 학생들은 교수의 의식 영역으로 본다면 의식의 주변이 되지만, 교수의 몸은 열심히 설명하고 있을 때도 K군이 아닌 그 주변까지도 그 분위기를 느끼게 된다. 그러기 때문에 K군과 대화를 하고 있을 때도 뒤쪽에 있는 학생이 졸고 있거나, 책상 밑에서 만화책을 보고 있는 것 등을 '몸'으로 그 '위화감'을 느끼게 될 것이다. 젠들린은 이를 '몸의 의식bodily awareness'이라는 표현을 사용했다.

　이렇듯 '몸'은 의식의 초점이 아닌 그 주변까지도 그때 그 상황의 주변적 분위기까지도 감지한다. 즉, 교수는 K군과 대화를 하면서도 주변 상황의 위화감을 감지하면서 '이대로는 안 되겠다.'라든가 '무언가 분위기에 문제가 있다.' 등을 느끼게 될 것이다.

　만약에 이 '위화감'이 무엇인가를 확인하고자 한다면 의식의 밝은 면과 어두운 면을 반전시켜(게슈탈트 심리학에서 말하는 반전도형reversible figure) K군으로부터 의식의 초점을 다른 학생들로 전환시켜 보면 될 것이다. 그 결과 어둡고 모호했던 '위화감'이 무엇으로부터 발생했는지 명확해져서 적절한 대응을 할 수 있게 될 것이다.

개념적 측면과 전개념적 측면

앞 설명에서와 같이 의식의 초점 대상이 아니라 그 배경이나 주변에 수반했던 무언가 확실하지는 않지만 분명하게 느낄 수 있었던 '몸의 위화감' 같은 것을 '전개념적 측면(개념 이전적 측면)'이라고 본다면, 한 대상·사물·문제에 대해서 보편타당한 '판단'에 의해서 이것은 무엇이라고 말할 수 있는 측면을 '개념적 측면'이라고 볼 수 있다.

일반적인 통념으로는 '개념concept'이란 복수의 사물이나 사상 events으로부터 공통적인 속성을 추출하여 포괄적이며 보편타당하게 붙잡을 수 있는 사고의 구성 단위로 보고 있다.

심리학적으로는 사고의 1차적 여과 기능을 갖는 지각체계를 매개로 환경으로부터 받아들인 각종 정보군이 의식의 중추(대뇌)에서 다시 여과되어 조작 효율이 높아질 수 있도록 개괄적으로 추상화된 결과로써 만들어진다. 이런 점에서 개념을 대표하는 언어는 사고에서 매우 중요한 내용이자 사고의 소재로도 가장 편리한 수단이다. 그래서 논리적 색채가 짙다.

뿐만 아니라 우리가 경험을 통해서 얻은 다량의 정보군을 어떤 범주나 규준에 따라서 추상화하고, 다시 추상화된 정보를 개괄해서 통합하는 심적 기능인 '개념 작용aconception'이야말로 '사고의 경제성', 즉 정보 처리의 효율화를 위해서도 매우 중요한 의미를 갖는다.

이 책에서 '두뇌'라고 말했던 것이 '개념적 측면conceptual aspect'

이고 '몸'이라고 말했던 것은 '전개념적 측면preconceptual aspect'
이다. 예컨대, 가족여행에서 '제주도에 가자.'고 결론을 내렸을
때 그 결론은 개념적 측면이다. (이는 동시에 의식의 밝은 측면이다.)
그러나 좀 더 제주도에 관한 자료를 조사하고 나서 생각해 볼 때
"제주도는 음식도 맛있는 편이 아니며 8월에는 태풍도 많아서
어쩐지 떠오르는 이미지가 마음이 내키지 않아서……"라고 했
을 때, 마음에 내키지 않는 '……'은 전개념적 측면이다.

여기서 마음에 내키지 않는다는 '……'이란 무슨 뜻인가? 이는
전개념적 감각(주변 의식)으로 돌아가 생각해 본다는 의미다. '좀
더 음식도 잘하고 태풍의 영향을 받지 않는 곳이 좋지 않을
까……' 하는 새로운 개념화가 시도되고 있다는 의미다.

기실, 개념적 측면과 전개념적 측면은 대립하고 있는 것은 아
니다. 전개념적인 감각 '……' 속에서 새로운 개념이 만들어지고
있는 것이다. 창의적으로 사고하기 위해서는 일단은 아직 의미
가 형성되어 있지 않은 부분으로 관심을 돌려 이로부터 새롭게
의미 형성(개념 형성)을 할 필요가 있다. 이것이야말로 어떤 틀에
매이지 않는 자유로운 발상(확산적 사고divergent thinking)인 것이다.

젠들린이 철학과 심리학의 관계에 대해서 심혈을 기울여 집필
한 그의 처녀작인 『체험 과정과 의미의 창조Experiencing and the
Creation of Meaning』(1962)는 바로 이 점을 심도 있게 다룬 이론서
라고 볼 수 있다.

'……'의 체험 과정은 막연하지만 많은 것을 알고 있다. 이는
발상의 바탕이며 개념의 '근원'에 해당된다. 그러나 일상생활에

서는 자주 개념적인 틀에 매여서 전개념적 감각이 말살되고 마는 경우도 허다하다. 에컨대, '제주도는 풍광도 아름답고 관광객이 많이 가는 곳인데, 다른 곳을 물색한다는 것은 힘이 든다.'라고 자신을 설득시키려고 하는 것은, 개념적 사고에 의한 전개념적 감각에 대한 강압적인 주입이다. 이와 같은 경우는 두뇌와 몸이 대립 상태에 있게 된다. 어느 쪽에 창조적인 발상의 가능성이 있는 것일까? 그것은 자유로운 발상이 가능한 '……'이라는 전개념적 감각이다.

'……'이라는 전개념적인 것은 결코 무의미한 것은 아니다. 또한 '제주도로 가자.'는 의견에 간단하게 찬성하지 않는다고 해서 '……'은 무의식도 아닌 것이다. 정말로 가고자 하는 곳은 제주도가 아니라는 것을 확실히 의식하고 있기 때문에 '……'은 비논리적이라든가 비합리적이라고 볼 수는 없다. 왜냐하면 그것은 그 나름의 논리와 질서를 가지고 있기 때문이다.

지금까지 보아 온 포커싱의 사례에서는 구체적인 전언어적·감각적·비언어적 체험이 '……'으로부터 새로운 의미가 만들어진다고 했거니와, 이 '……'은 관광지=제주도처럼 '개념적 사고'는 아니다. 이는 다만 개념의 기초가 될 뿐이다. 그렇다면 이 개념의 기초는 어떻게 체험되는 것일까? 이것도 무시할 수가 없는, 의미 있는 '왠지 모르게……'라고 하는 '실감'으로서 체험된다. 그것은 '몸의 실감'인 것이다.

사람이 체험과정척도의 '단계 5(제4장 〈표4-1〉 체험과정척도 평정

기준표 참고'의 방식으로 말할 경우나 포커싱을 할 경우에는 전개 념적 감각으로부터 새로운 개념을 만들려고 하거나, 개념을 전개 념적 감각과 대조해 보게 된다.

'……이것이 분노라는 것일까 ……(분노라는 개념을 ……으로부터 만듦) ……분노라고 하기보다는 좀 더 침울한 기분을 느끼게 한다 ('분노'를 전개념적인 ……에 비추어서 보다 적절한 개념 '침울함'을 나타내 고 있다).' 포커싱에서는 몸의 실감으로서 확실히 느낄 수가 있는 '……'(의미 감각의 느낌felt sense)에 개념을 대조한다거나 이로부 터 개념을 형성할 수 있기 때문에 새로운 생각이 열리게 된다.

대안이 주는 암시

'제주도에 가려고 생각하고 있다. 그래도……'라는 사례에서 본 것처럼 '……'은 무언가를 알고 있다. 때문에 '제주도'라고 해 도 쉽게 납득이 가지 않는다. 그렇다면 어떻게 '……'은 무언가를 알 수 있다는 말인가? 젠들린은 전개념적 체험, 즉 '……'(느낌의 의미 감각)은 '차선의 대안alternative'의 암시라는 매우 흥미 있는 정 의를 제시해 주고 있다.

여기서 '공복감'의 사례를 생각해 보자. 물론 '공복감'은 '개 념'이기 때문에 그 개념과 관계가 있는 전개념적 감각 '……'에 대해 생각해 볼 필요가 있다. "어떤 공복감입니까?"라고 물어보면 전개념적 감각에 접하게 된 것이다. 그 결과 오늘 낮의 공복감은 어제 낮의 공복감과는 그 '질'(실감)이 다르다는 것을 알게 될 것이다.

어제는 카레라이스가 먹고 싶었지만 지금은 '좀 더 담백하고 시원한 무언가……'를 먹고 싶다. 또 오늘 아침의 공복감과 지금의 공복감도 다르다. 지금의 공복감인 '좀 더 담백하고 시원한 무언가…… 먹고 싶다'는 것은 '다른 것으로 대신할 수 있는 다음에 대한 암시'인 것이다. 이는 다음에 해야 할 것, 즉 몸의 느낌이 자신에게 '무언가를 드시오.'라는 것을 가르쳐 주는 메시지인 것이다. 그러나 그것뿐만 아니라 실은 어떤 것을 먹는 것이 좋은가에 대해서도 '암묵적'으로 시사하고 있는 것이다. 즉, 오늘은 카레도 아니고 피자도 아닌 '좀 더 담백하고 시원한……'에 대해서다.

그래서 '도미매운탕'이라는 '개념'을 '……'과 비교해 볼 때 어떻게 될까? 도미매운탕도 좋지만 …… 그것은 어쩐지 좀 그렇다라고 생각해서 '……'이 납득이 가지 않는다고 하자. 그래서 '……'은 '도미매운탕' 이외의 개념을 생각하게 된다. 그렇다면 생선구이는 어떠할지 도미매운탕과 비교해 본다고 하자. '아무래도 생선구이보다는 …… 국물이 있는 것이 좋을 것 같다.'로 생각이 바뀌어 새로운 개념으로 '국물'을 생각하게 되었다. 여기서 만약 '그래! 메밀국수를 먹자!'라는 새로운 개념이 만들어지게 되면 '……'이 만족할지도 모른다. 이럴 경우에는 드디어 '……'에 숨어 있던 의식(생각)이 표면화하게 될 것이다.

이렇듯 '숨어 있던 생각이 표면화하는 것'을 젠들린은 '추진

carrying forward'이라 하였다. 포커싱의 사례에서 설명했던 '감각 전환felt shift'도 '추진'의 일종이다. 그러나 굳이 '감각 전환'이라고 말하지 않는다 하더라도 사람은 다양한 '추진'을 하면서 살고 있다. 먹을 것을 선택할 때나 쇼핑을 할 때도 '추진'에 의해서 최종적인 선택을 하게 된다.

여기서 다시 앞의 사례로 돌아가 본다. '메밀국수'를 먹기로 선택했다고 할지라도 또다시 '……'이 등장할 수 있다. 메밀 음식에서 '비빔메밀 …… 아니다, 메밀냉면은 비빔메밀과 좀 다르다……'와 같이 '메밀'이 또다시 '분화'된다. 이를 체험의 '내적 분화 가능성'이라고 한다. 이렇듯 내적으로 분화를 하면서 보다 마음에 맞는 다듬어진 '개념'이 전개념적인 감각으로부터 나온다는 것이다.

그래서 다시 '그래! 역시 냉메밀로 하자.'와 같이 재차 생각의 '추진'이 일어났다 할지라도 냉메밀을 먹을 때 같이 딸려 나오는 양념소스에 들어 있는 질(김의 종류, 파의 양, 겨자, 초간장의 양과 질) 등 다시 전개념의 개념화 과정은 이어지게 될 것이다.

과정으로서의 체험—'체험 과정'

공복감의 느낌 '……'에서부터 '냉메밀'과 이것을 먹는 방식의 특징이 행동화되고 실제로 이것을 먹게 되면 '공복감'은 달라진다. 즉, 공복감이 '포만감'이나 적당한 쾌감으로 변하게 된다. 또한 정서도 안정 상태로 변한다. 이 예에서 볼 수 있는 바와 같이 '체험'은 '전개념적 과정preconceptual process'으로서 남게 된다. 그러나 체험은 마음속의 돌처럼 움직일 수 없는 것으로 존재하고 있는 것은 아니다. 그것은 항상 변화의 가능성으로서 내재하고 있는 것이다. 기실 그것은 항상 변화하며 움직이고 있는 역동적이며 살아 있는 과정의 한 국면인 것이다.

사람의 내면에는 로저스가 말하는 '유기체적 경험organismic experience(감각적 내장적 경험sensory and visceral experience)'이라는 개념, 유기체로서 생활하고 성장하는 가운데서 가치화하는 유동적인 과정(유기체적 가치화의 과정organismic valuing process)[4]만이 있는 것이 아니라 환경과의 상호작용 과정에서 자기가 느낀 언어화할 수 있는 내용 이전의 전개념적인 체험 과정이라는 것도 있다.

종래의 심리학은 불안·분노·긴장과 같은 정서를 '심적인 내용물'로서만 접근하였다. 그래서 이 내용물이 어디에서 왔는지, 어떤 원인 때문에 만들어진 것인지에는 관심을 두었다. 그러나 이런 발상의 접근방식에는 두 가지 문제점이 있다.

그 하나는 '원인'을 생각하는 발상이 '과거 회귀적'일 수밖에

---

4) 갓난아기는 본능·반사적으로 어머니의 젖을 먹기를 좋아하며, 배가 부르면 젖 빠는 것을 멈추고 잠에 든다. 이 체험을 통해서 '젖을 먹는 것' '먹는 것을 그만두고 잠든다'는 것을 가치화해서 행동한다고 생각한다. 이렇듯 인간의 내면에는 유기체로서 성장해 가면서 가치화해 가는 유동적인 과정이 있다. 이 점은 두뇌를 써서 관념적으로 사고하고, 객관적으로 판단하거나, 타인의 기대에 영합해서 만드는 것이 아니며 감각적 내장적 경험을 통한 가치화의 결과다.

없다는 점이다. 예컨대, 유리창이 깨진 '원인'이 무엇인가를 물을 경우 이는 반드시 과거에 유리가 만들어진 공정이나 수송 과정, 또는 축구공이나 야구공에 맞아서, 그리고 유리를 잘못 끼워서 등 과거에 있었던 일을 관련지어 생각하게 된다.

이렇듯 만약 '불안'의 원인을 생각할 때도 과거의 어떤 사건에 관련시킬 수도 있을 것이다. 또 하나는 그 '원인론'을 정확하게 파악하려고 하면 할수록 불안의 변화에 대해서는 설명할 수 없게 된다는 '문제점'도 있다.

이 두 가지 문제점을 종합해 보면 다음과 같이 될 것이다. 만약 어떤 사람이 지금의 불안을 '7'이라는 수치로 표시하고, 그 원인은 과거에 있었던 일 '1', '1', '2', '3'이라고 한다면 7=1+1+2+3으로 표시할 수가 있다. 따라서 '1', '1', '2', '3'은 과거에 있었던 객관적인 실제 사실이라는 점에서 정당하다고 보게 된다. 이 때문에 그 사람의 불안 '7'은 변할 여지도 없고, 언제까지나 7일 수밖에 없다. 불안의 원인을 알았다 해도 그의 불안은 달라질 수 없다는 문제에 봉착하게 된다. 이 점이 프로이트 정신분석이 헤어 나오지 못한 최대의 이론적 문제, 즉 '결정론 determinism(인과론causationism)'이다.

실제로 사람이란 '불안'을 느낄 때 불안으로부터 해방되기 위한 미래의 행동(앞으로의 구체적인 계획)을 생각하게 되는데, 인과론적 결정론은 과거에만 눈을 돌려서 원인만을 찾으려고 하기 때문에 불일치의 이론이 생기고 만다. 또한 과거의 원인을 더듬어서 불안의 원인을 알았다 할지라도 그 불안이 변화할 수 없다는 것을 알게 되면 이것이야말로 더욱 난처한 문제에 직면하게 된다.

'체험과정이론'에서는 체험은 언제나 과정process으로서 변화하게 된다고 생각한다. 예컨대, 공복감은 먹는 행동을 시사하며, 언쟁을 하고 나서 기분이 좋지 않은 느낌은 어떤 형태의 특정적인 화해의 계기나 명분을 암시하는 등 사람의 체험은 언제나 변화의 가능성을 함축하고 있다. 요컨대, 체험은 '체험 과정experiencing'으로서 존재한다.

어떻게 되어서 불안하게 되었는가라는 원인을 추구하기보다는 불안은 무엇을 암시하고 있는가, 또는 왜 변화해야 할 불안이 그대로 있는가라는 관점을 '과정 중심'으로 바꿔 가는 것을 체험과정이론은 강조한다.

우리는 외계와의 상호작용을 하면서 항상 과정 속에서 살고 있으며 과정으로서의 감정과 경험을 끊임없이 더해 가며 살고 있다. 상담에서 내담자가 씨름하고 표명하며 언어화하려고 하는 것도, 그리고 상담자가 응답하고 촉진시키고자 하는 것도 이 과정으로서 존재하는 감정이나 경험의 과정에 지나지 않는다. 그래서 젠들린은 이를 '체험 과정'이라고 이름하였다.

본래성의 근원으로서의 '기분적 이해'

사람들 가운데는 '생존'으로서는 살아 있지만, '실존'으로서는 살고 있지 않다고 생각하며 '참다운 나'는 어디에 있는가라고 고민하는 사람이 있다. 그래서 존재의 의미를 알고 '진정한 나'로서, 책임을 지는 사람으로서 살고자 한다. 그렇다면 자신이 참다운 나로서 그리고 스스로 판단하는 주체로서 선택·행동하고 책임을 지는 사람으로서 살고 있는지의 여부를 어떻게 구분하는 것이 좋을까?

이 문제는 실존주의 철학의 중심적인 문제가 된다. 그래서 인간 존재의 실존적 본질을 찾기 위해 본래적인 선택과 행동을 하는 사람은 단순히 불합리한 일반적인 관행이나 구습에 따라가는 사람이 아니라 자기 자신의 인생을 선택하고 책임을 지는 사람이다. 그렇다면 여기서 말하는 '본래적인 선택'과 '비본래적인 선택'은 어떻게 식별되는 것일까?

본래성Eigentlichkeit/비본래성Uneigentlichkeit은 하이데거Martin Heidegger(1889~1976)가 『존재와 시간Sein und Zeit』(1927)에서 '사실적 생'의 현상학적 기술을 위해 사용한 용어로서, 이는 자기의 존재를 획득하고 있는 '현존재의 존재 양상'과 사람에 또는 조건에 맡겨져서 '자기적인 존재 가능성'을 상실하고 있는 존재 양상을 설명하기 위해 사용한 용어다. 요컨대, 생자신의 자기 상실적 경향의 극복과 실존의 한계 현상에서 생의 자기 획득의 가능성을 설명하기 위해 사용하였다.

하이데거 학자인 젠들린은 이 문제를 '실존주의의 중심적 과제임에도 불구하고 미해결의 문제였다'고 보고, '체험 과정의 추진'이 본래적인 선택과 그렇지 못한 선택을 식별하는 근원이라고 보았다. 예컨대, '제주도에 갔다 오려고 생각하고 있다. 그렇지만 ……' 에서는 ‘……'이 있는 한 본래적인 선택이라고 말할 수는 없다. 의미 있는 ‘감각 전환'이 일어날 수 있는 체험에서 마음이 개운치 않은 상태가 상쾌한 기분이 될 정도의 선택(자기적인 존재의 획득)이야말로 ‘본래적'인 선택이라고 말할 수 있다.

젠들린의 관점에서 볼 때 사람이 본래적으로 생존하기 위해서는 언제나 선택의 기준으로서 자신의 ‘실감'에 가깝게 다가갈 필요가 있고 실감에 담겨 있는 ‘……'을 명확히 하면서 살아감으로써 진정한 가능성도 열리게 된다는 것을 말하고 있다.

특히 하이데거는 『존재와 시간』에서 그동안 로고스 중심주의적인 철학의 전통으로 인해 주관/객관, 내/외라는 전통적인 프레임 속에서 주관의 내면에 가두어 있던 ‘기분Stimung'을 해방시켜 감정과 더불어 거의 소외되었던 ‘기분'을 재해석하고, ‘세계 내 존재In-der-Welt-Sein'로서의 현존재Dasein 본연의 상태의 계기를 만들어 주는 ‘정태성Befindlichkeit, 情態性(감정이 근원적인 존재의 의미를 갖고 있는 상태)'이라는 개념을 만들 만큼 기분이나 감정을 재조명하였으며, 인간의 가능성은 ‘기분적 이해Stimungsverständnis'에 숨어 있다고 보았다. 이 ‘기분적 이해'에 대한 성질을 해명한 것이 이른바 젠들린의 ‘체험과정이론'이다.

관계적인 존재로서의 인간

우리는 단 하루의 인생인들 크고 작은 다양한 성질의 관계 속에서 영위된다. 개인의 성장, 교육이 그렇고 경제 · 정치 · 신앙생활 등이 그러하며 창조 과정에서 필요한 경험과 경험의 관계가 그러하거늘 통상 '대상(개체)'이 일차적 존재인 데 대하여 '관계'는 이차적 존재라고 할 만큼 인간은 원하든 원하지 않든 어떤 관계 속에서 인생을 살다 관계 속에서 삶을 마감하게 된다.

여기서 관계적인 존재에 대한 이론적인 문제를 생각해 보기 위해서 다음 사례를 생각해 보기로 한다.

A라는 사람은 대학원생 때 젠들린의 강의를 수강하던 중 갑자기 질문을 받은 일이 있었다. 그 질문인즉, "당신은 어디에 있습니까, 몸 안입니까, 아니면 몸 밖입니까?"였다. 학생은 이 질문을 받고 당황했다. 왜냐하면 전혀 생각도 못한 것이었기 때문이다. 만약 "몸 안입니다."라고 대답한다면 "몸 안에는 뼈나 장기나 혈액은 있을지 모르지만 당신은 없습니다."라고 지적당할 것이 틀림없다고 생각한 것이다.

이와는 달리 "몸 밖입니다."라고 대답하면 "밖에는 공기밖에 없지 않습니까."라고 말할 것이 틀림없다고 생각했다. 나는 내 몸 안에 있지도 않고 밖에도 있지 않다. 그렇다면 나는 어디에 있는 것일까? 매우 당황스러웠다.

심사숙고한 결과 '안'과 '밖'이라는 것은 인간이 만든 개념에 지나지 않는다. 실제로 나는 '안'이라든가 '밖'에 있는 것이 아니라, 관계 그 자체에 귀착된다는 것을 알게 되었다. 요컨대, 인간은 '관계적인 존재'라는 것을 깨달았다.

우리가 무엇을 경험하고 나서 얻는 의미도 선행했던 경험에 대한 후속 경험의 '관계(의미와 의미와의 관계relations between meanings)'를 새로 만드는 가운데서 얻어지며, 또한 다른 경험을 창조하는 가운데서 얻게 된다.

관광지를 선택할 경우, '제주도가 좋을지, 속초가 좋을지' 결단을 내리지 못하고 망설이고 있는 나의 '……'은 제주도나 속초와 '나의 관계', 제주도나 속초에서 일어날 가족과의 인간관계의 상태, 각종 도구와 시설 사물을 사용한 '놀이 방식'과의 관계, 이런 무수한 '관계'를 순간적으로 '……'의 내면을 통해 암시해 주고 있는 것이다. '……'과 더불어 이 점을 생각하는 순간 나는 정말로 이른바 하이데거의 '세계-내-존재'로서 다양한 관계의 소용돌이 그 자체가 되고만 것이다. 이렇듯 사람은 언제나 관계의 소용돌이 속에서 실존하고 있다.

이 문제를 인간의 다양한 관계를 '존재론적 사실'로서 이해할 때 또한 사람의 삶이 체험으로 일관되게 '실재實在'하고 있는 한 체험(실존)도 또한 관계의 산물인 것이다.

안도 바깥도 아니며 거기에는 관계만이 있다. 그리고 여러 가지 관계가 암묵적으로 전개념의 수준에서 조작되면서 다음에 필요한 것을 암시해 주고 있다. 사람은 어떤 일에 대해 생각할 때(초점화할 때) 그 일에 관한 많은 암묵적인 관계를 신체적인 감각 느낌으로서 체험하게 된다.

우리가 어떤 생각을 바꿀 때는 '구체적인' 또는 '전개념적인' 체험 과정을 필요로 한다. 이때 필요한 것은 상징적인 기호체계와 구체적인 체험 과정이다. 실제로 우리가 무엇을 사고한다는 것도 기호체계와 체험 과정이 더불어 작용하는 기능적인 관계를 말한다.

이런 점에서 '사고'란 아직 개념화conceptualization되어 있지 않은 '……'이 가지고 있는 정보 가운데서 필요한 것과 필요 없는 것을 취사선택하는 기능적인 관계 그 자체라고 본다. 때문에 전개 념적인 구체적 체험을 통해서 그 안에 있는 암묵적인 체험이 명료해질 때 지금까지는 알지 못했던 것, 즉 개념화되어 있지 않았던 새로운 관계(시각)가 열리게 된다.

09

상대의
자기 발견을
위한 경청

09 상대의 자기 발견을 위한 경청

이 장에서는 지금까지 보아 온 상담이론과 포커싱의 중심이 되는 '느껴진 의미 감각', 즉 '실감'을 다루는 법에 대해서, 그리고 체험과정이론을 모두 '상대 말을 경청'한다고 하는 행위 속에 통합하여, 이것이 그 사람의 개인적인 성장 체험과 자기 발견에 이어질 수 있는 말을 경청하는 방법에 대해 생각해 보고자 한다. 그렇지만 '말을 경청하는 것'은 심리치료법이나 상담기법 그 자체는 아니다.

오히려 그것은 일반인들의 대인관계에서 상대의 말을 듣거나 상담에 임했을 때, 함께 느낀 바 '실감'을 공유함으로써 여기서 창조적인 재치를 얻기 위한 하나의 기술이라고 보면 된다. 이와 같은 기술은 '적극적 경청active listening'이나 '체험적 경청experiential listening'으로 불리고 있거니와, 이는 일반 사람들의 자기 원조self-help · 상호 원조mutual help에 도움이 될 뿐만 아니라 기업의 경영자 · 교사 · 의사 · 간호사 · 사회복지사의 교육 등 다양한 분야에서도 활용된다.

대화로 사귄다는 것

우리가 일상생활을 하다 보면 사적으로나 공적으로 상담에 응해야 할 일이 많다. 이 경우의 상담에는 두 가지의 다른 유형의 상담이 있다고 말할 수 있을 것이다.

그중의 한 유형은 상담 내용에 이미 답이 있는 경우다. 요컨대, 문제 해결에 필요한 정보·지식의 부족·결핍으로 인한 상담이기 때문에 친절하게 필요한 정보와 지식을 정확하게 설명해 주면 되므로 특별히 경청에 신경을 쓸 필요는 없을 것이다.

또 하나의 상담 유형으로는 명확한 답이 없는 경우다. 예컨대, '직업이 적성에 맞지 않아 전직을 생각하고 싶다.' '저 사람과 마음이 맞지 않는 것은 어째서일까?' 또는 자신이 생각해도 불합리한 것으로 알고 있는 관념이 끊임없이 자기 마음을 지배하고 있기 때문에 이를 자기 의지로 제거하려고 하면 할수록 더 마음이 괴로워지는 '강박신경증obsessive-compulsive neurosis' 같은 상담이다.

이 경우는 지적 정보의 부족이나 결핍 때문에 생긴 문제가 아니라, 정의적 영역affective domain에 원인이 있기 때문에 명쾌한 해답이 없다. 예컨대, 회사를 그만두고 직장을 옮기려고 할 경우 어떻게 하는 것이 잘하는 일일까? 이런 문제로 상담을 한다고 하자.

이와 같은 상담에서는 옮기는 것이 좋다, 하지 않는 것이 좋다 등을 단정적으로 말할 수는 없다. 상담이란 양자택일적인 결론을 구하는 만남은 아니다. 그것은 '대화를 나눈다'는 데 의미가 있는 만남이다. 카운슬링의 어원인 라틴어 '콘수레레cosulere'의

어의가 '숙고하다' '반성하다' '조언을 받다' '조언을 구하다'를 시사하고 있는 바와 같이 상담은 어떤 목적을 갖는 전문적인 대화의 행위인 것이다. 이렇듯 우리는 대화를 나눔으로써 '신뢰 관계'도 만들 수 있고, 상대의 말을 '경청'함으로써 상대를 이해할 수도 있으며, 문제 해결의 용기를 줄 수도 있다.

젠들린은 "아무리 위독한 말기 환자가 말도 못하는 무표정한 사람일지라도 그 사람의 눈동자 깊은 곳을 들여다보면 거기에는 살려고 하는 뜨거운 의지가 있는 것을 엿볼 수 있다."라고 말하였다.

이 말은 호스피스hospice 전문가의 경우 코마coma 상태에 있는 식물인간이라 하더라도 그 사람의 눈동자와 연결되어 있는 심적인 흐름의 반응에 공감적으로 느끼며 응답해 가는 코마 워크coma work를 통해서 상당한 '대화'를 할 수 있고, 죽음을 앞둔 감정의 흐름을 읽을 수도 있다는 것이다.[1]

이렇듯 답이 명확하지 않은 유형의 상담에서는 상대의 생각을 경청하며 말과 비언어적인 표정이나 반응과 사귐으로써 그 사람 자신이 자기 나름대로 최선의 결론을 찾아낼 수 있도록 지켜보는 것이 가장 바람직한 원조라고 볼 수 있다.

이 경우에 '칼 로저스'의 말을 생각하지 않을 수 없다. "인생의 전문가는 그 사람 자신이다."라는 말이다. 상담에서는 본인 자신의 사고와 가능성을 끌어내어 본인이 납득할 수 있는 결론에 이

---

[1] Arnold Mindel, *Coma : The Dreambody Near Death*, New York: Penguin, 1995.

르도록 하는 것이 '원조적인' 상담이다. 기실 상담·심리치료 전문가라 할지라도 상대의 개별적인 상황에 대한 인지나 복잡성은 정확히는 알 수 없는 일이다. 로저스의 말처럼 상담자나 심리치료자는 심리치료의 전문가이기는 하지만 내담자 개인의 인생 전문가는 아닌 것이다. 다만, 문제 해결을 도와줄 뿐이다.

그렇다면 본인의 생각을 존중하고 본인의 가능성을 도출해 가기 위한 대화를 하기 위해서는 무엇이 필요한가? 이 경우에 필요한 것이 '경청listening'이다.

지금까지의 설명으로 볼 때, 전자의 상담 유형은 적응상의 문제 해결(퍼스낼리티의 성장)을 위해 인지적·지적·합리적·정보제공이라는 방법(과정)을 사용한다고 본다면 후자의 상담 유형은 인성의 재구성을 위해 감정적·정서적·동기적·비합리적인 문제를 가지고 있는 사람을 대상으로 하는 상담이다.

그러나 공통점을 말한다면 상담은 단지 상담자가 내담자에게 충고나 조언을 해 주는 데 있지 않으며 '언어적 수단verbal means'을 통한 '역동적인 상호작용dynamic interaction'의 과정이라는 점이다. 이 과정에서 말하는 사람(내담자)과 듣는 사람(상담자)이 동등한 참가자co-participant로서의 관계 속에서 펼쳐지는 대화와 경청은 성공적인 상담을 위해 필수적인 요건이다.

경청에 필요한 열린 마음

우리는 잘못된 편견이나 아집, 선입견 때문에 자신을 힘들게 한 나머지 인생을 불행하게 살고 있는 경우가 너무도 많다. 이 문제는 대화에서 상대의 말을 경청할 때도 중요한 조건이 된다. 왜냐하면 한 사람의 '마음의 자세mental set'는 그 사람의 특정한 인지나 반응으로 나타나기 이전의 정신·신경적인 준비 상태mental and neural state of readiness가 되기 때문이다. 다시 말해서, 마음의 자세는 그 사람의 지각·판단·사고의 방향·문제 해결·학습 등에 미치는 효과가 크다는 것이다. 예컨대, 상대의 말을 듣는 쪽이 여러 가지 근심거리나 선입견을 가지고 있다면 머리가 복잡하기도 하지만 판단 이전에 이미 '예단' 같은 어떤 생각이나 의견을 가지고 말을 듣고 있기 때문에 경청도 제대로 할 수 없을뿐더러 말의 깊은 뜻도 이해할 수도 없고 합리적 사고도 할 수 없을 것이다.

경청하는 사람의 마음 자세란 오로지 상대의 말을 넉넉한 마음으로 공감적으로 받아들일 수 있어야 한다. 이상적으로는 산란散亂한 마음을 비우는 일이다. 이른바 '허기심虛其心하여 실기복實其腹하고'(노자 『도덕경』 3장)라는 말도 있거니와, 일체의 마음의 더러움을 씻고 허虛의 상태가 될 때 배를 채울 수 있다는 말과도 같이 상담자는 '사무사思無邪'의 상태가 필요하다. 즉, 자기를 낮추고 아집에서 벗어나 마음을 비우고 경청하는 자세가 필요하다.

그러나 이와 같이 열려 있고 비어 있는 허심虛心 상태의 관계란 기실 일상생활에서는 그렇게 흔하게 있을 수 있는 일은 아니다.

일상생활에서 통상 이해관계에 있는 사람들의 대화와 상담이란 서로가 이해 득실을 계산하고 자신에게 유리한 '결론으로 이끌고 자' 유도하기 위한 듣는 태도다. 그래서 시장에 가면 물건을 어떻게 해서라도 많이 '팔아야겠다.'는 타산 때문에 찾아온 손님의 생각을 경청하는 경우란 의외로 적은 것이다.

요즘 세태로 보아 인간관계 전반에 걸쳐서 편견과 아집 때문에 대화와 소통이 원활하지 못하다. 예컨대, '저 사람은 A형(혈액형)이기 때문에 틀림없이……' '여성이란 아무래도 ……' '요즘 젊은이들은 ……' 등등 놀라울 만큼 많은 편견이나 선입견의 '필터'를 통해서 이해하고 의사소통이 이루어지고 있다. 이로 인하여 경청이나 공감적 이해가 적을 수밖에 없다.

여기에다 때로는 대화를 하고 있는 동안에 듣는 쪽이 먼저 자신의 경험이나 생각을 말해 버림으로써 말하는 쪽과 듣는 쪽이 '역전'되어 버리는 경우도 있다.

상대의 말을 들을 경우에는 무엇보다도 먼저 개인적인 근심거리나 관심사와 편견이나 선입견과 예단을 멀리할 필요가 있다. 그릇은 비어 있어야 그 속에 무엇을 담을 수가 있다. 이렇듯 마음의 그릇을 비우게 되면 상대의 말을 제대로 받아들일 수 있기에 선입견도 가라앉게 되고 앞에 있는 사람이 제대로 보이게 될 것이다.

그 결과 앞에 있는 사람을 위해서 내가 온전히 함께 '여기'에 있을 수가 있으며 존재감을 갖고 겸허한 마음으로, 설혹 상대가 문제에서 벗어난 말을 한다 해도 이를 제대로 들을 수 있게 될 것이다. 이렇듯 상대의 말을 깊이 있게 들어 줄 수 있는 사람이 있다는 것만으로도 문제를 가지고 있는 사람은 마음으로부터 감사하며 큰 힘을 얻을 수 있을 것이다. 그리고 감사하게 생각할 것이다.

경청의 3조건

칼 로저스가 1957년에 발표한 『치료적 인성 변화를 위한 필요 충분조건The Necessary and Sufficient Conditions of Therapeutic Personality Change』의 여섯 조건 가운데 세 가지 상담자의 조건―공감적 이해empathic understanding, 무조건의 긍정적 배려 unconditional positive regard, 자기 일치self congruence의 태도―도 알고 보면 경청에 대한 매우 효과적이고 건설적인 기술記述이며, 가장 많은 실증적인 연구로 알려지고 있다.

이 '3조건'에 대한 설명은 이미 3장에서 서술하였기 때문에 여기서는 이들 조건에 대한 구체적인 설명은 생략한다. 다만, 여기서는 경청 기법으로서의 3조건에 관해서 말하고자 한다.

공감적 이해

상담자가 내담자의 '사적인 세계'를 마치 자기 자신의 세계인 것과도 같이 생각하는 태도가 공감적 이해의 기본적 성격이라고 볼 때, 상담자가 경청할 때 '동떨어진 관점'에서 경청하거나, 내담자의 문제점이나 약점과 모순을 발견해 내려고 하는 경청이나 상대에게 자기 생각을 주입하기 위해 경청하는 태도는 공감적

이해는 아니다. 불행하게도 일반인들의 극히 피상적인 실제 상담 장면에서는 이런 일이 자주 일어나고 있다.

예컨대, '직장을 옮기는 문제로 고민이 되어 잠을 잘 이루지 못한다.'고 말하는 사람에게 '직장을 옮겨서 성공한 사람이 많다.'고 하는 응답은, 말하는 사람 개인에 대한 것이 아니며 사회 일반적인 경향을 무성의하고 무책임하게 말하는 '동떨어진 관점'이기 때문에 별로 도움이 되는 말이 될 수 없다. 이런 응답은 통상적으로 사용하는 틀에 박힌 상투적인 용어에 지나지 않기 때문에 공감적인 이해라고는 볼 수 없다.

공감적으로 경청·이해하려고 한다면 전직 문제 때문에 고민하고 있는 본인의 처지와 시각에서 '그 속에 내재하고 있는 실감을 마치 자신의 일처럼' 이해하려고 하는 자세가 중요하다. 요컨대, 경청자는 말하는 상대가 듣는 쪽의 어떤 의도적인 조작이나 조원의 대상이라는 발상을 중지하고 '마치 자신의 문제처럼' 실감을 공유하지 않으면 안 된다. 여기서 더 중요한 것은 상대 마음의 실감을 공유했다 할지라도 '마치'라는 부사적 성질을 잊어서는 안 된다는 점이다. 그렇지 못할 경우에는 어느 쪽이 말하는 쪽인가를 알 수 없게 될 것이다.

'마치 ……처럼as if'이란 로저스의 휴머니즘을 단적으로 보여 주는 유명한 말이기도 하지만, 이 말의 밑바탕에는 '가장 개인적인 것이 가장 일반적이다.'라는 로저스의 사고방식이 깃들어 있음을 보여 주고도 있다. 이 점을 현실적으로 생각해 보자.

혼히 사회문제연구소에서 이혼 통계라는 '일반적'이며 객관적인 자료를 발표했다 해도 특별히 느끼는 것이 없지만, TV드라마 속에서 어느 한 부부가 이혼하는 과정을 보게 되면 정서 구조와 자기 처지에 따라서 다르기는 하지만 남의 불행을 남의 일 같지 않게 딱하게 느끼게 되거나 감동하여 눈물을 흘리기도 하는 등 '마치 자기 일처럼' 실감하여 받아들이게 된다. 요컨대, 일반적인 통계 데이터로 발표하는 내용은 마음에 와 닿는 점에서는 별로 큰 의미를 못 느끼지만 개인성의 측면에서 이를 드라마로 각색하여 보여 주는 것은 보다 자극적이어서 감동적으로 받아들이게 된다.

'전직 문제 때문에 잠을 잘 이루지 못한다.'는 예를 가지고 생각해 보자. 누구나 고민이 있을 때는 깊은 잠을 이루지 못한다. 이 경우에도 상대 말을 듣는 쪽은 잠을 이루지 못했을 때의 실감을 생각하면서 나와 너를 혼동하지 않도록('마치 ……처럼'을 잃지 않는다) 하면서 상대 말의 흐름에 담겨 있는 느낌을 이해하려고 한다면, 이것이 '공감적 이해다.' 이를 구체적인 응답으로 바꾼다면, 예컨대 '잠을 이룰 수 없을 정도로 고민하고 있다.'라는 응답이 될지도 모른다.

무조건의 긍정적 배려

일반 사람의 경청에서는 비소유적인 온정을 가지고 '무조건'이라는 태도를 유지하기란 쉬운 일은 아니다. 예컨대, 전직하지 않는 것을 긍정한다거나 전직하는 것을 반대하는 등 온유한 마음으로 상대가 하는 말을 듣고자 하지만 평소 본인이 유형화된 성격 때문에 자기도 모르는 사이에 암묵적인 '어떤 조건'의 영향을 받는 경우가 많다.

이와 같은 상황에서는 '전직하지 않는 것이 좋겠다.' 등 듣는 사람의 일반적인 이해에서 생기는 감정이나 '배려'라는 것이 있기 때문에 무조건적인 태도를 유지하기가 어려운 일일 수도 있다. 그러나 이것이 너무 지나칠 때는 경청이 아니라 '설교(때로는 잔소리)'가 되어 버릴 우려도 있다. 그렇다면 어떻게 하면 좋을까?

상대 말을 듣는 사람으로서 알아두면 도움이 되는 것은 다음과 같은 점이다. 전직할 것인가 말 것인가는 결과에 지나지 않다. 중요한 것은 결과에 이르는 '사고의 과정'이다. 만약 사고 과정이 내용에 알맹이가 있고 자신을 상대의 처지에서 응시하며 여기서 다양한 실감을 음미하고 나서 결론에 이르게 된 것이라면, 그것이 어떤 결론이든 그것은 본인에게는 진실되고 본래적이어서 바람직한 결론이라고 말할 수 있을 것이다. 대부분의 사람은 이런 과정으로부터 얻은 결론에는 찬성할 것이다.

그러나 역으로 '마음에 들지 않기 때문에 전직한다.'와 같이 사고 과정이 내용도 너무 빈약하며 자기 검토도 충분하지 않은 과정에서 얻은 결론이라고 한다면 그것은 본래적인 결론이라고 말할 수도 없을뿐더러 대부분의 사람의 찬성도 얻을 수가 없을 것이다. 때문에 상대(내담자) 말을 듣는 사람(상담자)에게 중요한 것은 '결론'이 아니라 결론에 이르는 '과정'을 내실 있게 하는 일이다.

"전직을 하려고 생각하니 잠을 이룰 수 없습니다."

"잠을 잘 수 없을 만큼 생각에 잠기게 됩니다."

"그렇군요. ……그런데 ……실은, 잠을 잘 이루지 못하는 것은 가정 형편에도 좀 원인이 있지 않을까요?……"

이렇듯 사고의 과정을 무조건 경청하고 있게 되면 다음에 어떤 과정이 나타나게 될지는 예측할 수 없다. 이와 같은 사례의 경우, 가정의 사정을 해결하게 되면 전직에 대한 사고방식에도 변화가 생길 가능성이 보였다고 하자. 이런 점에서 상담자가 만약 사고의 과정을 무시하고 성급하게 '전직을 하지 않는 것이 좋겠다.'고 마음먹게 되었다면 이는 '지레짐작'을 한 자기중심의 판단을 한 것이 된다.

'무조건'이란 절대적인 또는 전부가 아니면 포기하는 실무悉無의 태도가 아니라 다음에 무엇이 일어날 것인가를 알 수 없는 문제 해결적 사고의 과정에 대해서 긍정하고 존중하고 배려하는 태도를 강조하는 표현이기도 하다.

자기 일치

경청할 때 지나치게 신경을 써서 공감하려고 생각한 나머지 자신의 '실감'을 놓쳐 버릴 경우가 있다는 것을 명심할 필요가 있다. 때문에 경청할 때는 자신이 느끼게 되는 '마음의 실감'을 놓치지 않도록 항상 관심을 두지 않으면 안 된다.

상대는 슬픈 이야기를 하고 있는데 듣는 쪽의 '실감'으로 보아 슬픔이 전혀 와 닿지 않는 경우도 있다. 그러나 이와 같은 경우 슬픔이 '전해 오지 않는다'고 할지라도 무언가 중요한 의미가 담겨 있을 때도 있다는 것을 알아둘 필요가 있다.

이 경우에는 억지로 슬픈 척하는 표정을 지을 필요는 없다. 너무도 슬픔이 전해 오지 않는다면 "왜 그런지 당신이 말하고 있는 애처로운 슬픔이 내게는 와 닿지는 않습니다."라고 솔직하게 사실을 말하거나, 슬픈 느낌은 아니라 하더라도 어떤 실감이 전해 오고 있는지에 관심을 돌려, 이를 표현하는 것이 경청을 심화시키는 데 도움이 될 수도 있다.

이와 같은 점에 대해서는 3장의 사례에서 다루었기 때문에 구체적인 해설은 그 사례로 대신하고자 한다.

경청적 응답의 실제

상대를 생각하게 한다

앞에서 말한 바와 같이 경청이란, 어떤 지시를 말하는 사람의 말에 대해서가 아니라 말하는 상대가 무언가를 생각한다거나, 느끼거나 창의적인 해결을 찾으려고 할 때 효과적이다. 때문에 말이 중심에서 벗어날 경우에는 말의 흐름을 중심으로 돌려 주는 것이 경청의 첫 번째 포인트라고 말할 수 있을 것이다.

본래 사람이 무언가를 말한다는 것은 듣는 상대를 전제하며, 듣는 자는 침묵으로 일관하여 조용히 듣는 태도가 아니라 상대가 말한 요점을 반영하며 말의 흐름이 취지에 부합되게 그 흐름을 촉진시키기 위해 응답을 적기에 적절하게 해야 한다. 이와 같은 경청 태도는 '공감적인 응답empathic responding'의 표현이라고도 볼 수 있다. 예컨대, 상대가 "요즘 주량이 는 것 같습니다."라고 말했다면 이는 '현상 보고'처럼 들리게 된다. 이를 말하는 쪽 자신이 생각하도록 하려면 이 말에 어떻게 응답하고 이끌어 가는 것이 좋을까? 기업 분야 등에서 흔히 훈련되고 있는 '5W1H'적인 청취 방식은 정보 수집과 같은 것이 되어 현상 보고를 강화시켜 버리는 것이 되고 만다. 이렇게 되면 말하는 사람 자신으로 하여금 사고하도록 하는 것을 방해하는 결과를 가져오게 된다.

"최근 주량이 늘어났습니다."
"언제부터입니까?"
"한 달 전부터입니다."
"어디서 마십니까?"
"집에서요."
"누구와 마십니까?"
"혼자서 마십니다."
"어떤 술을 마십니까?"
"소주입니다."
"어떻게 마십니까?"
"안주 없이 깡술로 마십니다."
"왜 그렇게 마십니까?"
"나도 모르겠습니다."

대화가 이런 식으로 되면, 말하는 상대는 정보제공자처럼 되어 버려 주체적으로 생각할 수가 없게 된다. 또한 이런 식의 대화가 되어 버리면 말하는 쪽은 듣는 쪽의 또 다른 다음 질문을 생각하게 되어, 듣는 쪽은 계속해서 다음 질문을 생각하지 않으면 안 된다는 부담스러운 처지에 빠질 우려도 있다.

그렇다면 본인이 주체가 되어 사고하도록 하는 '응답'이란 어떤 응답일까?

"주량이 늘어난 것에 대해 좀 더 말해 주십시오."
또는 "주량이 는 것을 어떻게 생각합니까?"

이와 같은 응답을 하게 되면 말하는 상대는 주체적으로 생각하기 시작할 것이다. 또는 이처럼 묻는다면 상대는 자유롭게 무슨 말이든 부담 없이 말하게 될 것이다. 그러나 대조적으로 '언제부터'라고 묻게 되면 '때'를 대답하지 않으면 안 되는 경우처럼 대답이 한정되고 만다.

제한을 받지 않고 대답할 수 있는 응답을 '열린 유도open lead'라고 부른다. 그것은 상대가 알아서 생각하여 말할 것을 이끌어 가며 답을 한정하지 않고 자유롭게 어디서부터라도 말할 수 있도록 '개방적'이라는 것이 특징적이다.

대화나 상담에서 '리드lead'는 주인이 앞에서 말을 끌고 가는 식의 리드가 아니라 축구를 할 때처럼 득점을 위해 공을 공격 방향에 있는 자기편에게 패스할 때 너무 앞으로가 아니라 작전상 가장 유리한 지점인 약간 '앞으로 패스forward pass'하는 식의 리드가 바람직하다.

이를 그림으로 표시하면 다음과 같다([그림 9-1]).

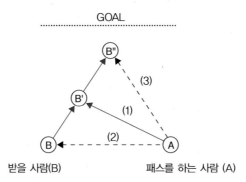

[그림 9-1] 리드의 기법

이 그림에서 A가 B에 패스하려고 할 때 A는 B가 현재 있는 위치로 패스하는 것은 득점 작전상 매우 부적절하며 공이 도달했을 때 B가 갈 수 있는 위치 B′로 패스하는 것(1)이 가장 좋은 방법이다. 그러나 너무 골득점에만 집착되어 골라인에 가까운 것이 작전상 유리할 것으로 생각하여 B″에 패스하게 되면 B는 너무 거리가 멀어서 달려가 받을 수가 없게 되어 작전상 불리한 패스다. 패스가 가장 효과적이려면 공을 가급적 골라인에 가까운 전방으로, 그리고 B가 받을 수 있는 시간상의 위치 B에 패스해 주어야 할 것이다.

상담에서도 (2)의 방향은 리드가 너무 부족한 경우leading too little이며, (3)의 방향은 리드가 너무 지나친 경우leading too much로서 어느 경우나 효과적인 리드라고 볼 수는 없다.

이렇듯 상담에서의 리드는 상담자의 발언·응답이 내담자가 말한 것보다는 어느 정도는 앞으로 이끌고 갈 수 있는 것이라야 한다. 뿐만 아니라 문제 사안에 따라서는 상대의 말을 보강하고 생각을 촉진시킬 수 있도록 다음과 같은 필요 적절한 응답 기술을 이용할 수도 있다.

말의 흐름에 따르며 방해하지 않는다

앞에서 경청에서 중요한 것은 성급한 결과가 아니라 결과에 이르는 '사고의 과정'이라는 것을 말했으며 그러기 위해서는 상대가 말하는 흐름을 방해하지 않도록 하는 태도 또한 중요다고 하였다. 일반인들의 상담이나 전문적인 상담에서 상대의 말을 들을 때는 말하는 상대로 하여금 요점에서 벗어나지 않고 말을 잘할 수 있게 하는 기본적 대응으로써 간단한 '수용acception(정말로, 과연, 그렇군 등 맞장구를 쳐 주는 것)'도 필요하다.

특히 표현력이 부족해서 말을 더듬거나 같은 말을 반복하거나 말이 산만해서 의사 표시가 원만하지 못할 때는 "지금 말했던 것을 이해하지 못해 미안합니다만 다시 한 번 더 말해 주었으면 좋겠습니다."라고 부탁하는 것도 필요하다. 그러나 이런 응답도 말을 시작한 지 1, 2분밖에 안 되었는데 너무 초기에 성급하게 하는 것보다는 말하는 상대가 정서적으로 어느 정도 안정되었을 때 하는 것이 분위기를 조성하는 데 도움이 된다.

그래도 말의 앞뒤가 연결이 잘 안 될 때는 듣는 쪽에서 말을 이해하기 쉽게 정리해 주는 '명료화clarification'나 또는 직전의 말뿐만 아니라 그동안의 두서없는 말의 '요약을 위한 명료화summary clarification'를 해 줌으로써 상대로 하여금 말할 수 있는 의욕을 키워 주는 데 도움이 된다.

이와 같은 방법은 어디까지나 말의 흐름에 방해가 되지 않고, 말이 본궤도에서 벗어나지 않는 범위 내에서 사용해야 한다. 만약 무심코 상대의 말을 방해했을 때는 즉시 말을 본래의 흐름으로 되돌리는 기지도 필요하다.

말하는 사람   최근에 술의 양이 늘어난 것 같습니다.

듣는 사람   주량이 늘어난 것에 대해서 좀 더 말해 줄 수 있습니까?
(오픈 리드)

말하는 사람   그렇습니다. 내가 하는 업무가 대외적인 업무로 달라지면 서부터라고 할까요…….

듣는 사람   그래요. (말의 흐름에 따라간다.)

말하는 사람   3월에 담당 부서가 영업부서로 바뀌었습니다. 그때부터라고 할까요…….

듣는 사람   업무가 달라진 것과 술에 관하여 좀 더 말해 줄 수 있을까요? (오픈 리드)

말하는 사람   무엇보다도 출장이 많아졌어요.

듣는 사람   그래요. (말의 흐름에 따라간다.)

말하는 사람   출장이 많아지니까 정서적으로 안정이 안 된 것 같습니다.

듣는 사람   정서적으로 안정이 안 된다는 것은 구체적으로 어떤 것을 말하는 것이요? (흐름에 따라가는 오픈 리드)

말하는 사람   그렇다는 것은, 사실은 그렇지 않은데 무언가 바빠서 행동이 산만해졌다고 할까요   . (담배에 불을 붙인다.)

듣는 사람   그렇다면 담배도 많이 피우게 되었습니까? (흐름의 방해)

말하는 사람 참, 담배는 양적으로는 그렇게 달라지지 않았습니다만, 더 독한 것으로 바꿨습니다. 그것이 더 경제적이라고 생각합니다.

듣는 사람 그래요. (중심에서 벗어난 말에 따라가고 있다.)

말하는 사람 하지만 담뱃값도 무시할 수가 없습니다. 1개월……. (말이 점점 중심에서 벗어난 채 진행되고 있다.)

듣는 사람 저, 이야기를 본궤도로 돌립니다만, 정서적 불안정이란 사실과는 달리 웬일인지 바쁜 기분이어서 행동이 산만하다는 의미로 보면 될까요? (말을 본궤도에 올린다. 요약을 위한 명료화)

그러나 경청을 말의 흐름에 따라야 하고 흐름을 방해해서는 안 된다고 생각한 나머지 상대방의 말을 침묵으로 듣기만 하는 수동적인 태도는 바람직하지 못하다. 말의 분위기도 살리고 적절한 시점에 수용하고 긍정하며 부족한 표현을 보완하는 응답을 하면서 적기에 유도적인 리드를 하는 것이 결과적으로는 놀라우리만큼 말하는 상대를 도와주게 된다.

또한 상대가 말하고자 했던 것이나 의미했던 것을 정확히 되돌려 말함으로써 경청자로서 이해한 바를 보여 주고 이를 분명히 할 뿐만 아니라 반복하는 것도 경청자의 역할이다. 이와 같은 경청 방식을 '절대 경청absolute listening'이라고 하며, 이 방법만으로도 놀라울 정도로 말하는 사람의 정서와 표현을 크게 도와줄 수 있다.

반영[2]

사람들의 내면에는 타자의 감정이나 태도를 내면에 받아들여 다른 사람과 자기와의 상호작용을 펼칠 수 있는 사고방식, 즉 '상징적 상호작용symbolic interaction'라는 것이 있다. 이런 상징적 상호작용주의적인 사고가 있기에 사람은 다른 사람들의 자신에 대한 감정이나 태도·평가를 '거울 삼아' 만든 자신의 모습을 자기라고 보는 '명경적 자기looking-glass self'라고 하는 것을 갖게 된다.

'거울'이란 생각할수록 우리에게 매우 소중한 존재다. 우선 우리가 일상생활에서 거울이 없다면 얼마나 불편하겠는가. 매일 아침 세면을 하고 나서 머리를 빗을 때, 면도를 할 때, 화장을 할 때, 옷을 갈아입고 넥타이를 맬 때 거울이 없다면 얼마나 불편할 것인가. 거울이 있기에 거울에 비친 자기 모습을 보고 잘못된 옷매무새를 바로잡아서 아름다운 자기 모습을 만들 수 있다. 이렇듯 거울은 결코 조언도 하지 않고, 흐트러진 머리를 다듬어 주지도 않는다. 오직 거울을 보고 자기가 한다는 데 큰 의미가 있는 것이다.

마찬가지로 '경청'도 말하는 사람의 마음을 비추어 주는 거울과 같은 것이라고 생각하기 바란다. 이와 같은 이미지는 경청의 의미를 생각하는 데 있어서 매우 적절한 것이라고 생각한다.

---

2) 리플렉션reflection은 알렌 아이비Allen Ivey(1933~)와 그의 공동 연구자에 의해서 1960년대 후반에 개발된 마이크로 카운슬링micro counseling에서 사용하는 12종의 기법 가운데 있는 reflection과 로저스의 응답기법에서 사용하는 reflection이 있나. 선자의 경우는 '반영'으로, 후자의 경우는 '반사'로 옮기는 사람도 있으나 여기서는 어감에 담긴 뉘앙스를 고려하여 반영으로 사용하였다.

이런 점에서 경청은 '반영reflection'이라는 구체적인 기법을 사용하게 된다. 그것은 반영에서는 듣는 쪽이 말하는 사람의 표현의 요점·실감·논리의 전개나 자기개념 등을 비쳐 줄 수 있기 때문이다. 그러나 반영이라고 해서 상대가 말한 것을 '물리적인 반영'처럼 가감 없이 그대로 되돌려 준다는 것은 아니다. 상대가 말한 것에 대해서 경청을 통해 '이해한 것'을 반영시켜 준다는 것이다. 그렇지 않으면 말이 이해도 안 된 채 피상적으로 흘러가 버리고 말 것이다. 이를 다음 예문으로 생각해 보자.

말하는 사람 그래서 출장이 너무 많기 때문에 정서적으로 안정감이 부족한 편입니다.

듣는 사람 정서적 안정감이 부족하다는 것은 무슨 의미일까요? (절대 경청)

말하는 사람 그렇다는 것은 출장을 자주 다니다 보니 업무상의 완벽주의적인 사고방식 때문에 강박적인 관념에 지배되어 마음이 괴롭습니다.

듣는 사람 출장이 너무 자주 있어서 정서적으로 안정이 안 된다고 생각하십니까? (논리의 반영) (또는) 자신의 의지로는 전혀 정서 조절이 안 된다는 느낌입니까? (실감의 반영)

앞의 예문의 경우, 어느 쪽 반영으로도 말하는 사람의 자기 음미를 도와줄 수가 있을 것이다. 전자에서는 "정말로 출장이 너무 자주 있어서 정서적 안정감을 가질 수 없는 것일까?"라고 자문자답하게 될 것이다. 그리고 후자에서는 "정서 불안이 자기 뜻대로 조절이 안 된다는 실감을 말하는 것일까?"라고 자신을 되돌아보게 될 것이다.

특히 감각 느낌의 '실감'을 반영할 경우에는 될 수 있는 한 말한 사람이 사용한 감정 표현의 용어를 바꾸지 않고 되풀이해서 그대로 사용하는 것이 중요하다. 왜냐하면 그것은 포커싱에서 말하는 문제 해결의 실마리가 되는 '단서handle'로써 기능할 가능성을 가지고 있기 때문이다.

뿐만 아니라 자기가 사용한 말이 적절한가 부적절한가를 음미함으로써 자기가 무엇을 생각하며 느끼고 있는가를 알 수 있게 해 주기 때문이다. 요컨대, 반영은 자기를 되돌아보는 '반성적 의식reflective consciousness'을 촉진시켜 준다는 점에도 의미가 있다. 이것이 인간의 체험 의식의 특징 중 하나다. 이렇듯 경청자인 '거울'이 비춰 준 자신을 보고 말한 사람 자신의 사고나 느낌이 촉진되고 전환되어 간다는 것이다.

앞의 예문에서 '실감'의 반영, 즉 "정서 조절이 안 된다는 느낌입니까?"는 무엇을 생각하고 한 말일까. 그것은 제4장에서 말했던 '체험과정척도(EXP 척도)'를 참고하여 검토해 본다면, 이 말은 '체험 과정 단계 수준 3'에 해당한다. 실은 듣는 사람의 응답은 '전혀 정서 조절이 안 된다.'는 실감을 가장 잘 직시하여 그 실감을 말하는 사람의 심정에서 충분히 받아들였기 때문에 좀 더 정확히 표현해 줄 것을 암묵적으로 바라고 있는 것이다. 요컨대, 이런 응답은 체험 과정 단계 3을 4로 발전시키려는 의미 있는 응답이다.

듣는 사람	정서 조절이 전혀 안 되는 느낌입니까?
말하는 사람	마음이 차분하지 않다고 할까, 항상 초조한 편이어서 무언가 별로 의미도 없는 일에 신경을 과민하게 쓰기 때문에 정서적으로 피곤한 느낌입니다.

이와 같은 상황이 되면 감정 표현이 풍부한 '체험 과정 4단계'의 수준까지 상승하고 있는 것이다.

듣는 사람	당신이 생각하기에 의미도 없는 일에 마음이 소진되고 있는 것처럼 느낀다는 것이군요. (실감의 반영)
말하는 사람	의미가 전혀 없다는 것은 아니지만…… 너무도 자주 출장을 가서 일한다는 것이 내 적성에는 맞지 않는 것이 아닐까라고 지금 갑자기 생각했습니다. (체험 과정 5단계까지 상승)
듣는 사람	당신이 외지에 가서 일하는 것은 적성에 맞지 않다는 생각이 든다는 것이군요. (자기개념의 반영)
말하는 사람	그것은 아니지만 옛날에는 나도 밖에 나돌아 다니는 것을 좋아했던 때도 있었기 때문에…….
듣는 사람	무언가 당신 자신이 달라졌는지, 그렇지 않으면 옛날과는 무언가가 달라졌는지요? (자기개념의 반영

이와 같이 대화가 전개되면 체험 과정은 5단계 수준까지 상승하게 되고, 말하는 사람은 자기 검토까지 심화되며, 내성적인 관점에서 자기개념이나 상황을 검토하게 된다. 요컨대, 듣는 사람은 '거

울'이 되고, 말하는 사람은 그 거울에 비친 자기 모습을 잘 관찰함으로써 자기만의 독자적인 관점에서 문제를 극복하기 위해 내면의 갈등·모순·혼란과 맞서는 '직면confrontation'[3]을 하게 될 것이다.

이 경우에 상담자는 내담자가 직면하고 있는 문제점을 발견하여 이를 우회적으로 지적해 줄 필요가 있다. 예컨대, 말은 태연하지만 손은 떨고 있구료. 당신은 겉으로는 ……이지만, 속으로는 ……라는 말이군요. 또는 피드백feedback을 이용했을 때 내담자가 혼란에 직면할 때는 자기개념과 유기체적 경험의 불일치 상태를 극복할 수 있도록 도와주어야 한다.

경청과 포커싱

칼 로저스도 내담자가 말한 것을 확인하기 위해서 상담자가 들었던 것을 다시 되돌려 말하는(반영) 경청 방식이 상담에서 매우 효과적인 방법이라고 보았다. 그 결과 상담자가 해석해 주거나 조언을 해 주지 않아도 반영을 통해서 내담자의 자기 이해가 진전되는 것을 알게 되었다. 이와 같은 현상도 일종의 자아와 내면의 자기와의 '만남'의 귀중한 체험이 될 수 있다.

----

3) '직면'에는 두 가지 의미가 있다. 실존주의적 상담에서 쓰는 '직면'은 기법이기보다는 인생을 보는 태도, 문제에 정면으로 맞서는 대결의 태도, 자기표명self-disclosure에 가까운 태도의 의미가 있고, 마이크로 카운슬링microcounseling에서는 내담자 언행의 모순을 지적하여 내담자에게 문제의 핵심을 다시 한 번 생각하게 하는 기법의 의미가 있다.

유진 젠들린도 경청을 보강하는 응답기법의 하나로서 반영을 중시하였다. 그것은 의미 있는 감각 느낌의 반영은 체험 과정 수준을 상승시키는 데도 중요하기 때문이다. 그러나 체험 과정 수준을 높이는 데는 직접적으로 감각 느낌을 직시하도록 하는 포커싱이 필요하다고 보았다.

제6장에서 이미 포커싱에 대해 설명한 바가 있지만, 포커싱의 창시자 젠들린이 말한 바와 같이 포커싱은 항상 경청에 기반을 두어야만 제대로 이루어질 수 있다.

여기서 포커싱의 실제를 '체험과정척도experiencing scale'로 생각해 본다면 그것은 경청을 통해서 체험 과정 3을 4로 상승시키고(감각 느낌의 형성과 단서의 대조·검토), 다음에 5(묻기)를 거쳐 그 결과로서 6(감각 전환)에 이르게 하는 데 있다.

다시 예문으로 돌아가 보자.

말하는 사람   그렇다는 것은 항상 일에 쫓겨서 정서적 안정을 가질 수가 없다는 것입니다.

여기서 듣는 쪽에서 정상적인 경청으로 실감의 반영을 한다면 다음과 같이 될 것이다.

듣는 사람   전혀 정서적 안정이 안 된다는 느낌입니까?

이번에는 여기서 포커싱을 사용한다면 다음과 같은 응답이 될 것이다.

듣는 사람   전혀 정서적 안정이 안 된다는 느낌이란 신체적 실감으로
            는 어떻게 느껴지고 있습니까? (느껴진 의미 감각의 형성)

말하는 사람 무엇이라고 할까요. ……무언가 가슴속에 딱딱한 것이
            잔뜩 쌓여 있는 느낌입니다.

듣는 사람   딱딱하다는 표현에 만족합니까? (단서를 발견하게 한다.)

말하는 사람 딱딱한, 고통스러운 ……뭔가 흠씬 차 있는 느낌입니다.

듣는 사람   흠씬 차 있는 느낌이라고요. (단서의 검토를 돕는 실감의 반영)

말하는 사람 예.

듣는 사람   흠씬 차 있는 느낌이 당신에게 무엇을 전해 주는 것이었
            다면 그것이 무엇일까요? (물음을 던진다.)

이상 여기서는 경청에 포커싱이 도입되고 있다. 포커싱은 6장에서 보았던 바와 같이 단독 방법으로 사용할 수도 있지만, 그 원형은 이렇듯 경청하는 가운데서 실감을 발견하도록 하는 데 있었다.

왜냐하면 포커싱을 고안해 낸 젠들린은 내담자가 표현한 것을 확인하기 위하여 '경청법'을 고안해 낸 로저스와 공동으로 임상 연구를 한 사람으로서, 로저스로부터 배운 경청을 실천하면서 '감각 느낌'에 물음을 던질 수 있다는 것을 발견했기 때문이다. 그 후에 이와 같이 체험을 다루는 방법으로써 포커싱은 서서히

연구·발전되어 제6장에서 말한 오늘날의 포커싱이 완성된 것이다.

그러나 제6장의 사례를 통해서 볼 때 거기에는 반영이 많이 활용되고 있음을 알 수가 있다. 본래 '경청과 포커싱'은 끊으려야 끊을 수 없는 인因과 연緣의 관계가 있다는 것을 잊어서는 안 된다.

젠들린은 로저스의 경청 방법이 정리되고 있을 무렵 이미 종래의 경청 방법에 새로운 시각을 도입하여 '실행의 룰do rules'이란 원리를 채택하였다. 왜냐하면 로저스가 고안해 낸 응답·경청 방법은 '~해서는 안 된다.'는 '금지의 룰don't rules'——상담자는 내담자의 감정을 해석해서는 안 된다든가 자신의 의견이나 감정을 표명해서는 안 된다——때문에 상담자의 자유로운 응답이나 행동을 억제하는 경향이 있었기 때문이다.

젠들린은 이와 같은 단점을 극복하기 위해 다음과 같은 열 가지 상담자의 유연한 원조 방법의 룰을 만들어 내었다.4)

- 느낀 의미felt meaning에 응답한다. 단순히 말의 내용이나 줄거리 등에 응답하는 것이 아니라 내담자의 언어나 표현의 저변에 흐르고 있는 체험 과정(체험 과정에서 느끼고 있는 의미)에 응답한다.
- 느껴진 의미를 해명explication하려고 시도한다. 내담자의 체험

---

4) Eugene T. Gendlin, The experiential response, In E. F. Hammer (Ed.), *Use of Interpretation in Treatment*, Grune & Stratton, 1968, pp. 208-227.

과정이나 느껴진 의미는 단일한 개념적 내용으로 되어 있는 것은 아니다. 여기에는 매우 다양한 상징화의 가능성이 담겨 있으며 그 해명이야말로 상담의 본질이다.

- 체험적인 전진을 위해 다양한 시안적tentative인 방향을 시도한다. 상담자의 응답이 언제나 옳다고 볼 수는 없다. 잘못된 응답을 하는 것도 당연하다. 그러나 두려워하지 않고 다양한 시도를 해 봄으로써 내담자의 체험 과정에 점진적으로 다가갈 수 있다.

- 체험적 궤도track에 따르려고 한다. 상담자의 응답은 상담자 자신의 의견에 따르는 것은 아니다. 그것은 어디까지나 내담자의 궤도에 따라야 한다.

- 응답이란 지적하는것point to이다. 상담자의 응답은 도덕적인 선이나 논리적인 정합성에 의해 가치를 갖는 것은 아니다. 응답이 얼마나 내담자가 느낀 바를 적절히 지적해 낸 것이냐 아니냐가 중요하다.

- 체험 과정을 진전시키려고 한다. 상담자의 응답은 내담자가 느끼고 있는 것을 정확하게 상징화하며 내담자의 체험 과정의 촉진을 돕기 위해 행해진다.

- 본인만이 자신의 궤도를 알고 있다. 상담자의 응답은 그때그때의 내담자의 반응에 의해서 확인되고 체크되고 수정되지 않으면 안 된다. 내담자의 체험 과정이 상담자의 응답을 이끌어 가는 것이며 그 반대는 아니다.

- 내담자의 내적인 참조, 검토의 대상referent에 움직임이 일어난 것이야말로 진보인 것이다. 느낀 의미에 대한 새로운 국면이

펼쳐진 것만이 진전에 이어진다. 거꾸로 많은 설명이 가해지고 원인이 추구되고 그럴듯한 판단이 주어졌다 할지라도 느껴진 의미에 아무런 변화도 일어나지 않는다면 이는 진전이 아니다.

- 개념의 체험적인 사용이 필요하다. 상담에 있어서는 언어나 개념은 느껴진 의미를 가리키며 이를 해명하기 위해서 사용된다. 여기서 사용되는 개념은 내용의 훌륭함이 아니라 체험을 추진하기 위한 하나의 도구로써만 의미를 갖는다.

- 체험의 깊이라는 것은 한 지점으로부터 떨어지는 데 있지 않으며 그 속으로 들어가는 데 있다. 이는 언어나 개념의 논리적인 정확성의 차원과는 다르다. 느껴진 체험적인 깊이에 들어가지 않으면 안 된다. 여기서는 논리적 또는 이론적인 정당성이 중요한 것이 아니다. 중요한 것은 얼마나 체험적인 도전이 심화되고 있느냐이다.

이후 젠들린은 포커싱의 방법을 발전시켜 그 절차 방법이 명확해짐에 따라서 경청 속으로 포커싱을 통합하는 방법을 보이게 되었다. 이것이 '체험적 경청experiential listening' 또는 '체험 과정 경청 experiencing listening'이라는 것이다. 이는 경청으로부터 추출한 포커싱을 다시 역으로 경청에 도움이 되게 하려는 시도라고 볼 수 있다.

중요한 것은 응답의 형태가 아니라 상담자의 응답이 내담자의 자기 탐구를 전진시키며, 체험 과정을 추진시킬 수가 있느냐 없느냐에 있다.

그대 자신의 좋은 경청자가 돼라

포커싱은 자기 내면에 있는 '또 한 사람의 자기the other self'를 위해 빈틈없는 좋은 경청자가 되는 수단이다. 그것은 사람의 내면에는 자신이나 다른 사람으로부터 판단이나 비판, 조언 받지 않고 정확하게 경청해 주기를 바라는 감성이 있기 때문이다. 이런 감성적 욕구, 특히 받아드릴 수 없는 '느낌에 대한 느낌feeling about feeling'이 충족될 때 그만큼 자기 자신을 잘 알게 된다. 다음은 자신의 좋은 경청자가 되기 위해5) 명심해야 할 지침이다.

- 있는 그대로를 받아들일 것 : 있는 그대로를 받아들인다는 것은 자기 내면에서 느낀 것이 무엇이든지 관심을 갖는다는 것이다. 자신이 느낀 감정을 가리지 않고 무엇이든 처음에 느꼈을 때는 흉하고 싫은 것일지라도 거기에는 그렇게 될 수밖에 없는 그럴 만한 이유가 있다. 이 점을 소중하게 생각하고 느낀 감정 그대로를 키워 나감으로써 느낌의 형태를 변화시킬 수 있는 마음의 자리를 얻을 수가 있다.
- 느낌의 자리를 가지고 있을 것 : 느낌의 자리를 가진다는 것은 관심을 자신의 내면세계로 돌려 그대로 유지시켜 간다는 것이다. 이것은 당신의 내면적인 자기inner self를 향해서 마치 "나

---

5) A. W. Cornell, *The Power of Focusing : A practical guide to emotional self-healing.* Oakland, CA : New Harbinger Publications Inc., 1996, pp. 17-18.

는 여기에 있어요. 계속해서 같이 있을 것입니다."라고 말하는
것과 같다.

- 핵심을 경청할 것 : 내면의 자기가 들어 주기를 바라는 진
  수를 경청하여야 한다. 처음에 느꼈을 때는 그 메시지가 이해
  하기 어려울 수 있을지 모른다. 그렇지만 '그것'이 무엇을 경청
  해 주기를 바라는지 관심을 갖고 지속적으로 경험해 가게 되면
  점점 메시지는 분명하게 다가오게 된다.

- 현재에 머물 것 : 현재에 머문다는 것은 과거에 있었던 일이
  나 미래에 일어날 것 같은 환상이나 불안에 매여서 정신이 흐
  트러지고 주의가 산만해서는 안 된다는 것이다. 예컨대, 지금
  포커싱을 하고 있는 사안이 과거나 미래에 관련되어 있다 할지
  라도 이것에 대해 신체 내면에서 바로 지금의 느낌이 어떠한지
  '지금의 느낌'을 소중하게 생각한다는 뜻이다.

  만약 당신이 현재에서 벗어나 과거나 미래로 표류하고 있다는
  것을 알게 되었다면 언제라도 '지금 내 품 안에서는 어떤 느낌
  을 가지고 있는지 모르겠다.' '지금 내가 무엇에 정신이 팔려
  있는지 모르겠다.' 라고 자신에게 물어보도록 하자. 인생의 행
  복도 자신의 감성을 잘 다스리는 데 있다. 행복은 목적이 아니
  라 결과다.

찾아보기

-내 용-

저자 소개

정인석鄭寅錫

1929년 10월 16일(음) 전남 강진 병영(兵營)에서 출생하였으며, 서울대학교에서 문학사(교육학 전공), 교육학 석사학위(교육심리학 전공)를, 한양대학교에서 교육학 박사학위를 받았다. 조선대학교, 고려대학교, 숙명여자대학교, 한양대학교 외래교수, 명지대학교에서 교수 및 사회교육대학원장을 역임하였고, 현재 한국 트랜스퍼스널 학회 고문으로 있다.

[저 서]

- 교육심리학(재동문화사, 1965)
- 청년심리학(재동문화사, 1966)
- 교육원리(형설출판사, 1967)
- 생활지도(공저, 재동출판사, 1970)
- 현대교육원리(재동출판사, 1973)
- 교육원리(공저, 삼광출판사, 1975)
- 현대교육심리학(재동출판사, 1976)
- 심리학요론(재동문화사, 1977)
- Durkheim의 도덕교육론(재동문화사, 1982)
- 청년발달심리학(재동문화사, 1982)
- 교육심리학(개정판, 재동문화사, 1984)
- 교육학개론(재동문화사, 1985)
- 신교육학개론(교육출판사, 1986)
- 교과교육론(교육출판사, 1987)
- 현대심리학개론(교육출판사, 1987)
- 신청년심리학(대왕사, 1988)
- 신교육심리학(개정판, 대왕사, 1989)
- 상담심리학의 기초이론(대왕사, 1991)
- 인간존중을 위한 교육의 탐구(교육출판사, 1996)
- 트랜스퍼스널 심리학: 동서의 지혜와 자기초월의 의식(대왕사, 1998)

- 자기를 이기는 자는 자유롭다: 구제프의 사상과 가르침(학지사, 2001)
- 트랜스퍼스널 심리학(제2판, 대왕사, 2003)
- 삶의 의미를 찾는 역경의 심리학(나노미디어, 2003)
- 인간중심 자연관의 극복(나노미디어, 2005)
- 상담심리학의 기초(대왕사, 2006)
- 삶의 의미를 찾는 역경의 심리학(제2판, 나노미디어, 2008)
- 의식과 무의식의 대화(대왕사, 2008)
- 트랜스퍼스널 심리학(제3판, 대왕사, 2009)
- 용기있는 사람으로 키우는 심리학의 지혜(대왕사, 2011)
- 의미 없는 인생은 없다: 빅토르 프랑클의 의미심리학(학지사, 2013)
- 자기 설득, 마음을 치유하는 길(나노미디어, 2014)

[역 서]

Robert F, Dehaan, *Accelerated Learning Programs*, 1963. (촉진학습을 위한 교육. 서울: 재동문화사, 1968)

William R, Niblett (ed.). *Moral Education in a Changing Society*, 1963. (변천 하는 사회의 도덕교육. 서울: 교육출판사, 1985)

Anna Freud, *Einfürung in die Psychoanalyse für Pädagogen*, Translated by Barbara Low, *Psycho-Analysis for Teachers and Parents*, Gergo Allen & Unwin, 1963. (안나 프로이트가 풀어 주는 아이들의 심리. 서울: 열린책들, 1999)

Warwick Rox, *Toward a Transperssonal Ecology: Developing New Foundations for Environment*, Boston, Mass: Shambhala, 1995. (트랜스퍼스널 생태학: 인간중심 환경주의를 넘어서. 서울: 대운출판사, 2002)

Arnold Mindell, *Working on Yourrself Alone*, Oregon: Lao Tse Press, 2002. (명상과 심리치료의 만남. 서울: 학지사, 2011)

Stanislav Grof (ed.). *Ancient Wisdom and Modern Science*, Albany, N.Y.: State University of New York Press, 1984. (고대의 지혜와 현대과학의 융합. 서울: 학지사, 2012)

감성의 메시지와 상담심리
−유진 젠들린의 체험 과정과 의미 창조−
The Sensuous Messages and Counseling Psychology

2016년 11월 1일 1판 1쇄 인쇄
2016년 11월 10일 1판 1쇄 발행

지은이 • 정인석
펴낸이 • 김진환
펴낸곳 • (주) **학지사**
      04031 서울특별시 마포구 양화로 15길 20 마인드월드빌딩
대표전화 • 02)330-5114   팩스 • 02)324-2345
등록번호 • 제313-2006-000265호

홈페이지 • http://www.hakjisa.co.kr
페이스북 • https://www.facebook.com/hakjisa

ISBN 978-899-997-1101-5 03180
정가 15,000원

이 도서의 국립중앙도서관 출판시도서목록(CIP)은 서지정보유통지원
시스템 홈페이지(http://seoji.nl.go.kr)와 국가자료공동목록시스템
(http://www.nl.go.kr/kolisnet)에서 이용하실 수 있습니다.
(CIP제어번호: CIP2016025061)

교육문화출판미디어그룹 학지사
심리검사연구소 **인싸이트** www.inpsyt.co.kr
원격교육연수원 **카운피아** www.counpia.com
학술논문서비스 **뉴논문** www.newnonmun.com